D1032943

Les GRANDS du HOCKEY

Conception graphique de la couverture: Éric L'Archevêque
Photographies: Denis Brodeur

Maquette intérieure: Josée Amyotte
Infographie: Johanne Lemay et Dominic Pagé
Ajustement des couleurs: Mélanie Sabourin

Les images de cette publication ont été digitalisées avec un digitaliseur Scitex Smart™ 720 et retouchées avec un poste de retouche de couleurs Scitex Rightouch™.

Données de catalogage avant publication (Canada)

Brodeur, Denis

   Les grands du hockey

   (Collection Sports)
   Comprend un index.

   1. Joueurs de hockey — Ouvrages illustrés.
I. Daignault, Daniel.   II. Titre.   III. Collection.

GN848.5.A1B76   1994   796.962'092   C94-941280-5

DISTRIBUTEURS EXCLUSIFS:

- Pour le Canada et les États-Unis:
  LES MESSAGERIES ADP*
  955, rue Amherst, Montréal H2L 3K4
  Tél.: (514) 523-1182
  Télécopieur: (514) 939-0406
  * Filiale de Sogides ltée

- Pour la Belgique et le Luxembourg:
  PRESSES DE BELGIQUE S.A.
  Boulevard de l'Europe 117
  B-1301 Wavre
  Tél.: (10) 41-59-66
       (10) 41-78-50
  Télécopieur: (10) 41-20-24

- Pour la Suisse:
  TRANSAT S.A.
  Route des Jeunes, 4 Ter
  C.P. 125
  1211 Genève 26
  Tél.: (41-22) 342-77-40
  Télécopieur: (41-22) 343-46-46

- Pour la France et les autres pays:
  INTER FORUM
  Immeuble Paryseine, 3 Allée de la Seine, 94854 Ivry Cedex
  Tél.: (1) 49-59-11-89/91
  Télécopieur: (1) 49-59-11-96
  Commandes: Tél.: (16) 38-32-71-00
                 Télécopieur: (16) 38-32-71-28

© 1994, Les Éditions de l'Homme,
une division du groupe Sogides

Dépôt légal: 4e trimestre 1994
Bibliothèque nationale du Québec

ISBN 2-7619-1205-5

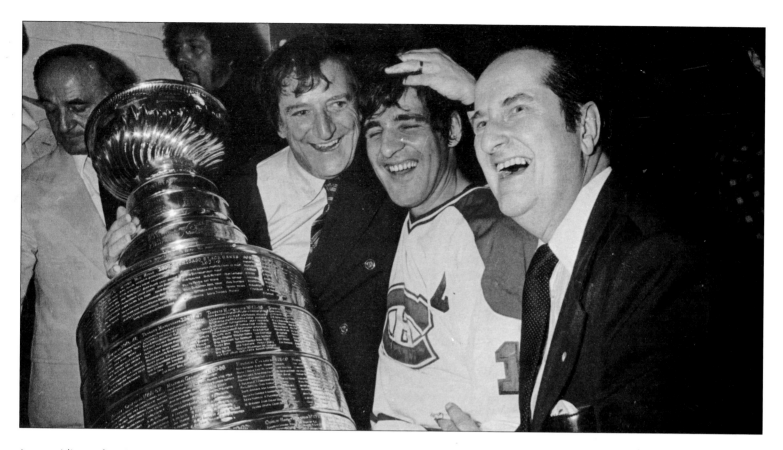

Le comédien et fantaisiste Jean Lapointe, Serge Savard et Claude Mouton célèbrent la conquête de la coupe Stanley en 1979, au Forum. Cette scène fut croquée dans le vestiaire des Canadiens, après l'ultime victoire aux dépens des Rangers de New York.

Jacques Beauchamp, surpris en discussion avec le défenseur Bobby Orr, à la fin des années 1960. Le pilier de la section sportive du *Journal de Montréal* était respecté et aimé à travers toute la Ligue nationale.

Claude Mouton, sur la glace du Forum, lors de la soirée hommage à Guy Lafleur. Au cours de sa carrière, il fut appelé à animer de nombreuses cérémonies et présentations d'avant-match.

1

Les légendes,
les grands d'hier

Ils ont écrit des pages d'histoire, fait vibrer les amateurs de hockey durant des années à travers l'Amérique. Le simple fait d'évoquer leurs noms suscite des images de leurs visages et de leurs exploits. Certains sont entrés dans la légende sans qu'on puisse les voir évoluer, mais leurs noms demeurent synonymes de victoires et de détermination. Quels beaux souvenirs!

Dans ce chapitre, nous vous offrons, en photos et en textes, près d'une cinquantaine de ces grands joueurs de hockey inoubliables, des hommes qui se sont donnés corps et âme à leur passion et qui, pour la plupart, ont été admis au Temple de la Renommée du hockey.

Ken Dryden, le numéro 29 des Canadiens de Montréal, l'un des grands gardiens de l'histoire de l'équipe qui a gravé son nom sur la coupe Stanley à six reprises.

JEAN BÉLIVEAU

Une recrue qui en valait la chandelle

Les amateurs de hockey, qui ont en mémoire les prouesses accomplies par Jean Béliveau au cours de sa carrière, sont nombreux à avoir établi des comparaisons entre l'ex-numéro 4 des Canadiens et Mario Lemieux. Comme Mario, Jean Béliveau avait une très grande portée, était un habile manieur de bâton et un fabricant de jeux hors pair. Comme Mario, Jean Béliveau pouvait parfois donner l'impression de ne pas être un patineur rapide, mais attention... lorsqu'il s'élançait vers le but adverse, il était bien difficile à rejoindre. Enfin, comme Mario, Jean Béliveau avait été pressenti comme le joueur junior le plus prometteur au pays. Le *Grand Jean* se distinguait à la fois par ses prouesses sur la glace et par son leadership. La direction des Canadiens était impatiente de le voir évoluer avec l'équipe.

Jean Béliveau était alors la grande vedette des As de Québec dans cette ligue. Les Canadiens lui avaient fait de l'œil et lui avaient même permis de disputer trois parties dans la Ligue nationale au cours de la saison 1952-1953 (il y compta cinq buts). Mais Béliveau ne semblait pas du tout pressé de quitter Québec et le Colisée où il disputait sa troisième saison avec l'équipe. Là-bas, il était une idole, était traité «aux petits oignons» par les dirigeants de l'équipe (Punch Imlach était son entraîneur) et connaissait le succès. Béliveau comptait même jouer une quatrième année avant de se tourner vers les professionnels. Les Canadiens ayant déjà conclu une entente avec Béliveau concernant les droits professionnels du grand joueur de centre, le grand numéro 4 signa finalement un contrat en bonne et due forme avec l'équipe. Ainsi, les Canadiens mettaient la main sur le plus bel espoir chez les joueurs juniors.

Le *Grand Jean* se présenta donc au camp d'entraînement des Canadiens au début de la saison 1953-1954. Il était alors âgé de 23 ans et signa un contrat faramineux pour l'époque, une entente de cinq ans lui rapportant 105 000 $, en plus d'une prime de 20 000 $ à la signature de son contrat. Béliveau ne tarda pas à faire ses preuves, à démontrer qu'il était de calibre pour la Ligue nationale.

En 1954-1955, Jean marqua 37 buts et amassa 36 passes pour un total de 73 points en 70 parties. Cette année-là, trois joueurs des Canadiens terminèrent à la tête des compteurs: Bernard Geoffrion (38 buts et 37 passes), Maurice Richard (38 buts et 36 passes) et Jean Béliveau. Les Canadiens furent cependant battus en finale de la coupe Stanley en sept parties par les Red Wings de Detroit.

L'année suivante allait être l'une des plus productives de sa carrière. Sa fiche de 47 buts et de 41 passes lui permit de remporter le championnat des compteurs (le trophée Art-Ross) pour la seule fois de sa carrière. Curieusement, au cours de cette brillante saison, Béliveau obtint 143 minutes de punition — un sommet dans sa carrière, lui qui avait toujours été reconnu comme un gentleman sur la glace! —, ayant décidé de répliquer à ses adversaires qui ne se gênaient pas pour employer toutes les tactiques pour le freiner.

C'est en 1970-1971, à sa dernière saison avec les Canadiens, que Jean Béliveau a remporté la dixième coupe Stanley de sa carrière. Sur ce jeu, il menace le filet défendu par Tony Esposito.

Sous la direction de Toe Blake, à sa première saison derrière le banc des Canadiens, l'équipe ne perdit que 15 parties au cours du calendrier de 70 matchs. Jean Béliveau fut nommé au sein de la première équipe d'étoiles — il reçut cet honneur à six reprises au cours de sa carrière et joua au total dans 13 de ces matchs — et remporta le trophée Hart, remis au joueur le plus utile à son équipe. Puis, pour la première fois de sa carrière, Béliveau remporta la coupe Stanley avec les Canadiens lorsque la troupe de Blake triompha en cinq matchs contre Detroit au cours de la finale. Une année de rêve!

Durant sa carrière, Jean Béliveau a conquis la coupe Stanley à 10 reprises, la dernière en 1971, avant de pren-

dre sa retraite. Il remporta le trophée Hart une seconde fois au terme de la saison 1963-1964, en plus d'être le premier récipiendaire du trophée Conn-Smythe, remis au joueur le plus utile au cours des séries de fin de saison.

Nommé capitaine des Canadiens en 1961, après le départ de Doug Harvey pour New York, Béliveau porta fièrement le «C» sur son chandail jusqu'à l'annonce de sa retraite. Leader incontesté dans le vestiaire et sur la glace, ambassadeur par excellence pour ce sport qui lui a permis de réaliser de grandes ambitions, Jean Béliveau a sans aucun doute été l'un des plus grands joueurs de centre de la Ligue nationale. Son nom était synonyme de classe, d'élégance et de finesse.

Au cours de sa carrière, Jean Béliveau a été nommé à six reprises au sein de la première équipe d'étoiles de la Ligue.

Jean Béliveau est freiné *in extremis* par le gardien Lorne Worsley des North Stars du Minnesota, un ex-coéquipier, lors d'un match disputé au Forum.

★ ★ ★ ★ ★

Équipe
Montréal

Trophées
Hart (1956, 1964)
Art-Ross (1956)
Conn-Smythe (1965)

Saison
Parties jouées: 1125
Buts: 507
Passes: 712
Points: 1219

Éliminatoires
Parties jouées: 162
Buts: 79
Passes: 97
Points: 176

MICHAEL BOSSY

Quatorze équipes l'ont ignoré!

14 juin 1977, Montréal. Pour des centaines de jeunes joueurs de hockey, l'heure de vérité a sonné. C'est en ce jour, alors que se tient le repêchage annuel de la Ligue nationale, que l'avenir de plusieurs d'entre eux va être décidé à jamais. Mike Bossy, 20 ans, vedette du National de Laval dans la Ligue de hockey junior majeur du Québec, sait bien qu'il intéresse plusieurs équipes et qu'il a même de fortes chances d'être sélectionné au cours de la première ronde. Du moins, il l'espère. Bossy a marqué des buts à un rythme infernal chez les juniors et a été épié par quantité de dépisteurs; nul doute, dans la tête des journalistes, qu'un tel marqueur n'a pu passer inaperçu.

Trois joueurs qui évoluent au sein de la même ligue que lui, soit Robert Picard (Montréal), Jere Gillis (Sherbrooke) et Lucien Deblois (Sorel), sont sélectionnés, respectivement au troisième, quatrième et huitième rang, avant Bossy. Ce n'est que lorsque viendra le tour des Islanders de New York et du directeur-gérant Bill Torrey de s'approcher du micro, au 14e rang de la première ronde, que Bossy entendra enfin son nom. Pour les Islanders, c'est la première fois de leur histoire qu'ils décident d'opter pour un joueur de la Ligue de hockey junior majeur du Québec en première ronde du repêchage. Bossy n'allait pas les décevoir, marquant 53 buts à sa toute première saison, un record pour une recrue.

Bossy allait marquer au moins 50 buts au cours de neuf de ses 10 saisons dans la Ligue nationale et franchir à sept reprises le plateau des 100 points en une saison. Il fut aussi le premier joueur à rééditer l'exploit de Maurice Richard, accompli au cours de la saison 1944-1945: marquer 50 buts en 50 parties. Cet événement important dans la carrière de l'ailier droit survint le 24 janvier 1981, au Colisée de Québec. Avant le match, son 50e, Bossy avait marqué 48 buts en 49 parties. Le suspense dura presque trois périodes complètes puisqu'il restait environ quatre minutes à jouer à la partie lorsque Bossy marqua deux buts rapides, contre le gardien Ron Grahame des Nordiques, pour égaler le record du *Rocket*.

Un marqueur dangereux, redouté de tous les gardiens de but en raison de sa rapidité. L'une des caractéristiques de Bossy était de lancer directement au filet aussitôt que la rondelle touchait son bâton. Les gardiens n'avaient alors

Mike Bossy, dans l'uniforme des Islanders, sur la glace du Forum. Il aurait pu évoluer avec les Canadiens puisque l'organisation pouvait le sélectionner au 10e rang lors du repêchage de 1977. On lui préféra plutôt l'ailier droit Mark Napier. Le numéro 22 de Bossy fut retiré par les Islanders au terme de sa carrière.

que très peu de temps pour réagir et effectuer l'arrêt. Vif comme un chat, ce Bossy!

Il termina la saison de 1985-1986 avec 61 buts et 62 passes, la troisième fiche en importance de sa carrière. Les Islanders furent quand même éliminés en trois parties consécutives par les Capitals de Washington en demi-finale de la division Patrick. Une fin de saison abrupte pour Bossy et ses coéquipiers, champions de la coupe Stanley durant quatre années consécutives, soit de 1980 à 1983.

Lors du camp d'entraînement de l'équipe, la saison suivante, Bossy commença à éprouver des maux de dos.

C'était le commencement de la fin. Il ne disputa que 63 parties au cours de l'année, la plus courte saison de sa carrière, mais présenta tout de même une fiche de 38 buts et 37 passes pour un total de 75 points. Le marqueur était toujours aussi dangereux, mais les heures suivant les parties étaient très douloureuses. Ce fut la dernière saison de Bossy qui décida d'accrocher ses patins, ses maux de dos étant devenus intolérables. L'une des grandes vedettes de la Ligue nationale, sans doute l'un des meilleurs ailiers droits de son époque, Michael Bossy a été admis au Temple de la Renommée du hockey en 1991.

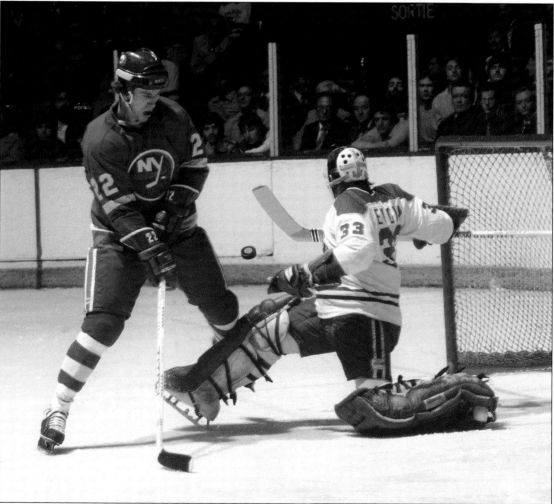

Le dangereux marqueur des Islanders menace le filet défendu par Richard Sévigny des Canadiens, lors d'un match au Forum.

C'est le 2 janvier 1986, lors d'une victoire des Islanders aux dépens des Bruins de Boston, que Michael Bossy inscrivit le 500e but de sa carrière dans un filet désert. Vingt-deux jours plus tard, il récoltait son 1000e point contre les Capitals de Washington, à son 656e match dans la Ligue nationale.

★ ★ ★ ★ ★

Équipe
Islanders de New York

Trophées
Calder (1978)
Conn-Smythe (1982)
Lady-Byng (1983, 1984, 1986)

Saison
Parties jouées: 752
Buts: 573
Passes: 553
Points: 1126

Éliminatoires
Parties jouées: 129
Buts: 85
Passes: 75
Points: 160

JOHNNY BOWER

Une carrière qui a débuté tardivement

Johnny Bower a joué dans la Ligue nationale durant 15 saisons, mais il a dû patienter longtemps avant d'obtenir enfin sa chance. En fait, il a joué une dizaine d'années dans la Ligue internationale, avec Cleveland, avant d'évoluer avec les Maple Leafs de Toronto. Il avait passé la saison 1953-1954 avec les Rangers, jouant 70 parties, mais avait repris le chemin des ligues mineures la saison suivante. Ce n'est qu'au cours de la saison 1958-1959 que Punch Imlach, des Maple Leafs, décida de lui faire confiance. Bower était alors âgé de plus de 30 ans, et a gardé le filet avec cette équipe jusqu'à la saison 1969-1970. Il ne disputa qu'une rencontre avec l'équipe

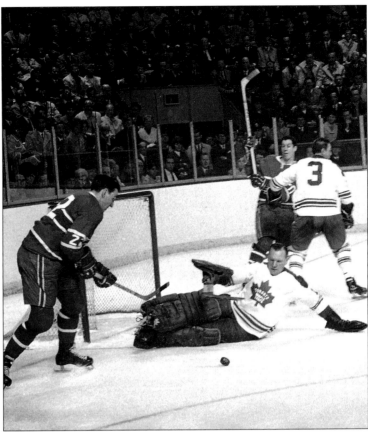

Johnny Bower vient de priver John Ferguson d'un but en effectuant un bel arrêt avec ses jambières.

Johnny Bower a connu la meilleure saison de sa carrière en 1963-1964 alors qu'il a conservé une moyenne de buts alloués de 2,11. Sur cette photographie, on reconnaît également le défenseur Al Arbour qui a joué durant quatre saisons avec Toronto, et le joueur de centre Orland Kurtenbach.

au cours de cette saison, avant de prendre sa retraite.

Au cours de sa carrière, Bower a gravé son nom sur la coupe Stanley à quatre reprises et remporté le trophée Vézina deux fois: la première, en 1960-1961, la seconde en 1964-1965, en compagnie de Terry Sawchuk. Johnny Bower a toujours refusé de révéler son âge exact, mais selon les statistiques officielles de la Ligue nationale, Bower avait 44 ans lorsqu'il décida d'accrocher ses jambières. En revanche, certains ont toujours prétendu qu'il était légèrement plus âgé.

Sympathique et jovial, Bower était reconnu par ses coéquipiers comme un travailleur acharné qui, après avoir passé tant de temps dans les mineures, a vécu intensément ses années chez les professionnels, lui qui était bien persuadé de ne jamais atteindre son but.

★ ★ ★ ★ ★

Équipes
Rangers de New York, Toronto

Trophées
Vézina (1961, 1965)

Saison
Parties jouées:	552
Victoires:	251
Blanchissages:	37
Moyenne:	2,52

Éliminatoires
Parties jouées:	74
Victoires:	34
Blanchissages:	5
Moyenne:	2,54

JOHNNY BUCYK

Un vétéran respecté

Lors de la saison 1956-1957, l'ailier gauche Johnny Bucyk en était à sa deuxième campagne avec les Red Wings de Detroit. En 66 parties, il marqua 10 buts et récolta 11 passes. Même si les Wings avaient terminé premiers au classement général, six points devant les Canadiens, et que Gordie Howe venait de remporter son cinquième championnat des compteurs, l'équipe de Jack Adams fut éliminée en demi-finale par les Bruins de Boston. On décida alors de procéder à des changements majeurs. Le gardien Glenn Hall fut échangé aux Black Hawks, et Bucyk prit le chemin de Boston, en retour du gardien Terry Sawchuk, rapatrié à Detroit où il avait débuté sa carrière.

Bucyk devait disputer 21 saisons avec les Bruins. La meilleure de sa carrière survint au cours de la campagne 1970-1971 alors qu'il récolta 116 points. Les Bruins terminèrent cette année-là au premier rang du classement général avec 121 points, 12 de plus que les Rangers de New York, un nouveau record de la Ligue. Dirigés

En 23 saisons dans la Ligue nationale, Johnny Bucyk a atteint le cap des 20 buts en 16 occasions.

Le numéro 9 de Bucyk a été retiré par les Bruins lorsque l'ailier gauche décida d'accrocher ses patins. Il détient encore plusieurs records d'équipe, notamment celui du plus grand nombre de points obtenus en carrière.

par Tom Johnson, les Bruins ne perdirent que 14 parties au cours de la saison grâce au brio de leurs gardiens Gerry Cheevers et Eddie Johnston. L'offensive de l'équipe faisait peur! Phil Esposito termina au premier rang des compteurs avec une fiche de 76 buts et 76 passes, suivi par trois coéquipiers: Bobby Orr (37 buts, 102 passes), Johnny Bucyk (51 buts, 65 passes) et Ken Hodge (43 buts, 62 passes).

Gagnants de la coupe Stanley la saison précédente, les Bruins se heurtèrent cependant aux Canadiens et à un gardien recrue, Ken Dryden, qui les éliminèrent en sept parties. Bucyk remporta cette année-là le trophée Lady-Byng décerné au joueur le plus gentilhomme — il n'avait purgé que huit minutes de punition! —, un honneur qu'il reçut à nouveau en 1974.

Johnny Bucyk a gravé son nom sur la coupe Stanley à deux reprises avec les Bruins. Le 30 octobre 1975, à l'âge de 40 ans, il vécut l'un des plus beaux moments de sa carrière en inscrivant son 500e but contre le gardien Yves Bélanger des Blues de St. Louis, lors d'une victoire de son équipe au Garden de Boston. Un joueur respecté de tous, Bucyk fut admis au Temple de la Renommée en 1981.

★★★★★

Équipes
Detroit, Boston

Trophées
Lady-Byng (1971, 1974)
Lester-Patrick (1977)

Saison

Parties jouées:	1540
Buts:	556
Passes:	813
Points:	1369

Éliminatoires

Parties jouées:	124
Buts:	41
Passes:	62
Points:	103

WAYNE CASHMAN

Un atout précieux pour les Bruins

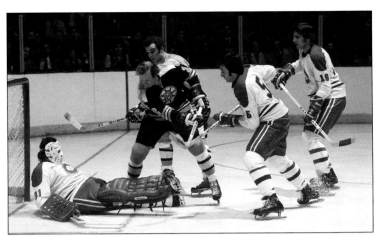

Wayne Cashman a évolué durant toute sa carrière avec les Bruins de Boston, 17 saisons au total. Solide gaillard, Cashman ne s'en laissait pas imposer sur la patinoire. En fait, il était membre à part entière des *Big Bad Bruins* et connut quatre saisons consécutives de plus de 100 minutes de punition. En revanche, Cashman était aussi un bon marqueur et compléta un trio explosif aux côtés de Ken Hodge et de Phil Esposito.

Wayne Cashman se fait menaçant contre les Canadiens, alors qu'il tente de déjouer le gardien Michel Larocque. Guy Lapointe et Serge Savard arrivent à la rescousse.

Cashman a connu neuf saisons de 50 points, atteignant son apogée en 1973-1974, alors qu'il compta 30 buts et amassa 59 passes. Il remporta la coupe Stanley à deux reprises avec les Bruins, soit en 1970 et en 1972, et contribua directement à la conquête de la seconde, en marquant deux buts lors du sixième match de la finale contre les Rangers. Les Bruins gagnèrent le match 3-0, et ainsi la coupe Stanley.

Le gardien Ken Dryden tente à la fois de stopper la rondelle et l'ailier gauche Wayne Cashman.

★ ★ ★ ★ ★

Équipe
Boston

Saison
Parties jouées:	1027
Buts:	277
Passes:	516
Points:	793

Éliminatoires
Parties jouées:	145
Buts:	31
Passes:	57
Points:	88

GERRY CHEEVERS

Un compétiteur farouche

Gerry Cheevers a fait ses débuts avec les Bruins au cours de la saison 1965-1966, disputant seulement sept parties. L'équipe comptait alors sur deux autres gardiens: Eddie Johnston et Bernard Parent. Deux ans plus tard, Parent passa aux Flyers de Philadelphie, ce qui donna enfin la chance à Cheevers de partager la besogne avec Johnston.

Spectaculaire devant le filet, portant un masque sur lequel il dessinait les points de suture qu'il aurait dû recevoir s'il n'avait pas porté son protecteur facial — l'idée lui était venue un jour, dans les rangs juniors, lorsqu'il reçut une rondelle en plein visage qui nécessita une quarantaine de points de suture —, Cheevers était un compétiteur farouche qui ne s'en laissait pas imposer

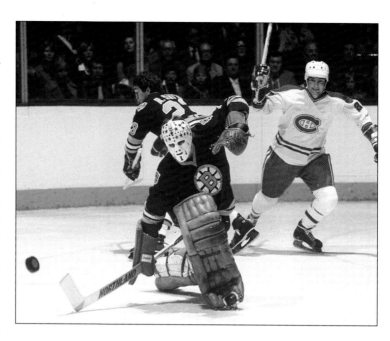

Spectaculaire devant son filet, Gerry Cheevers effectue ici un bel arrêt aux dépens de Steve Shutt des Canadiens.

devant le filet. Il était membre des Bruins lorsque l'équipe remporta ses deux coupes Stanley, mais en 1972, il décida de joindre les rangs de l'Association mondiale de hockey, suivant l'exemple, entre autres, de son coéquipier John McKenzie. Il joua durant quatre saisons avec les Crusaders de Cleveland avant de revenir dans la Ligue nationale avec les Bruins, et disputa cinq autres saisons avec cette équipe.

Après avoir pris sa retraite au terme de la saison 1979-1980, Cheevers fut nommé entraîneur-chef des Bruins. Il occupa le poste durant quatre saisons avant de partager la besogne en 1984-1985 avec Harry Sinden.

Gerry Cheevers, intronisé au Temple de la Renommée en 1985, détient toujours le record pour la plus longue série de matchs disputés sans avoir subi une défaite, soit 32 parties, un exploit réussi au cours de la campagne 1971-1972.

Gerry Cheevers maniait bien la rondelle et aimait s'aventurer hors de son filet pour effectuer des passes à ses coéquipiers.

★ ★ ★ ★ ★

Équipes
Toronto, Boston, Cleveland (AMH)

Saison
Parties jouées: 418
Victoires: 230
Blanchissages: 26
Moyenne: 2,89

Éliminatoires
Parties jouées: 88
Victoires: 47
Blanchissages: 8
Moyenne: 2,69

BOBBY CLARKE

De l'énergie à revendre

Bobby Clarke fut le 17e choix au repêchage des Flyers de Philadelphie en 1969. En première ronde, au sixième rang, les Flyers lui préférèrent Bob Currier, un joueur qui n'atteignit jamais la Ligue nationale. Mais lorsqu'ils choisirent Clarke, ils ne se trompèrent pas; le joueur de centre devint, sans l'ombre d'un doute, le plus grand leader que les Flyers aient connu.

Bobby Clarke, qui mesurait 1,75 mètre (5 pieds, 10 pouces) et pesait 84 kilos (185 livres), était diabétique. S'il y avait un joueur qui ne semblait pas manquer d'énergie sur la glace, c'était bien lui! Il excellait lors des mises en jeu, en avantage et en désavantage numériques, et a joué les trouble-fête sur la glace durant toute sa carrière. Avec son visage angélique, il se distinguait dans l'art de déran-

ger l'adversaire. Joueur de finesse, il était parfois rude; on n'a qu'à se rappeler du coup de bâton qu'il avait asséné à la cheville de Valery Kharlamov…

À l'âge de 23 ans, il remporta pour la première fois le trophée Hart remis au joueur le plus utile à son équipe. Il mérita cette récompense à deux autres reprises, devenant ainsi le premier joueur de centre, depuis Howie Morenz, à remporter cet honneur trois fois. Inutile de dire que Wayne Gretzky a depuis longtemps battu ce record…

Clarke était l'âme, avec Bernard Parent, des Flyers de Fred Shero, une équipe alors surnommée *The Broad Street Bullies*. Un groupe de durs, ces Flyers, qui remportèrent la coupe Stanley deux années consécutives: en 1974, défaisant les Bruins de Boston en finale,

Bobby Clarke, portant les couleurs du Canada, réussit à inscrire un but. Denis Brodeur a réalisé cette photographie tout juste avant que la rondelle ne franchisse la ligne des buts.

et en 1975, éliminant les Sabres de Buffalo en six parties.

Clarke, qui portait le chandail numéro 16, retiré depuis par la direction des Flyers, a aussi été l'un des atouts précieux d'Équipe Canada en 1972. Celle-ci réussit, non sans difficulté, à remporter la série de huit matchs contre les Soviétiques. Clarke termina cette confrontation au troisième rang des compteurs de son équipe avec une fiche de deux buts et quatre passes.

Bobby Clarke peut aussi se targuer d'avoir été le premier joueur d'une équipe de l'expansion à atteindre le plateau des 100 points en une saison (en 1972-1973, avec une fiche de 37 buts et 67 passes pour un total de 104 points). Il a terminé à deux reprises au deuxième rang des compteurs et a mérité, au terme de la saison 1982-1983, le trophée Frank-J.-Selke remis au meilleur attaquant défensif du circuit. Bobby Clarke a disputé 15 saisons dans la Ligue nationale avant de prendre sa retraite.

En juin 1994, il a été nommé président des Flyers de Philadelphie, lui qui a occupé le poste de directeur-gérant des Flyers durant six ans. Il est membre du Temple de la Renommée depuis 1987.

Bobby Clarke, dangereusement posté devant le filet du gardien des Canadiens, est surveillé de près par le défenseur Craig Ludwig. En carrière, Clarke a connu trois saisons de plus de 100 points.

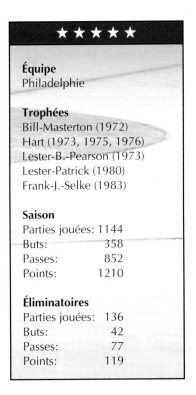

★★★★★

Équipe
Philadelphie

Trophées
Bill-Masterton (1972)
Hart (1973, 1975, 1976)
Lester-B.-Pearson (1973)
Lester-Patrick (1980)
Frank-J.-Selke (1983)

Saison
Parties jouées: 1144
Buts: 358
Passes: 852
Points: 1210

Éliminatoires
Parties jouées: 136
Buts: 42
Passes: 77
Points: 119

YVAN COURNOYER

Il s'échappe et… c'est le but!

À ses belles années dans la Ligue nationale, Yvan Cournoyer était, à juste titre, considéré comme le patineur le plus rapide du circuit. Rien n'était plus excitant que de le voir saisir le disque à la ligne bleue adverse, s'élancer, seul, en direction du gardien, et déjouer habilement son adversaire. Cette scène, elle s'est répétée souvent au cours de la carrière de Cournoyer qui a débuté lors de la saison 1963-1964 par un essai de cinq parties avec les Canadiens. La saison suivante, il effectuait véritablement ses débuts avec l'équipe.

Cournoyer était un marqueur naturel, un joueur rapide qui, en deux ou trois enjam-bées, parvenait à distancer ses adversaires. Henri Richard a déjà dit de lui que lorsqu'il s'élançait de la ligne bleue au filet adverse, ce rapide patineur lui rappelait étrangement un autre joueur aussi rapide, son frère, l'illustre Maurice Richard. En 15 saisons, Cournoyer a inscrit son nom à 10 reprises sur la coupe Stanley, en plus de mériter le trophée Conn-Smythe en 1973. Cette année-là, les Canadiens remportèrent la coupe Stanley en défaisant les Black Hawks de Chicago, et Cournoyer s'avéra la bougie d'allumage de l'équipe en inscrivant 15 buts et en récoltant 10 passes en 17 parties. Lors de la conquête précédente par les Canadiens

Yvan Cournoyer a connu trois saisons consécutives de 40 buts et plus, de 1972 à 1974. Il a été sélectionné à quatre reprises au sein de la deuxième équipe d'étoiles de la Ligue.

en 1971, la performance du *Roadrunner* avait aussi été déterminante: 10 buts et 12 passes en 20 matchs.

L'ex-numéro 12 a participé à deux époques glorieuses de l'histoire des Canadiens et a en plus joué pour deux grands entraîneurs: Toe Blake et Scotty Bowman. Cournoyer a donc eu l'occasion d'évoluer aux côtés de Jean Béliveau (il a longtemps complété un trio formé du *Grand Jean* et de l'ailier gauche Gilles Tremblay) puis, à la retraite du numéro 4, de faire partie de la même équipe que Guy Lafleur qui allait briller de tous ses feux au milieu des années 1970.

La fiche de Cournoyer est éloquente: il a connu 11 saisons de 25 buts ou plus! Les 10 conquêtes de la coupe Stanley qu'il a à son actif constituent un exploit qu'il partage avec Jean Béliveau. Seul Henri Richard a fait mieux en gagnant la précieuse coupe une fois de plus.

Cournoyer, un véritable tourbillon sur la glace, parvient à lancer en direction du gardien Tony Esposito, même s'il est retenu par le défenseur Bill White.

★ ★ ★ ★ ★	
Équipe	
Montréal	
Trophée	
Conn-Smythe (1973)	
Saison	
Parties jouées:	968
Buts:	428
Passes:	435
Points:	863
Éliminatoires	
Parties jouées:	147
Buts:	64
Passes:	63
Points:	127

MARCEL DIONNE

Il ne lui manquait que la coupe Stanley!

Au printemps de 1993, jamais les Kings de Los Angeles ne sont venus aussi près de célébrer la première conquête de leur histoire, alors qu'ils participaient à la finale de la coupe Stanley contre les Canadiens. Le rêve de Wayne Gretzky et de sa bande ne s'est pas concrétisé, mais Marcel Dionne, qui avait pris sa retraite au cours de la saison 1988-1989, devait observer la scène en se disant qu'il aurait bien aimé, lui aussi, participer à une finale de la coupe Stanley et tenter de remporter le précieux trophée.

Dionne a connu une carrière si brillante, qu'il est presque injuste qu'il n'ait jamais pu réaliser ce rêve qui hante tous les joueurs de hockey. En 18 saisons, Dionne en a connu 14 de 30 buts et plus, et cinq saisons consécutives de plus de 50 buts. Il s'est hissé au troisième rang chez les marqueurs, passeurs et pointeurs de l'histoire de la LNH.

Joueur étoile des Black Hawks de St. Catharines, Dionne fut le deuxième choix au repêchage de 1971, choisi par les Red Wings, derrière Guy Lafleur. Dès sa première saison, il démontra que sa taille (1,70 mètre [5 pieds, 8 pouces]) n'était pas un désavantage, contrairement aux dires de plusieurs. Excellent fabricant de jeux, Dionne était aussi un patineur très rapide qui pos-

Marcel Dionne, dans l'uniforme des Kings de Los Angeles. Le numéro 16 qu'il portait avec l'équipe a été retiré par l'organisation à la fin de sa carrière. Dionne a été admis au Temple de la Renommée en 1992.

Dès ses débuts avec les Red Wings de Detroit, Dionne démontra à tous les observateurs qu'il était un excellent fabricant de jeux et un marqueur né. En quatre saisons avec l'équipe, il marqua 139 buts.

sédait un tir foudroyant: un marqueur né.

Incapable de s'entendre avec les Red Wings au terme de la saison 1974-1975, au cours de laquelle il avait marqué 47 buts et amassé 74 passes — il avait terminé au troisième rang des compteurs de la Ligue nationale derrière Bobby Orr et Phil Esposito —, il signa à titre d'agent libre avec les Kings de Los Angeles.

C'est donc sous le chaud soleil de la Californie que Dionne allait étaler tout son talent. Avec les ailiers Dave Taylor et Charlie Simmer, il forma un trio explosif que les

journalistes surnommèrent *The Triple Crown Line*. Au cours de la saison 1980-1981, les trois joueurs récoltèrent, ensemble, un total de 352 points! (Dionne: 58 buts, 77 passes; Taylor: 47 buts, 65 passes; Simmer: 56 buts, 49 passes.) Dionne remporta le championnat des compteurs pour la seule fois de sa carrière en 1979-1980, devant Wayne Gretzky, et le trophée Lady-Byng en deux occasions, soit en 1975 et 1977.

Malgré ses spectaculaires saisons avec les Kings, l'équipe obtint ses meilleurs résultats lors des séries éliminatoires de 1981-1982 en atteignant la finale

C'est dans l'uniforme des Rangers de New York, équipe dirigée par Michel Bergeron, que Dionne termina sa brillante carrière.

de la division Smythe. Les Kings causèrent d'abord une surprise en éliminant les puissants Oilers d'Edmonton qui avaient obtenu 111 points en saison, soit 48 points de plus que les Kings. Dionne et sa troupe triomphè- rent en cinq parties, puis se heurtèrent aux Canucks de Vancouver qui les éliminèrent à leur tour en cinq matchs.

Au cours de la saison 1986- 1987, le joueur de centre étoile, alors âgé de 35 ans, fut échangé aux Rangers de New York par les Kings, en retour du centre Bobby Carpenter et du défenseur Tom Laidlaw. Marcel Dionne accrocha ses patins au cours de la saison 1988-1989, après avoir disputé 37 rencontres et marqué sept buts. Il avait alors été rejoint chez les Rangers par un nou- veau coéquipier, Guy Lafleur, qui effectuait un retour au jeu fortement médiatisé. Curieux, car tout au long de la carrière de ces deux joueurs, de nom- breux journalistes se sont souvent amusés à établir des comparaisons entre les deux athlètes.

★ ★ ★ ★ ★

Équipes
Detroit, Los Angeles, Rangers de New York

Trophées
Lady-Byng (1975, 1977)
Lester-B.-Pearson (1979, 1980)
Art-Ross (1980)

Saison
Parties jouées: 1348
Buts: 731
Passes: 1040
Points: 1771

Éliminatoires
Parties jouées: 49
Buts: 21
Passes: 24
Points: 45

KEN DRYDEN

Une recrue gâche la meilleure saison des Bruins…

Ken Dryden allonge la jambe pour priver cet attaquant d'un but.

Qu'ont en commun Gerry Cheevers, Roger Crozier, Tony Esposito, Ed Giacomin, Glenn Hall, Bernard Parent, Jacques Plante, Terry Sawchuk et Rogatien Vachon? Bien sûr, ils ont tous été de grands gardiens de but et connu de grandes carrières dans la Ligue nationale… mais pas un seul du groupe n'a réussi à présenter une aussi bonne moyenne cumulative que Ken Dryden. Mieux, du groupe, seul Jacques Plante a réussi à inscrire son nom sur la coupe Stanley à six reprises… tout comme Dryden.

Ses six coupes, Ken Dryden les a remportées en huit ans, soit la durée de sa carrière. Portant un masque qui semblait bien mal le protéger, Dryden fit des débuts étincelants avec les Canadiens en 1971, dirigés en début de saison par Claude Ruel, puis par Al MacNeil. Rappelé des Voyageurs de la Nouvelle-Écosse, il ne disputa que six rencontres, mais ce fut suffisant pour convaincre les dirigeants des Canadiens de confier à cet étudiant en droit la tâche de défendre le filet de l'équipe au cours des éliminatoires.

Cette année-là, les Canadiens terminèrent au troisième rang de la division Est avec 97 points, derrière les Bruins de Boston et les Rangers de New York. Les Bruins venaient de connaître la meilleure campagne de leur histoire avec 121 points — ils n'ont jamais réédité l'exploit depuis — et marqué 399 buts contre leurs adversaires, un record qui ne fut battu qu'en 1981-1982 par les Oilers d'Edmonton avec 417 buts. Bref, tous les connaisseurs voyaient mal comment les Canadiens, dont le meilleur marqueur était Jean Béliveau avec 25 buts, allaient pouvoir vaincre cette formation. Les Bruins aussi étaient confiants d'expédier rapidement les joueurs de la Sainte-Flanelle sur les terrains de golf…

C'était sans compter sur Ken Dryden et ses coéquipiers. En première ronde des éliminatoires, les Canadiens causèrent une surprise en éliminant les Bruins en sept par-

Le grand gardien s'interpose devant un joueur des Flyers pour prendre possession de la rondelle.

ties. Le gardien de 1,90 mètre (6 pieds, 4 pouces) se dressa devant les Esposito, Orr, Bucyk et compagnie, multipliant les arrêts prodigieux. Stupeur chez les partisans des Bruins, surprise chez ceux des Canadiens. La meilleure équipe de la Ligue éliminée, le Tricolore allait-il pouvoir reprendre la coupe que ces mêmes Bruins avaient remportée la saison précédente?

Les Canadiens étaient en route vers la 16e coupe Stanley de leur histoire. L'équipe de MacNeil élimina ensuite les North Stars du Minnesota (en six parties), puis rencontra les Black Hawks de Chicago en finale et triompha en sept rencontres. Dryden disputa les 20 parties de l'équipe au cours des éliminatoires, allouant 61 buts, pour une moyenne cumulative de 3,00. Ses exploits lui valurent le trophée Conn-Smythe remis au meilleur joueur des séries de fin de saison.

Comme un conte de fées, la suite a fait rêver bon nombre

Ken Dryden frustre ce joueur des Blues de St. Louis, sous le regard du défenseur Jacques Laperrière.

Un autre arrêt spectaculaire signé Ken Dryden, membre du Temple de la Renommée depuis 1983.

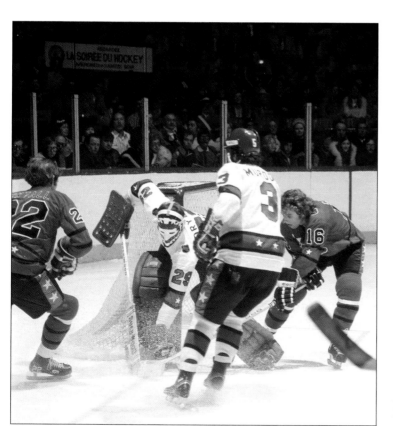

Lors de la partie des étoiles disputée au Forum en 1975, Ken Dryden s'interpose pour empêcher Bobby Clarke de s'emparer de la rondelle. Dryden a été nommé à cinq reprises au sein de la première équipe d'étoiles, et une fois sur la seconde.

de jeunes gardiens de but. Dryden remporta l'année suivante le trophée Calder, puis décrocha le trophée Vézina à cinq reprises. Sous la direction de Scotty Bowman, les Canadiens ne perdirent que huit parties en 1976-1977, au cours d'une saison de 80 matchs. Du nombre, Dryden en disputa 56, réussissant 10 blanchissages. Lors des éliminatoires, il lui arriva à trois reprises, soit de 1976 à 1978, de conserver une moyenne cumulative inférieure à 2,00 (plus précisément, il afficha successivement des moyennes de 1,92, 1,55 et 1,89). Bien sûr, il avait devant lui le fameux *Big Three* formé de Serge Savard, Larry Robinson et Guy Lapointe, mais Dryden accomplissait brillamment le boulot pour lequel il était payé.

L'un des athlètes les plus éloquents de sa génération, Ken Dryden décida de prendre sa retraite au terme de la saison 1978-1979, après avoir aidé les Canadiens à vaincre les Rangers de New York en finale de la coupe Stanley. Il n'était alors âgé que de 31 ans.

★ ★ ★ ★ ★

Équipe
Montréal

Trophées
Conn-Smythe (1971)
Calder (1972)
Vézina (1973, 1976, 1977, 1978, 1979)

Saison

Parties jouées:	397
Victoires:	258
Blanchissages:	46
Moyenne:	2,24

Éliminatoires

Parties jouées:	112
Victoires:	80
Blanchissages:	10
Moyenne:	2,40

PHIL ESPOSITO

Le cœur des Bruins et d'Équipe Canada

Phil Esposito a connu de grands moments au cours de sa carrière avec les Bruins: deux coupes Stanley, en 1970 et en 1972, une saison exceptionnelle de 152 points en 1970-1971 (76 buts et 76 passes en 78 parties) et 6 nominations consécutives dans la première équipe d'étoiles. De plus, son 500e but marqué le 22 décembre 1974 contre Jim Rutherford des Red Wings, à sa 803e partie, demeure un exploit glorieux. Mais par-dessus tout, Esposito a bien en mémoire ces 27 jours de septembre, en 1972, alors qu'il participait à la confrontation Canada-URSS. Huit matchs inoubliables au cours desquels Esposito obtint sept buts et six passes.

Son intensité au jeu et son désir de vaincre en firent le leader d'Équipe Canada qui termina la série avec une fiche de quatre victoires, trois défaites et un match nul. Phil Esposito n'était pas le patineur le plus élégant, mais son ardeur compensait largement ce qui semblait une lacune auprès des experts.

Au cours du septième match, Esposito marqua deux buts et Équipe Canada battit les Soviétiques par la marque de 4-3. Lors du huitième et décisif affrontement, le *Grand Phil* marqua à nouveau deux buts et se fit complice de deux autres. C'est lui qui glissa la rondelle à Paul Henderson, avec moins d'une minute à jouer à la partie. Henderson se retrouva seul devant Vladislav Tretiak, qu'il réussit à déjouer pour procurer la victoire à son équipe et remporter *in extremis* la série.

Comme dans toute chose, on garde toujours en tête les bons et les mauvais moments qui peuvent survenir au cours d'une carrière. Ainsi, Esposito accepta mal la défaite des Bruins aux mains des Canadiens, au cours des éliminatoires de 1971, alors que les Bruins avaient connu la meilleure saison de leur histoire.

Phil Esposito, joueur vedette des Bruins, a été nommé six fois d'affilée au sein de la première équipe d'étoiles, de 1969 à 1974.

trophée Hart en 1969 et en 1974, Esposito détient toujours le record chez les Bruins pour le plus grand nombre de buts (76) et de points (152) dans une saison, soit en 1970-1971. Durant sa carrière, il connut 13 saisons de plus de 30 buts, et cinq campagnes, avec les Bruins, de plus de 50 buts. Il a certes été l'un des grands joueurs de centre de l'histoire de la Ligue nationale.

Phil Esposito fait le bonheur de quelques fans en signant des autographes lors d'un exercice au Forum.

Espo avait connu cette année-là la meilleure campagne de sa carrière, mais Ken Dryden se montra intraitable envers les joueurs des Bruins qui prirent le chemin des terrains de golf beaucoup plus tôt que prévu. Une grosse surprise et une énorme déception pour les Bruins et leurs partisans.

L'un des événements marquants de la carrière d'Esposito survint le 7 novembre 1975. Les directeurs-gérants Harry Sinden et Emile Francis procédèrent alors au plus gros échange des années 1970. Esposito et Carol Vadnais des Bruins passèrent aux Rangers de New York, en retour de Jean Ratelle, Brad Park et Joe Zanussi. Une nouvelle qui causa tout un choc à Esposito. Le numéro 7 des Bruins retroussa ses manches — il adopta le numéro 77 avec les Rangers, puisque Rodrigue Gilbert portait déjà le chandail numéro 7 — et connut de bonnes campagnes à New York. Il marqua même 42 buts en 1978-1979, alors qu'il était âgé de 37 ans. Il devait plus tard devenir directeur-gérant des Rangers, de 1986 à 1989, avant de devenir président et directeur-gérant du Lightning de Tampa Bay en 1992.

Phil Esposito avait débuté sa carrière avec les Black Hawks de Chicago en 1963-1964, avant de prendre le chemin de Boston lors d'une transaction importante au terme de la saison 1966-1967. En compagnie de Ken Hodge et de Fred Stanfield, il passa aux Bruins en retour de Gilles Marotte, Pit Martin et du gardien Jack Norris.

Avec les Bruins, Esposito étala tout son talent et fit les beaux jours de son équipe en compagnie de Bobby Orr. En 1970-1971, ils obtinrent 291 points, dont 113 buts. Ils étaient le cœur des Bruins.

Au total, Phil Esposito a joué durant 17 saisons avant de prendre sa retraite au milieu de la saison 1980-1981. Gagnant du trophée Art-Ross en 1969 et de 1971 à 1974, du

★★★★★

Équipes
Chicago, Boston, Rangers de New York

Trophées
Hart (1969, 1974)
Art-Ross (1969, 1971, 1972, 1973, 1974)
Lester-B.-Pearson (1971, 1974)
Lester-Patrick (1978)

Saison
Parties jouées: 1282
Buts: 717
Passes: 873
Points: 1590

Éliminatoires
Parties jouées: 130
Buts: 61
Passes: 76
Points: 137

TONY ESPOSITO

Digne successeur de Glenn Hall

Tony Esposito s'est donné corps et âme pour les Black Hawks de Chicago durant les 15 saisons où il y a joué 873 parties. Il a même établi un record, qu'il détient encore chez les Hawks, avec 15 blanchissages dans une même saison. C'est toutefois avec les Canadiens de Montréal qu'il a remporté son unique coupe Stanley.

Tony Esposito, à ses débuts dans l'uniforme des Black Hawks de Chicago. Il a été le seul gardien des années 1960, soit au cours de la saison 1969-1970, à réussir 15 blanchissages et ce, en 63 matchs. Seul George Hainsworth, avec Montréal, a fait mieux en 1928-1929, réalisant 22 jeux blancs en 44 matchs.

Tony Esposito effectue un bel arrêt aux dépens de Réjean Houle des Canadiens, sous les yeux du défenseur Keith Magnuson.

Esposito n'a disputé que 13 parties dans l'uniforme des Canadiens, au cours de la saison 1968-1969. Il était alors âgé de 25 ans. L'équipe comptait à ce moment sur deux gardiens de calibre, Lorne Worsley et Rogatien Vachon, qui se partageaient la tâche devant le filet. Cette année-là, les Canadiens réussirent la deuxième saison de 100 points de leur histoire, alors que les meilleurs compteurs étaient Yvan Cournoyer et Jean Béliveau. L'équipe était dirigée par Claude *Piton* Ruel, et à la défensive, les gardiens pouvaient compter sur les Laperrière, Harper, Harris, Hillman, Savard et Tremblay.

Tony Esposito ne fut pas appelé à garder les buts au cours des éliminatoires, ce qui ne l'empêcha pas de célébrer avec ses coéquipiers la conquête de la coupe contre les Blues de St. Louis. Les Canadiens pouvant compter sur deux excellents gardiens, Esposito obtint son congé. Il fut repêché en juin 1969 par les Black Hawks de Chicago. Ceux-ci, malgré les performances de Bobby Hull au deuxième rang des compteurs, avec une fiche de 58 buts et 49 passes, avaient terminé bons derniers au classement dans la division Est. Glenn Hall, le gardien vedette de l'équipe durant plusieurs années, était passé aux Blues de St. Louis, et les Hawks et Denis Dejordy tentaient tant bien que mal de stopper l'hémorragie.

Les Hawks avaient donc besoin d'un sauveur et Esposito ne tarda pas à relever le défi. Il conserva une moyenne de 2,17 en 63 parties, obtint 15 blanchissages et remporta le trophée Calder attribué à la meilleure recrue de l'année. Mieux, les Black Hawks terminèrent au premier rang du classement dans la division Est, passant d'une fiche de 77 points à 99 points, grâce aux exploits d'Esposito et à la contribution à l'offensive de Stan Mikita (39 buts) et de Bobby Hull (38 buts).

Tony n'a jamais eu la chance de reconquérir la coupe Stanley, son équipe s'étant inclinée à deux reprises lors des finales des séries de fin de saison. Il a toutefois pu se consoler avec le trophée Vézina qu'il a mérité trois fois. Esposito a été élu à trois reprises sur la première équipe d'étoiles. Digne successeur de Glenn Hall, il a eu, comme lui, le bonheur de voir son chandail, le numéro 35, retiré par l'organisation des Black Hawks.

★ ★ ★ ★ ★

Équipes
Montréal, Chicago

Trophées
Calder (1970)
Vézina (1970, 1972, 1974)

Saison

Parties jouées:	886
Victoires:	423
Blanchissages:	76
Moyenne:	2,92

Éliminatoires

Parties jouées:	99
Victoires:	45
Blanchissages:	6
Moyenne:	3,09

JOHN FERGUSON

L'un des premiers policiers sur patins

John Ferguson, ailier gauche natif de Vancouver, fit ses débuts avec les Canadiens en 1963-1964. Joueur de hockey sachant se débrouiller sur la patinoire sans être le plus habile, *Fergy* put se tailler une place au sein de l'équipe à titre de policier. En clair, son rôle consistait, et il ne s'en est jamais caché, à protéger ses coéquipiers et à se charger des joueurs adverses qui s'acharnaient un peu trop sur des joueurs comme Jean Béliveau, Yvan Cournoyer, Robert Rousseau. Il fut ainsi l'un des premiers policiers sur patins, avec une mission bien déterminée, ce qui ne l'empê-cha pas de se distinguer en marquant des buts.

Ferguson connut sa meilleure saison en 1968-1969, alors qu'il marqua 29 buts et récolta 23 passes. Le numéro 22 des Canadiens passait cependant plus de temps au banc des pénalités qu'à célébrer un but, puisqu'en huit ans dans la Ligue nationale, il connut six saisons de plus de 100 minutes de punition.

Le 18 janvier 1967, à Montréal, John Ferguson vécut de bien beaux moments. Ce jour-là, comme le voulait la for-mule qui était alors préconisée, les Canadiens affrontaient une équipe de joueurs étoiles

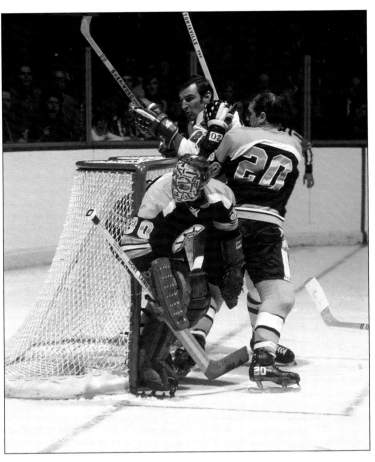

John Ferguson fait la vie dure au gardien Gerry Cheevers et au défenseur Dallas Smith des Bruins.

de la Ligue nationale, notamment Gordie Howe, Stan Mikita, Bobby Hull, Frank Mahovlich, Pierre Pilote et, dans les buts, Glenn Hall et Ed Giacomin. Les Canadiens remportèrent le match par la marque de 3-0, et Ferguson contribua à la victoire en réussissant deux buts!

Au cours de sa carrière, Ferguson participa à cinq conquêtes de la coupe Stanley. Il affiche un total de 1214 minutes de punition, ce qui le place loin derrière le détenteur du record de la Ligue: Dave *Tiger* Williams, avec 3966 minutes obtenues en 962 parties...

John Ferguson prit sa retraite au terme de la saison 1970-1971, avec cinq bagues de la coupe Stanley dans ses poches, et il vécut une belle aventure en septembre 1972, alors qu'il fut nommé entraî-neur-adjoint de Harry Sinden pour Équipe Canada qui affrontait les Soviétiques pour la première fois.

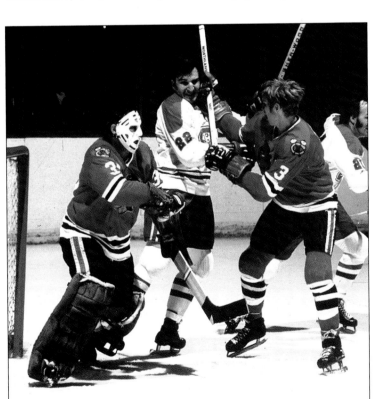

John Ferguson excellait dans l'art de déconcentrer ses adversaires. Sur cette séquence, il se fait mettre en échec à la fois par le gardien Tony Esposito et le défenseur Keith Magnuson.

★ ★ ★ ★ ★

Équipe
Montréal

Saison

Parties jouées:	500
Buts:	145
Passes:	158
Points:	303

Éliminatoires

Parties jouées:	85
Buts:	20
Passes:	18
Points:	38

BOB GAINEY

L'as de la défensive

Lorsqu'en 1978 vint le moment de décerner pour la toute première fois le trophée Frank-J.-Selke remis au meilleur attaquant défensif de la Ligue, un seul nom s'imposa: Bob Gainey, numéro 23 des Canadiens. Gainey excellait tant et si bien qu'il remporta ce trophée quatre années consécutives!

Bob Gainey, robuste ailier gauche, fit ses débuts avec les Canadiens à l'automne de 1973. Il entama la saison après avoir été le premier choix des Canadiens en première ronde, au huitième rang, lors du repêchage amateur qui eut lieu le 15 mai 1973. Gainey démontra aussitôt à l'entraîneur-chef Scotty Bowman qu'il était taillé sur mesure pour la Ligue nationale.

Avec Doug Jarvis et Jim Roberts, il forma un trio défensif qui donnait bien du fil à retordre aux attaquants adverses. Devenu expert dans l'art de jouer en désavantage numérique, Gainey s'imposa aussi comme leader sur la patinoire et dans le vestiaire des siens. Sérieux, respectueux de ses coéquipiers et des partisans au point d'apprendre le français, Gainey eut dès le départ la cote d'amour.

En 1978-1979, au cours des éliminatoires, non seulement il se chargea de contrer les meilleurs joueurs adverses, mais il marqua six buts et récolta 10 passes en 16 parties, alors que les Canadiens remportèrent la coupe contre les Rangers. Même si Guy Lafleur et Jacques Lemaire avaient tous deux récolté 23 points, le choix de Gainey à titre de joueur le plus utile des séries de fin de saison était

Bob Gainey, leader incontesté des Canadiens et capitaine de l'équipe de 1981 à 1989, était un joueur qui imposait le respect de ses adversaires par l'excellence de son jeu défensif et physique.

largement justifié; il remporta donc le trophée Conn-Smythe.

Bob Gainey a gagné la coupe Stanley à cinq reprises avec les Canadiens, avant de prendre sa retraite après 16 ans avec l'équipe. Il s'exila en Europe pour apprendre le métier d'entraîneur et fut nommé à la barre des North Stars du Minnesota au début de la saison 1990-1991.

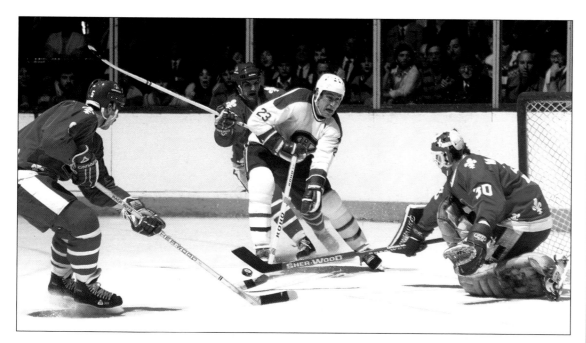

Bob Gainey dans une charge au filet, lors d'un match contre les Nordiques. Offensivement, il a connu ses meilleurs moments en 1980-1981, alors qu'il a obtenu 23 buts et 24 passes.

★ ★ ★ ★ ★

Équipe
Montréal

Trophées
Frank-J.-Selke (1978, 1979, 1980, 1981)
Conn-Smythe (1979)

Saison
Parties jouées: 1160
Buts: 239
Passes: 262
Points: 501

Éliminatoires
Parties jouées: 182
Buts: 25
Passes: 48
Points: 73

ED GIACOMIN

Le sauveur des Rangers

Au cours de sa carrière avec les Rangers de New York, Ed Giacomin était surnommé par les journalistes et les partisans *Fast Eddie*. Gardien au style acrobatique, Giacomin était en effet très rapide et spectaculaire. Pourtant, lui aussi dut être patient avant d'obtenir sa chance dans la Ligue nationale.

Giacomin était âgé de 26 ans lorsqu'il eut l'occasion de faire ses débuts chez les professionnels avec les Rangers. Il joua la moitié de la saison avec l'équipe, en 1965-1966, mais fut suffisamment impressionnant pour que les Rangers lui confient le poste de gardien régulier pour la saison suivante. En fait, les Rangers se devaient de bouger; l'équipe n'allait nulle part, avait terminé au dernier rang du classement et avait accordé 261 buts au cours de la saison. En 1966-1967, ce fut une autre histoire; les Rangers accordèrent 72 buts de moins et Giacomin fut choisi au sein de la première équipe d'étoiles de la Ligue nationale. Le gardien fut considéré comme un sauveur sur Broadway!

En 1970-1971, celui qui était contre le système d'alternance entre les gardiens partagea le trophée Vézina avec Gilles Villemure. Les deux joueurs n'avaient alloué que 177 buts en 78 parties, la meilleure fiche du circuit. Giacomin a passé 10 ans avec les Rangers avant de se retrouver devant le filet des Red Wings en 1975-1976.

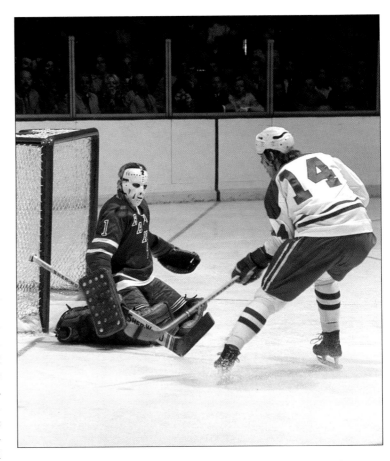

Ed Giacomin réussit à arrêter la rondelle lancée par Réjean Houle.

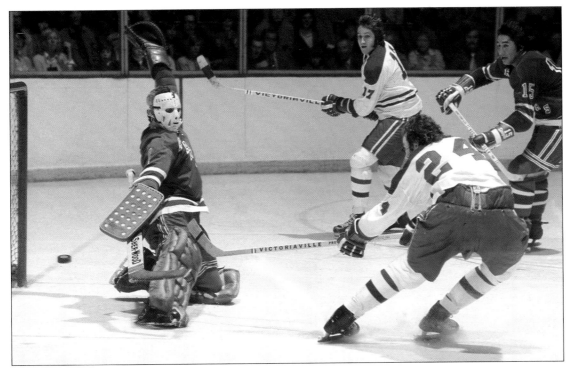

Giacomin, qui a pris sa retraite en 1978 après avoir joué près de trois saisons avec les Red Wings de Detroit et 10 avec les Rangers, effectue un arrêt spectaculaire contre Chuck Lefley des Canadiens. Murray Wilson et le défenseur Jim Neilson observent la scène.

Au cours de sa carrière, Ed Giacomin a été choisi à deux reprises au sein de la première équipe d'étoiles et trois fois dans la seconde. Il fut intronisé au Temple de la Renommée en 1987.

★ ★ ★ ★ ★

Équipes
Rangers de New York, Detroit

Trophée
Vézina (1971)

Saison
Parties jouées: 610
Victoires: 289
Blanchissages: 54
Moyenne: 2,82

Éliminatoires
Parties jouées: 65
Victoires: 29
Blanchissage: 1
Moyenne: 2,82

ROD GILBERT

L'un des préférés des partisans new-yorkais

Natif de Montréal, Rod Gilbert fit ses débuts avec les Rangers de New York en 1962-1963. Ailier droit rapide et astucieux, il a joué durant 16 saisons dans la Ligue nationale, toujours avec les Rangers. Il fut, tout au long de sa carrière, l'un des grands favoris des partisans des Rangers, à la fois pour son jeu et ses allures de vedette de cinéma. Ses meilleures campagnes furent celles du début des années 1970, alors qu'il avait comme compagnons de trio le joueur de centre Jean Ratelle et l'ailier gauche Vic Hadfield. En 1971-1972, Gilbert marqua

Rod Gilbert a connu 12 saisons de 20 buts et plus, dont trois consécutives de 36 buts, de 1971 à 1976.

En 1972, Rod Gilbert joua pour Équipe Canada contre l'équipe des meilleurs joueurs de l'URSS. Il disputa six parties, marqua un but et récolta trois passes. Sur cette photographie réalisée au camp d'entraînement de l'équipe, il est en compagnie de Jean Béliveau, venu assister à l'exercice de l'équipe.

Rodrigue Gilbert a amassé 1021 points en carrière et ce, en 1065 parties; une fiche plus que respectable, d'autant plus que ce rapide ailier droit a été aux prises avec des maux de dos tout au long de sa carrière. Il a été élu au Temple de la Renommée en 1972.

43 buts et récolta 54 passes, alors que Ratelle marqua 46 buts et Hadfield, 50. L'ailier droit fut choisi dans la première équipe d'étoiles pour la seule fois de sa carrière.

Rod Gilbert a pris sa retraite peu après le début de la saison 1977-1978, aux prises avec des maux de dos qui avaient persisté une bonne partie de sa carrière. Encore aujourd'hui, il détient quelques records chez les Rangers, notamment celui du plus grand nombre de points réussis par un ailier droit lors d'une saison, soit 77.

★ ★ ★ ★ ★

Équipe
Rangers de New York

Trophées
Bill-Masterton (1976)
Lester-Patrick (1991)

Saison
Parties jouées: 1065
Buts: 406
Passes: 615
Points: 1021

Éliminatoires
Parties jouées: 79
Buts: 34
Passes: 33
Points: 67

VIC HADFIELD

Un record pour un ailier gauche

Au cours de sa carrière de 16 saisons dans la Ligue nationale, Vic Hadfield a été membre de la productive *GAG Line (Goal a game)* avec les Rangers. Ses compagnons de trio étaient le centre Jean Ratelle et l'ailier droit Rod Gilbert.

C'est à leurs côtés que Hadfield a connu la saison la plus fructueuse de sa carrière, en 1971-1972. Ensemble, ces trois vedettes marquèrent 139 buts et récoltèrent 312 points. Hadfield, quatrième compteur de la Ligue, présenta une fiche de fin de saison de 50 buts et 56 passes en 78 parties. Il devint ainsi le tout premier joueur à marquer 50 buts dans

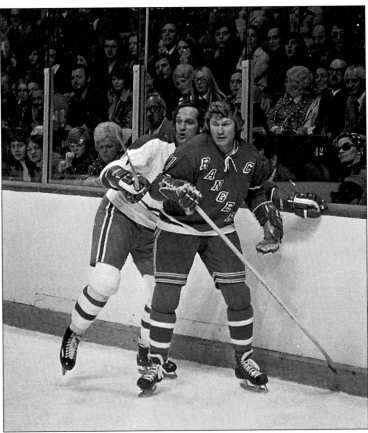

Vic Hadfield, capitaine des Rangers durant trois saisons, a joué 16 ans dans la Ligue nationale, et cela sans jamais pouvoir graver son nom sur la coupe Stanley. Depuis qu'il a accroché ses patins, les Penguins ont gagné la coupe en deux occasions alors que les Rangers ont réussi l'exploit en 1994...

L'ailier gauche Vic Hadfield a compté bien des buts au cours de sa carrière en se postant devant le gardien adverse pour faire dévier des rondelles. Sur ce jeu, il est contré aux abords du filet défendu par Michel Larocque des Canadiens.

l'histoire des Rangers. Il détient encore le record, avec cette équipe, pour le plus grand nombre de points réussis lors d'une saison par un ailier gauche. Des 10 premiers compteurs de la saison 1971-1972, aucun autre joueur ne fut autant pénalisé que lui avec 142 minutes. Il faut dire que Hadfield adorait la circulation... Alors que Ratelle et Gilbert jouaient de finesse, Hadfield se chargeait d'aller récupérer le disque dans les coins de la patinoire et de «bousculer» les défenseurs adverses.

Hadfield a réussi sept saisons de plus de 20 buts avant d'être échangé aux Penguins de Pittsburgh à la fin de la saison 1974-1975. Avec cette équipe, il marqua successivement 31 et 30 buts avant de prendre sa retraite au début de la saison 1976-1977.

★ ★ ★ ★ ★	
Équipes	
Rangers de New York, Pittsburgh	
Saison	
Parties jouées:	1002
Buts:	323
Passes:	389
Points:	712
Éliminatoires	
Parties jouées:	73
Buts:	27
Passes:	21
Points:	48

GLENN HALL

À 37 ans, il mérite le trophée Vézina!

L'anecdote a été racontée à maintes reprises. Glenn Hall, surnommé *Mr. Goalie*, est un gardien qui a joué 18 saisons dans la Ligue nationale. On dit qu'il était tellement nerveux avant le début d'un match, qu'il était malade presque chaque fois. Avec les années, Hall a réussi à mieux gérer son stress, mais disait quand même parfois détester ce métier.

N'empêche que Glenn Hall a fait sa marque, et de belle façon, chez les professionnels. Nommé recrue de l'année au terme de sa première saison dans la Ligue nationale avec les Red Wings en 1955, Hall fut échangé à la fin de la saison 1956-1957 aux Black Hawks de Chicago. Il fut alors le gardien vedette de l'équipe du directeur-gérant Tommy Ivan durant 10 saisons.

Glenn Hall a gagné la coupe Stanley avec les Hawks en 1961 et le trophée Vézina en 1963 et en 1967, avec la complicité de Denis Dejordy. Nommé à sept reprises dans la première équipe d'étoiles de la Ligue, Hall détient un record chez les gardiens de but: avoir gardé le filet durant 502 matchs consécutifs avant d'être forcé de céder sa place par suite d'une blessure au dos.

Le 6 juin 1967, six nouvelles équipes joignaient les rangs de la Ligue nationale: Pittsburgh, Minnesota, Oakland, Los Angeles, Philadelphie et St. Louis. Lors du repêchage de la Ligue visant à former ces équipes, Hall fut le tout premier choix des Blues. Le vétéran gardien hésita avant de déménager ses pénates, mais accepta finalement d'aller jouer pour cette équipe.

Grâce au brio de Hall, les Blues causèrent toute une surprise en atteignant la finale de la coupe Stanley dès leur première année. Au cours de la saison, Hall conserva une moyenne de 2,48. Les Blues perdirent en quatre matchs contre les Canadiens dirigés par Toe Blake, mais chacune des parties se termina par un écart d'un seul but. Hall, devant le filet pour les quatre rencontres, fut si brillant qu'on lui décerna le trophée Conn-Smythe pour ses performances au cours des séries de fin de saison.

L'année suivante, à 37 ans, Hall réussit tout un exploit. Il conserva une moyenne de 2,17 au cours de la saison et, secondé par Jacques Plante (39 ans), remporta le trophée Vézina pour la troisième fois de sa carrière.

Au cours des éliminatoires, les Blues accédèrent de nouveau à la finale, et se frottèrent une fois de plus aux Canadiens. L'équipe dirigée par Claude Ruel parvint à vaincre celle de Scotty Bowman en quatre matchs consécutifs.

Glenn Hall figure aujourd'hui au troisième rang des gardiens de la Ligue, derrière Terry Sawchuk et George Hainsworth, pour le plus grand nombre de blanchissages réussis au cours de sa carrière, soit 84. Sawchuk en a obtenu 103 alors que Hainsworth, qui a joué la majeure partie de sa carrière avec les Canadiens, en a réussi 94. Glenn Hall, dont le chandail numéro 1 a été retiré par les Black Hawks de Chicago, a été admis au Temple de la Renommée du hockey en 1975.

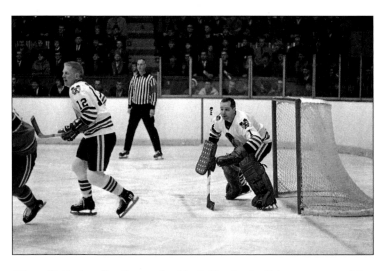

Glenn Hall, dans l'uniforme des Black Hawks de Chicago, avec qui il a vécu de grands moments. Il détient le record de la Ligue pour le plus grand nombre de parties d'étoiles disputées, soit 13.

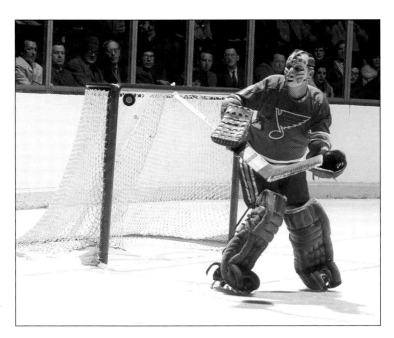

C'est avec les Blues de St. Louis que Glenn Hall a remporté pour la troisième et dernière fois le trophée Vézina. Il faisait équipe avec un autre grand de sa profession, Jacques Plante.

★ ★ ★ ★ ★

Équipes
Detroit, Chicago, St. Louis

Trophées
Calder (1956)
Vézina (1963, 1967, 1969)
Conn-Smythe (1968)

Saison
Parties jouées: 906
Victoires: 407
Blanchissages: 84
Moyenne: 2,51

Éliminatoires
Parties jouées: 115
Victoires: 49
Blanchissages: 6
Moyenne: 2,79

PAUL HENDERSON

Le héros d'un peuple

Au cours de la saison 1971-1972, Paul Henderson, ailier gauche des Maple Leafs de Toronto, atteignit un sommet personnel en marquant 38 buts au cours du calendrier. Il était donc normal qu'à l'été, il soit sélectionné au sein d'Équipe Canada pour participer aux huit rencontres qui devaient opposer les joueurs canadiens aux Soviétiques. Henderson, âgé de 29 ans, devait non seulement s'avérer l'un des meilleurs joueurs de l'équipe, terminant au deuxième rang des compteurs avec une fiche de sept buts et trois passes en huit rencontres, mais surtout, il devint un héros en réussissant à marquer le but qui procura la victoire lors du huitième match et permit à Équipe Canada de remporter les honneurs de cette série.

Tous les amateurs de hockey s'en souviennent: Henderson saisit une passe de Phil Esposito, lança une première fois, puis une seconde fois, et la rondelle alla se loger derrière Vladislav Tretiak. Temps du but: 19:26 de la troisième période. Le plus grand moment de sa carrière, un exploit qui lui a permis d'entrer dans la légende. En plus de ce but historique, Henderson marqua aussi le but gagnant dans les sixième et septième matchs disputés en sol soviétique. Pour tous les amateurs de hockey, la performance de Paul Henderson s'avéra une grande surprise. Cet ailier gauche vola la vedette et fit oublier brillamment l'absence de Bobby Hull, absent de cette équipe parce qu'il avait signé un contrat avec les Jets de Winnipeg de l'AMH. Accueilli en héros au Maple Leafs Garden par les partisans de Toronto, Henderson, blessé, ne disputa que 40 matchs au cours de la saison 1972-1973, amassant 34 points.

Paul Henderson a débuté sa carrière avec les Red Wings de Detroit en 1963-1964. Il fut échangé aux Maple Leafs au cours de la saison 1967-1968 et joua avec cette équipe jusqu'à ce qu'il décide d'accepter un contrat lucratif pour joindre les rangs de l'Association mondiale de Hockey en 1974-1975. Il joua durant cinq saisons dans l'AMH, avec les Toros de Toronto et les Bulls de Birmingham, avant de revenir dans la Ligue nationale avec les Flames d'Atlanta. Il disputa 30 rencontres avec cette équipe avant d'accrocher définitivement ses patins, à l'âge de 36 ans.

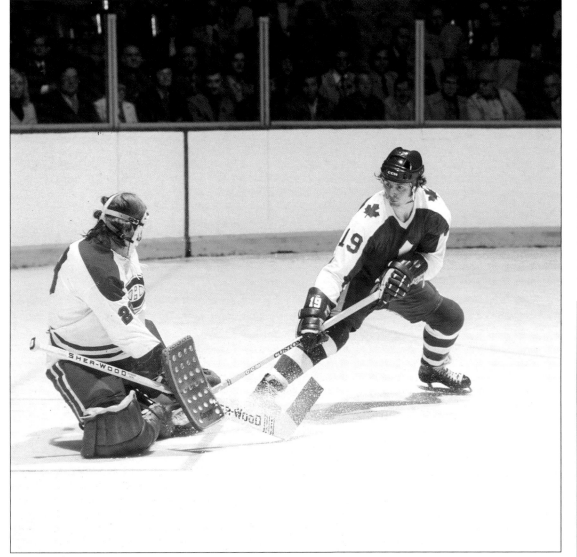

Paul Henderson, laissé seul devant le filet des Canadiens, force Ken Dryden à se surpasser.

★ ★ ★ ★ ★

Équipes
Detroit, Toronto,
Toronto (AMH), Birmingham
(AMH), Atlanta

Saison

Parties jouées:	707
Buts:	236
Passes:	241
Points:	477

Éliminatoires

Parties jouées:	56
Buts:	11
Passes:	14
Points:	25

TIM HORTON

Le pilier des Leafs à la défensive

Tim Horton a joué 22 saisons complètes dans la Ligue nationale, dont un peu plus de 17 avec les Maple Leafs de Toronto, avant de passer successivement aux Rangers, aux Penguins et aux Sabres. C'est avec les Maple Leafs qu'il a connu les plus belles heures de sa carrière, remportant à quatre reprises la coupe Stanley avec la troupe dirigée par Punch Imlach. Il était alors l'un des piliers des Leafs à la défensive.

Joueur étoile chez les juniors, Horton fit ses débuts en 1952-1953 à Toronto et ne tarda pas à s'imposer comme un défenseur difficile à déjouer, qui possédait de surcroît

Tim Horton, bien concentré sur le jeu qui se déroule devant lui, surveille étroitement Guy Lapointe des Canadiens qui avait fait une incursion dans la zone offensive.

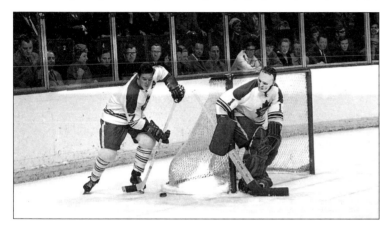

Tim Horton saisit la rondelle derrière le filet de son gardien. Ce défenseur était l'un des leaders des Leafs à leurs belles années et l'un des joueurs les plus fiables sur la patinoire.

un excellent lancer. Robuste, mais loyal, Horton fut nommé au sein de la première équipe d'étoiles de la Ligue nationale en 1963-1964. Il fut le seul représentant d'une équipe autre que celle des Black Hawks de Chicago, puisqu'on retrouvait Glenn Hall dans les filets, Pierre Pilote à la défensive, Stan Mikita au centre, Ken

Wharram à l'aile droite et Bobby Hull à la gauche. Il fut à nouveau choisi dans la première équipe d'étoiles, soit en 1967-1968 et 1968-1969, aux côtés d'un jeune joueur du nom de Bobby Orr...

Tim Horton en était à sa deuxième saison avec les Sabres de Buffalo, lorsqu'il trouva la mort, le 21 février 1974, dans un accident d'automobile. Il était alors âgé de 44 ans.

Tim Horton s'élance pour tenter de récupérer la rondelle dans son territoire, alors que Ralph Backstrom est à ses trousses.

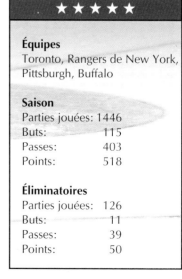

★ ★ ★ ★ ★

Équipes
Toronto, Rangers de New York, Pittsburgh, Buffalo

Saison
Parties jouées: 1446
Buts: 115
Passes: 403
Points: 518

Éliminatoires
Parties jouées: 126
Buts: 11
Passes: 39
Points: 50

GORDIE HOWE

À 46 ans, il réalise son rêve

L'Association mondiale de hockey (AMH) était en activité depuis un an lorsqu'en 1973, les Aeros de Houston, champions de la saison précédente, annoncèrent une nouvelle qui eut l'effet d'une bombe. Afin de réaliser son grand rêve, évoluer avec ses fils Mark et Marty sous contrat avec les Aeros, Gordie Howe proposa aux dirigeants de l'équipe d'effectuer un retour au jeu. Howe avait pris sa retraite au terme de la saison 1970-1971 avec les Red Wings de Detroit, sa 25e dans la Ligue nationale. À sa dernière année, il avait réussi 23 buts et 29 passes en 63 parties avant d'accrocher ses patins.

Lorsque la nouvelle d'un retour au jeu de Howe, alors

Encore aujourd'hui, Gordie Howe demeure un ambassadeur extraordinaire pour le hockey et il chausse encore les patins à l'occasion de rencontres entre des anciens joueurs.

C'est avec les Whalers de Hartford, dans la Ligue nationale, que Gordie Howe a terminé son illustre carrière. Il a marqué au total 801 buts dans la LNH, et 174 dans l'AMH.

âgé de 46 ans, fut annoncée, les réactions ne se firent pas attendre. Les partisans des Aeros de Houston et des autres formations s'empressèrent de se procurer des billets afin de voir évoluer cette légende vivante du hockey. D'autres, plus sceptiques, ne croyaient qu'à un truc publicitaire. Après tout, il avait tout de même 46 ans! C'était bien mal connaître ce bonhomme...!

On ne répétera sans doute jamais assez à quel point Gordie Howe était une véritable force de la nature. Non seulement il réussit la deuxième saison de 100 points de sa carrière (31 buts et 69 passes en 70 parties, troisième compteur — cinq points devant Bobby Hull...), mais il remporta le titre du joueur le plus utile à son équipe. De plus, il mena les Aeros à la coupe Avco et joua cinq autres saisons dans l'Association mondiale de hockey!

Tout au long de sa première saison dans l'AMH, Howe était devenu une attraction. Partout où il passait, les foules se pressaient pour le voir évoluer, pour regarder jouer cet homme qui ne s'en laissait pas imposer par des joueurs deux fois moins âgés que lui. Howe et ses fils assuraient la survie de l'AMH.

À sa deuxième saison, Howe réussit 34 buts et 65 passes pour un total de 99 points. Encore une fois, les Aeros remportèrent le championnat. Au début de la saison 1975-1976, alors qu'on lui demanda s'il ne devrait pas accrocher ses patins avant d'être blessé, Gordie Howe répliqua qu'il avait encore le goût de jouer au hockey et qu'il ne se sentait pas du tout en danger. Il le prouva bien avec une saison de 102 points (32 buts et 70 passes en 78 parties).

La saison suivante, Howe fut ralenti par les blessures. Il joua 62 parties, mais marqua tout de même 24 buts et récolta 68 passes. Malgré tout, on chuchotait que Howe, alors âgé de 49 ans, songeait à accrocher ses patins. Des Aeros de Houston, les trois Howe passèrent aux Whalers de la Nouvelle-Angleterre et Gordie termina la saison avec une fiche de 34 buts et 62 passes en 76 matchs.

La saison 1978-1979 fut la toute dernière de l'Association mondiale. Des 12 formations qu'elle comptait en 1972-1973, l'AMH passa à six. Le début de

la fin était proche et quatre équipes allaient alors être admises dans les rangs de la Ligue nationale: les Nordiques de Québec, les Oilers d'Edmonton, les Jets de Winnipeg et les Whalers de Hartford.

L'événement majeur de cette dernière campagne fut les débuts chez les professionnels de Wayne Gretzky. Alors que l'âge minimum pour évoluer dans la Ligue nationale était de 18 ans, les Racers d'Indianapolis firent signer un contrat à Gretzky, 17 ans, joueur étoile chez les juniors. Gretzky débuta sa carrière avec les Racers, mais fut par la suite vendu aux Oilers d'Edmonton. Le 99 termina au troisième rang des compteurs de la Ligue nationale — 46 buts et 64 passes en 80 parties —, derrière Réal Cloutier des Nordiques et Robbie Ftorek des Racers. Quant à Gordie Howe, il ne joua que 58 parties, obtenant 19 buts et 24 passes. Son fils Mark, par contre, connut ce qui devait être la saison la plus productive de sa carrière, réussissant 42 buts et 65 passes, lui permettant de terminer trois points derrière Gretzky.

Au cours de la saison morte, la fusion eut lieu entre l'AMH et la LNH. Les Whalers de la Nouvelle-Angleterre devinrent les Whalers de Hartford, et papa Howe et ses fils évoluèrent ensemble pour une dernière saison. Blessé, Marty ne joua que six matchs avec l'équipe. Gordie obtint 15 buts et 26 passes en 80 parties et accrocha ses patins une seconde fois au printemps de 1980, à l'âge de 52 ans.

Ce fut une carrière fabuleuse, avec un palmarès impressionnant. Gordie Howe aura, au cours des 26 saisons passées dans la Ligue nationale, remporté quatre coupes Stanley, six championnats des compteurs (dont quatre consécutifs) et gagné six fois le trophée Hart.

Gordie Howe a inscrit son nom dans le livre des records de la Ligue à plusieurs reprises. Le plus prestigieux de ces records, celui du plus grand nombre de buts réussis dans la LNH par un joueur, soit 801, fut éclipsé le 23 mars 1994 par Wayne Gretzky, alors qu'il marquait le 802e but de sa carrière aux dépens du gardien Kirk McLean.

Dans l'uniforme des Red Wings de Detroit, Gordie Howe a marqué 30 buts et plus au cours de quatorze saisons.

Gordie Howe, seul face au gardien Lorne Worsley des Canadiens, lors d'une partie disputée au Forum. Élu au Temple de la Renommée en 1972, il n'a pris sa retraite qu'en 1980!

★★★★★

Équipes
Detroit, Houston (AMH), Nouvelle-Angleterre (AMH), Hartford

Trophées
Art-Ross (1951, 1952, 1953, 1954, 1957, 1963)
Hart (1952, 1953, 1957, 1958, 1960, 1963)
Lester-Patrick (1967)

Saison
Parties jouées: 1767
Buts: 801
Passes: 1049
Points: 1850

Éliminatoires
Parties jouées: 157
Buts: 68
Passes: 92
Points: 160

BOBBY HULL

Un lancer dévastateur!

La *Comète blonde*, c'est ainsi qu'était surnommé l'ailier gauche Bobby Hull qui a disputé 16 saisons avec les Black Hawks de Chicago. Hull était très fort et très rapide, le plus vite de la Ligue, dit-on. Sa marque de commerce était, sans aucun doute, son lancer frappé qui pouvait atteindre 160 km/h (100 mi/h)! Employant en plus un bâton à lame courbée, Hull avait tous les éléments nécessaires pour terroriser les gardiens de la Ligue nationale.

Bobby Hull avait 18 ans lorsqu'il fit ses débuts avec les Black Hawks, lors de la campagne 1957-1958. Au cours des quatre saisons précédentes, les Hawks avaient été exclus des éliminatoires et réclamaient un sauveur. Hull allait jouer ce rôle.

Dès sa première saison, il marqua 13 buts, puis 18 l'année suivante, avant de remporter en 1959-1960 son premier championnat des compteurs avec une fiche de 39 buts et 42 passes, un point devant le joueur de centre Bronco Horvath des Bruins de Boston.

En 1960-1961, les Hawks terminèrent au troisième rang du classement général, comme lors des trois saisons précédentes, et Hull marqua 31 buts. Au cours des éliminatoires, Chicago affronta les Canadiens de Montréal, gagnants de la coupe Stanley au cours des cinq dernières saisons. L'équipe, dirigée par l'entraîneur-chef Rudy Pilous,

Bobby Hull a brillé dans l'uniforme des Black Hawks durant 15 ans, mais c'est avec les Jets de Winnipeg, dans l'AMH, qu'il a connu sa meilleure saison en carrière, soit en 1974-1975, avec 77 buts et 65 passes.

Joueur dominant dans la Ligue nationale au cours des années 1960, Bobby Hull a compté 50 buts et plus à cinq reprises avec Chicago. Sur ce jeu, Jacques Laperrière tente de rattraper la rondelle avant lui.

Bobby Hull et Tony Esposito, deux des joueurs vedettes des Black Hawks, n'ont été coéquipiers que durant trois saisons, à compter de 1969. En 1971-1972, alors que Hull comptait 50 buts, Esposito conserva la meilleure moyenne de sa carrière, 1,76, en 48 parties.

causa une surprise en éliminant les Canadiens en six parties. Lors de la finale, les Hawks firent de même avec les Red Wings, également en six parties, permettant à Bobby Hull de célébrer la conquête de la coupe Stanley pour la seule et unique fois de sa carrière.

En 1961, lorsque son nom fut gravé sur la coupe, Bobby Hull n'était âgé que de 21 ans. Ses meilleures années restaient à venir, et grâce à ses performances, les Black Hawks de Chicago devinrent une attraction partout où ils jouaient. Au

cours de la saison 1961-1962, Hull réussit l'exploit de rééditer le record de Maurice Richard de 50 buts en 50 parties.

Sacré trois fois champion marqueur de la Ligue, Bobby Hull reçut aussi le trophée Hart à deux reprises, remporta le Lady-Byng une fois et fut nommé au sein de la première équipe d'étoiles à 10 reprises.

En 1972, après avoir connu une autre excellente saison (50 buts et 43 passes), Bobby Hull causa tout un émoi chez les partisans des Hawks et les dirigeants de la Ligue nationale en signant, avec les Jets de

Winnipeg, un contrat qui le rendit millionnaire. Hull remporta à deux reprises la coupe Avco avec les Jets et fut l'une des forces majeures de l'AMH, notamment lorsqu'il forma un trio avec les Suédois Anders Hedberg et Ulf Nilsson.

En sept saisons dans cette ligue, Hull a marqué 303 buts avant de revenir jouer dans la Ligue nationale lors de la saison 1979-1980, d'abord avec les Jets, puis avec les Whalers de Hartford. Il ne joua que 27 parties au cours de cette saison, récoltant 17 points, avant d'annoncer sa retraite.

★ ★ ★ ★ ★

Équipes
Chicago, Winnipeg (AMH), Winnipeg, Hartford

Trophées
Art-Ross (1960, 1962, 1966)
Hart (1965, 1966)
Lady-Byng (1965)
Lester-Patrick (1969)

Saison

Parties jouées:	1063
Buts:	610
Passes:	560
Points:	1170

Éliminatoires

Parties jouées:	119
Buts:	62
Passes:	67
Points:	129

AURÈLE JOLIAT

Du cœur à revendre

Lorsque les Canadiens décidèrent de se départir du joueur de centre étoile Newsy Lalonde, au début des années 1920, c'est que les dirigeants de l'équipe lorgnaient déjà le jeune ailier gauche Aurèle Joliat, qui excellait pour une filiale du club de Saskatoon.

Lalonde fut échangé à Saskatoon, dans la Ligue canadienne de l'Ouest, et les Canadiens obtinrent les droits sur Joliat. Malgré son gabarit — 1,65 mètre (5 pieds, 6 pouces) et approximativement 63,6 kilos (140 livres) —, Joliat ne tarda pas à s'imposer dans la Ligue

Aurèle Joliat, portant la casquette qu'il avait toujours sur la tête lorsqu'il jouait avec les Canadiens, était heureux de revêtir à nouveau l'uniforme des Canadiens il y a quelques années, lors d'une cérémonie qui se tint au Forum.

Les amateurs de hockey s'en souviendront: Aurèle Joliat trébucha sur la glace du Forum, lors de la cérémonie d'avant-match présentée au Forum, à l'occasion de la présentation de l'équipe de rêve des Canadiens. On reconnaît de gauche à droite: Dickie Moore, Jacques Plante, Maurice Richard, Aurèle Joliat, Jean Béliveau et Doug Harvey. L'autre défenseur étoile était Larry Robinson.

nationale, particulièrement grâce à son habileté sur patins.

Aurèle Joliat a joué durant 16 saisons avec les Canadiens, et remporté la coupe Stanley à trois reprises. Il connut la meilleure saison de sa carrière en 1924-1925, alors qu'il présenta une fiche de 28 buts et 11 passes en seulement 24 parties. Agile, il ne s'en laissait pas imposer par les défenseurs adverses.

Aurèle Joliat a joué durant de longues années aux côtés d'un autre joueur étoile, le centre Howie Morenz. Joliat a remporté le trophée Hart, remis au joueur le plus utile à son équipe, au terme de la saison 1933-1934. Son chandail, le numéro 4, a été retiré en même temps que celui de Jean Béliveau.

★ ★ ★ ★ ★	
Équipe	
Montréal	
Trophée	
Hart (1934)	
Saison	
Parties jouées:	654
Buts:	270
Passes:	190
Points:	460
Éliminatoires	
Parties jouées:	54
Buts:	14
Passes:	19
Points:	33

DAVE KEON

Quinze ans au service des Maple Leafs

En 1960-1961, les Maple Leafs de Toronto avaient au sein de leur équipe un joueur de centre de 20 ans, Dave Keon, natif de Noranda, en Abitibi. Rapide patineur, Keon disputa 70 parties à sa première saison, réussissant 20 buts et 25 passes. C'était bien suffisant pour qu'on lui décerne le trophée Calder, remis à la meilleure recrue de l'année.

Keon a joué durant 15 saisons avec les Maple Leafs et remporté à quatre reprises la coupe Stanley avec cette équipe. Joueur de finesse excellant autant à l'attaque qu'à la défensive, Keon n'a obtenu que 117 minutes de punition en 1296 matchs dans la Ligue nationale. Il reçut d'ailleurs le trophée Lady-Byng en 1962 et en 1963, une récompense remise au joueur le plus gentilhomme du circuit.

Dave Keon quitta les Leafs à la fin de la saison 1974-1975 pour joindre les rangs de l'AMH. Il joua durant quatre

Dave Keon a marqué 20 buts et plus à 11 reprises en 15 saisons avec les Maple Leafs de Toronto. Il fut capitaine de l'équipe de 1969 à 1975.

saisons dans cette ligue, avant de revenir à la Ligue nationale avec les Whalers de Hartford en 1979-1980.

L'ex-numéro 14 des Maple Leafs a pris sa retraite à la fin de la saison 1981-1982, et a été admis au Temple de la Renommée en 1986.

★ ★ ★ ★ ★

Équipes
Toronto, Minnesota (AMH), Indianapolis (AMH), Minnesota (AMH), Nouvelle-Angleterre (AMH), Hartford

Trophées
Calder (1961)
Lady-Byng (1962, 1963)
Conn-Smythe (1967)

Saison
Parties jouées:	1296
Buts:	396
Passes:	590
Points:	986

Éliminatoires
Parties jouées:	92
Buts:	32
Passes:	36
Points:	68

Dave Keon vient d'être frustré par le gardien Ken Dryden, sous les yeux de Phil Roberto et Jacques Laperrière des Canadiens. Keon a remporté la coupe Stanley à quatre reprises avec Toronto.

GUY LAFLEUR

Un talent hors du commun

Guy! Guy! Guy! Un bruit qui devenait assourdissant, une clameur qui s'élevait des gradins du Forum, un prénom qui était scandé par plus de 16 000 spectateurs survoltés et enthousiasmés par les exploits de leur idole: Guy Lafleur. L'évocation de son nom suffit à elle seule à faire ressurgir une foule de souvenirs chez les amateurs de hockey. L'un des grands à avoir porté l'uniforme des Canadiens.

Dès son arrivée avec le Tricolore, après avoir connu une brillante carrière dans les rangs juniors avec les Remparts de Québec, Guy Lafleur a eu beaucoup de pression sur les épaules. Jean Béliveau venait de prendre sa retraite et les Canadiens avaient remporté la 17e coupe Stanley de leur histoire. Les amateurs de hockey s'attendaient que Lafleur continue à marquer chez les professionnels, comme il l'avait fait avec

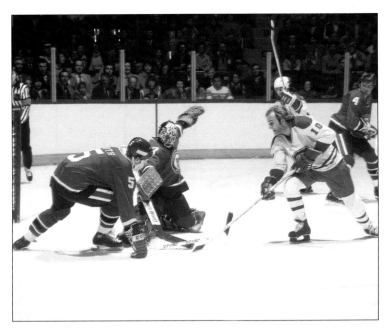

Une autre menace signée Guy Lafleur qui, à ses belles années avec les Canadiens, était la grande vedette de la Ligue.

Par ses performances sur la patinoire et son franc-parler, Guy Lafleur a toujours été une figure populaire auprès des amateurs de hockey. Il a réussi, à l'automne 1988, l'un des plus beaux retours de l'histoire du hockey en sortant de sa retraite pour revêtir l'uniforme des Rangers de New York.

tant de régularité avec les Remparts. Lafleur venait d'ailleurs de terminer son stage dans les rangs juniors avec une saison de 209 points! Bien des experts s'avançaient donc à prédire que Lafleur allait connaître une première saison extraordinaire avec les Canadiens. Meilleure encore que celle qu'avait connue, la saison précédente, le premier choix du repêchage de 1970, Gilbert Perreault, des Sabres de Buffalo (38 buts et 34 passes en 78 parties). On lui prédisait même le trophée Calder, remis à la meilleure recrue de la Ligue, croyant qu'il pourrait faire mieux que Marcel Dionne, choisi par les Red Wings de Detroit lors du même repêchage, en 1971.

Lafleur connut une première saison respectable pour certains, mais décevante pour d'autres, avec 29 buts et 35 passes en 73 matchs. C'est son coéquipier Ken Dryden qui fut sélectionné recrue de l'année, devançant au scrutin Richard Martin des Sabres,

avec 44 buts et 30 passes en 73 matchs. Quant à Marcel Dionne, il avait obtenu 28 buts et 49 passes en 78 matchs.

Le numéro 10 des Canadiens démontrait toutefois de belles aptitudes. Il était un patineur rapide, possédait un lancer puissant et faisait preuve d'un talent certain. N'oublions pas toutefois que Scotty Bowman avait choisi de faire passer Lafleur de l'aile droite au centre, une position où l'équipe venait de s'affaiblir avec la retraite de Béliveau. Cette situation n'était pas facile pour Guy.

Après des saisons de 28 et 21 buts, alors que Martin en avait marqué 37 et 52, et Dionne 40 et 24, Lafleur retrouva, lors de la saison 1974-1975 sa position à l'aile droite. En compagnie de l'ailier gauche Steve Shutt et du centre Pete Mahovlich, il démontra enfin l'ampleur de son talent.

Lafleur devint le premier marqueur de plus de 50 buts des Canadiens, réussissant 53 filets, et récoltant 66 passes. Il fut aussi le premier joueur de l'équipe, avec Pete Mahovlich, à réussir plus de 100 points lors d'une saison (Pete Mahovlich obtint 117 points).

Guy fit encore mieux la saison suivante, avec 56 buts et 69 passes, ce qui lui permit de remporter le championnat des compteurs; le premier trophée Art-Ross remporté par un joueur des Canadiens depuis Bernard Geoffrion, qui avait terminé bon premier lors de la saison 1960-1961.

Lafleur connut en tout six saisons consécutives de 50 buts et plus, six saisons de plus de 115 points et trois championnats des compteurs d'affilée. Il remporta la coupe Stanley à cinq reprises avec Montréal, rafla neuf honneurs individuels décernés par la Ligue, et enleva la coupe Molson durant six saisons consécutives. Des années extraordinaires pour Lafleur, les Canadiens et les amateurs de hockey de la métropole.

Guy Lafleur, à l'époque où il jouait encore avec son casque protecteur, parvient à déjouer le gardien des Penguins de Pittsburgh sur ce jeu.

Un matin, sur la glace du Forum, Guy Lafleur se prêta à une séance de photographie pour Denis Brodeur. Celui que certains journalistes surnommaient le *Démon blond* terrorisait alors les gardiens de but de la Ligue et comptait des buts à profusion.

Meilleur compteur de tous les temps chez les Canadiens avec 1246 points, 27 de plus que Jean Béliveau, Lafleur a évolué durant 13 saisons complètes avec les Canadiens. Il annonça sa retraite après avoir joué 19 parties au cours de la saison 1984-1985.

La suite fait partie de l'histoire; après quatre ans d'absence, l'année où il fut admis au Temple de la Renommée, Lafleur décidait d'effectuer un retour au jeu avec les Rangers de New York. En 1988-1989, il marqua 18 buts et amassa 27 passes avec sa nouvelle équipe, avant de joindre les rangs des Nordiques pour deux saisons. Guy Lafleur, le joueur, a définitivement laissé de très beaux souvenirs aux amateurs de hockey, et l'homme demeure toujours aussi populaire lors de ses apparitions publiques.

★ ★ ★ ★ ★

Équipes
Montréal, Rangers de New York, Québec

Trophées
Art-Ross (1976, 1977, 1978)
Lester-B.-Pearson (1976, 1977, 1978)
Hart (1977, 1978)
Conn-Smythe (1977)

Saison
Parties jouées: 1126
Buts: 560
Passes: 793
Points: 1353

Éliminatoires
Parties jouées: 128
Buts: 58
Passes: 76
Points: 134

JACQUES LAPERRIÈRE

Un défenseur fiable

Jacques Laperrière a joué ses 12 saisons dans la Ligue nationale avec les Canadiens. À sa première année complète, ce jeune défenseur robuste, natif de Rouyn, fut si impressionnant qu'il remporta le trophée Calder. Cette saison-là, Laperrière obtint 102 minutes de punition, un sommet dans sa carrière!

Il est impossible de juger la valeur de Jacques Laperrière par sa seule fiche offensive. L'ex-porteur du chandail numéro 2 était avant tout un défenseur à caractère défensif,

pour le plus grand bonheur des gardiens de but des Canadiens. Il connut tout de même une saison de 37 points en 1969-1970, la plus productive de sa carrière. Très mobile, excellent patineur, Laperrière remporta le trophée James-Norris remis au meilleur défenseur de la Ligue en 1966. Il fut nommé au sein des équipes d'étoiles à quatre reprises, dont deux dans la première formation.

En 1970-1971, l'année où les Canadiens remportèrent la coupe Stanley contre les Black Hawks de Chicago, Laperrière

Jacques Laperrière, l'un des meilleurs défenseurs à caractère défensif de son époque, a permis à de nombreux jeunes défenseurs des Canadiens de devenir des étoiles dans la Ligue nationale par son enseignement.

excella non seulement en défensive, mais contribua aussi à l'attaque en obtenant quatre buts et neuf passes en 13 parties.

Laperrière prit sa retraite après la campagne 1973-1974, et est entraîneur-adjoint avec les Canadiens depuis la saison 1980-1981.

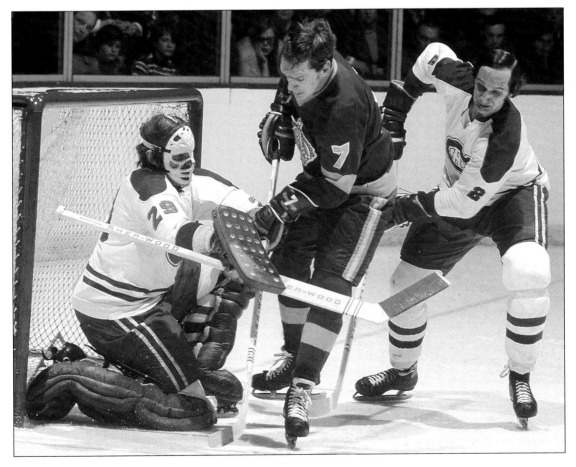

Lappy, tel que surnommé par ses coéquipiers, vient à la rescousse du gardien Ken Dryden alors que ce joueur des Kings se fait menaçant.

★ ★ ★ ★ ★

Équipe
Montréal

Trophées
Calder (1964)
Norris (1966)

Saison

Parties jouées:	691
Buts:	40
Passes:	242
Points:	282

Éliminatoires

Parties jouées:	88
Buts:	9
Passes:	22
Points:	31

GUY LAPOINTE

Une première saison impressionnante

Guy Lapointe a joué sa première saison complète avec les Canadiens en 1970-1971. À la défensive, on retrouvait alors les vétérans Jacques Laperrière, Terry Harper, Serge Savard et Jean-Claude Tremblay. L'autre défenseur, Pierre Bouchard, en était aussi à sa première saison complète avec l'équipe.

Âgé de 22 ans, Lapointe impressionna, en s'avérant non seulement un as à la défensive, mais en marquant aussi 15 buts et en récoltant 29 passes. Il fut le meilleur franc-tireur chez les défenseurs. Dès sa première année, Lapointe put sabler le champagne dans la coupe Stanley, la première des six conquêtes de sa carrière.

Lapointe s'améliora au fil des ans pour finalement réussir une saison de 76 points (25 buts et 51 passes) en 1976-1977. Robuste, très mobile et possédant un excellent lancer frappé, il fut nommé en 1972-1973 au sein de la première équipe d'étoiles pour la seule fois de sa carrière, aux côtés de Bobby Orr. Au cours des

Guy Lapointe a compté 10 buts et plus à neuf reprises avec les Canadiens et a même réussi trois saisons de 20 buts et plus, en plus d'exceller à la défensive.

éliminatoires de cette saison, Lapointe marqua six buts et récolta sept passes en 17 parties, contribuant largement à ramener la coupe Stanley à Montréal. Durant les trois saisons suivantes, Lapointe fut nommé sur la deuxième équipe d'étoiles de la Ligue.

Membre de ce que l'on appela le *Big Three*, complété par Serge Savard et Larry Robinson, Lapointe joua 11 saisons complètes avec les Canadiens. Il fut ensuite échangé aux Blues de St. Louis le 9 mars 1982, en retour d'un choix des Blues au repêchage, ce qui permit aux Canadiens de mettre la main sur l'ailier droit Claude Lemieux l'année suivante. L'ex-numéro 5 des Canadiens, âgé de 33 ans, termina la campagne avec les Blues. Il joua la saison suivante avec cette équipe, avant de passer aux Bruins de Boston avec lesquels il disputa 45 parties avant de prendre sa retraite. Guy Lapointe a été admis au Temple de la Renommée en 1993.

Membre du *Big Three*, Guy Lapointe ne détestait pas le jeu viril, et les joueurs des équipes adverses savaient qu'ils allaient devoir en payer le prix s'ils voulaient s'approcher du gardien des Canadiens.

★ ★ ★ ★ ★

Équipes
Montréal, St. Louis, Boston

Saison
Parties jouées:	884
Buts:	171
Passes:	451
Points:	622

Éliminatoires
Parties jouées:	123
Buts:	26
Passes:	44
Points:	70

JACQUES LEMAIRE

Régulier comme l'horloge

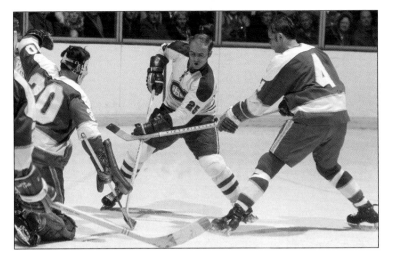

Jacques Lemaire, même contré par son ex-coéquipier Ted Harris, parvient à effectuer un tir en direction du gardien des North Stars du Minnesota. Lemaire était un joueur très rusé, intelligent avec la rondelle.

Jacques Lemaire avait 22 ans lorsqu'il fit ses premiers tours de patinoire dans l'uniforme des Canadiens de Montréal. À la suite de la transaction qui avait envoyé le joueur de centre André Boudrias aux North Stars du Minnesota, un poste était libre au centre, et Jacques Lemaire ne rata pas l'occasion de se faire valoir, réussissant 22 buts et 20 passes.

Au cours des éliminatoires, Lemaire démontra qu'il excellait sous pression, réussissant sept buts et six passes en 13 parties. Dès cette saison, il eut l'occasion de remporter sa première de huit coupes Stanley.

Lemaire excellait pour alimenter ses ailiers, et son lancer frappé était redouté de tous les gardiens de la Ligue. Le numéro 25 des Canadiens marqua 44 buts au cours de la saison 1972-1973, un sommet dans sa carrière, et obtint en plus 51 passes. Au cours des séries de fin de saison, il brilla en obtenant sept buts et 13 passes en 17 rencontres, et les Canadiens remportèrent la coupe Stanley contre les Black Hawks de Chicago.

Jacques Lemaire détient encore quelques records chez les Canadiens, notamment celui du plus grand nombre de passes obtenues en finale de la coupe Stanley. En 1972-1973, contre les Black Hawks, il en obtint neuf en six rencontres.

L'un des grands moments de sa carrière survint lorsqu'il marqua, en prolongation, lors du quatrième match de la finale de la coupe Stanley contre les Bruins de Boston. Son but procura la victoire et la coupe à son équipe qui balaya les Bruins en quatre rencontres consécutives.

Au total, Jacques Lemaire a évolué durant 12 saisons avec les Canadiens, et a alimenté avec brio ses ailiers Guy Lafleur et Steve Shutt. Un trio redoutable qui, lors de la saison 1977-1978, accumula un total de 306 points. Lemaire peut se targuer de n'avoir connu qu'une seule saison de moins de 50 points, et six saisons de 30 buts et plus.

Lemaire prit sa retraite en 1979 et fut admis au Temple de la Renommée en 1984. Entraîneur-chef des Canadiens au cours des saisons 1983-1984 et 1984-1985, assistant du directeur-gérant Serge Savard durant sept ans, Lemaire a accepté le 28 juin 1993 le poste d'entraîneur-chef des Devils du New Jersey. Sous sa direction, les Devils ont terminé au deuxième rang de la section Atlantique en 1993-1994, avec 106 points, soit 19 de plus que la saison précédente.

Au cours des éliminatoires, les Devils sont venus bien près d'atteindre la finale de la coupe Stanley, étant éliminés en sept parties par les Rangers de New York.

Jacques Lemaire pose pour les photographes après avoir reçu, en juin 1994, le trophée Jack-Adams décerné au meilleur entraîneur de l'année. À la barre des Devils du New Jersey, Lemaire a accompli un boulot remarquable.

★ ★ ★ ★ ★

Équipe
Montréal

Saison

Parties jouées:	853
Buts:	366
Passes:	469
Points:	835

Éliminatoires

Parties jouées:	145
Buts:	61
Passes:	78
Points:	139

FRANK MAHOVLICH

Un vétéran loin d'être fini!

Le 13 janvier 1971, après des débuts étincelants avec les Maple Leafs de Toronto, puis environ trois saisons dans l'uniforme des Red Wings de Detroit, Frank Mahovlich fut échangé aux Canadiens de Montréal. C'était un beau cadeau pour le grand numéro 27, qui avait célébré, trois jours plus tôt, son 33e anniversaire de naissance. Après 13 saisons dans la Ligue, en excluant les trois parties disputées avec les Leafs lors de la campagne 1956-1957, Frank allait faire taire certains dénigreurs qui le croyaient sur son déclin, malgré deux saisons successives de 78 et 70 points avec les Wings. Le meilleur restait à venir.

Mahovlich sabla le champagne dans la coupe Stanley dès sa première saison avec les Canadiens, un exploit qu'il répétait pour la cinquième fois de sa carrière. Avec les Maple Leafs de Toronto, il avait remporté la coupe en 1962, 1963, 1964 et 1967.

La saison suivante, si Mickey Redmond — joueur clé de la transaction Detroit-Montréal — connut une saison au-delà des attentes des dirigeants des Red Wings (42 buts et 28 passes), Frank Mahovlich excella en réussissant la saison la plus productive de sa carrière. Le directeur-gérant Sam Pollock avait de quoi être fier de sa transaction! Mahovlich termina au premier rang des compteurs de l'équipe, avec une fiche de 43 buts et 53 passes pour un total de 97 points, et au sixième rang des compteurs de la Ligue.

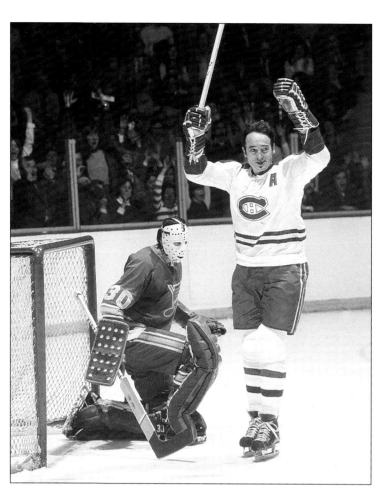

Frank Mahovlich lève les bras au ciel après avoir réussi à marquer l'un des 43 buts avec les Canadiens, au cours de la saison 1971-1972.

Mahovlich joua deux autres saisons avec les Canadiens, obtenant successivement 38 et 31 buts et aida l'équipe à remporter la coupe Stanley en 1972-1973 contre les Black Hawks de Chicago. Puis, à la fin de la saison 1973-1974, l'ailier gauche décida de retourner à Toronto, cette fois dans l'uniforme des Toros de l'Association mondiale. Il joua durant quatre ans dans cette ligue avant d'accrocher ses patins, à l'âge de 40 ans.

Bien qu'il gagna la coupe Stanley à six reprises, Mahovlich n'a jamais été gâté par les honneurs individuels; il mérita seulement le trophée Calder à sa première saison avec les Leafs. Il a cependant été membre à neuf reprises des équipes d'étoiles de la Ligue, et a été admis au Temple de la Renommée en 1981.

Vétéran de 14 saisons dans la Ligue nationale lorsqu'il a été acquis par les Canadiens, Mahovlich a terminé l'année 1971 avec 31 buts, puis en a compté 43, 38 et 31 au cours des trois saisons suivantes.

★ ★ ★ ★ ★

Équipes
Toronto, Detroit, Montréal, Toronto (AMH)

Trophée
Calder (1958)

Saison
Parties jouées: 1181
Buts: 533
Passes: 570
Points: 1103

Éliminatoires
Parties jouées: 137
Buts: 51
Passes: 67
Points: 118

STAN MIKITA

L'un des joueurs les plus complets de la Ligue

Stanley Mikita avait neuf ans lorsqu'il partit de la Tchéco-slovaquie pour venir s'installer au Canada avec sa famille. Très sportif, il devint rapidement un adepte du hockey et s'imposa dans les rangs juniors par son habileté sur la glace. Âgé de 18 ans, il fit ses débuts avec les Black Hawks de Chicago, lors de la saison 1958-1959. Il joua seulement trois parties, mais ce fut suffisant pour convaincre le directeur-gérant Tommy Ivan, que ce jeune joueur de centre possédait tous les atouts nécessaires pour évoluer dans la Ligue nationale.

Il débuta donc la première de ses 21 saisons dans la LNH, toutes dans l'uniforme des Hawks. Il se lia rapidement d'amitié avec Bobby Hull, jeune joueur qui, l'année précédente, à sa première saison, avait épaté, mais vu le trophée Calder lui échapper. Frank Mahovlich avait alors été choisi recrue de l'année. Mikita et Hull allaient former durant 14 saisons le cœur de l'attaque des Hawks.

Stan Mikita était un joueur de finesse, bon fabricant de jeux, habile avec la rondelle, et excellait autant à l'offensive qu'à la défensive. Au cours des années 1960, plusieurs affirmaient qu'il était l'un des joueurs les plus complets de la Ligue, sinon le meilleur. Durant sa carrière, il remporta à quatre reprises le championnat des marqueurs, la première fois au cours de la saison 1963-1964, terminant deux points devant son coéquipier Bobby Hull. En 1965-1966, ce dernier prit sa revanche, obtenant un total de 97 points, la meilleure fiche jamais réussie par un joueur de la Ligue. Mikita finit au deuxième rang, avec 78 points. La lutte amicale à laquelle se livraient les deux vedettes se poursuivit la saison suivante, alors que Mikita obtint son troisième trophée Art-Ross, égalant la marque de

Stan Mikita excellait lors des mises en jeu et a été l'un des meilleurs joueurs de centre de la Ligue au cours des années 1960. Il a été membre de la première équipe d'étoiles de la Ligue à six reprises, et en deux occasions de la seconde.

97 points de Hull! Enfin, au terme de la saison 1967-1968, Mikita célébra son quatrième championnat des compteurs, terminant trois points devant son ex-coéquipier Phil Esposito.

L'ex-numéro 21 des Hawks a remporté la coupe Stanley avec son équipe en 1960-1961. De plus, il peut se targuer d'avoir été le premier joueur à mériter, dans la même année, les trophées Art-Ross, Lady-Byng et Hart. Choisi à huit reprises au sein des équipes d'étoiles de la Ligue, dont six fois dans la première équipe, Mikita figure aujourd'hui au cinquième rang des passeurs de l'histoire de la Ligue. Tout comme son coéquipier Bobby Hull, Mikita a eu le privilège de voir son chandail retiré par l'organisation des Hawks au terme de sa brillante carrière.

Stan Mikita, photographié au banc des joueurs, concentré sur l'action qui se déroule sur la glace.

L'ex-joueur vedette des Black Hawks détient encore plusieurs records chez cette équipe, notamment celui du plus grand nombre de saisons (22) et de points (1467) en carrière.

★ ★ ★ ★ ★

Équipe
Chicago

Trophées
Art-Ross (1964, 1965, 1967, 1968)
Hart (1967, 1968)
Lady-Byng (1967, 1968)
Lester-Patrick (1976)

Saison
Parties jouées: 1394
Buts: 541
Passes: 926
Points: 1467

Éliminatoires
Parties jouées: 155
Buts: 59
Passes: 91
Points: 150

BOBBY ORR

Une fiche étourdissante!

Bobby Orr a marqué le hockey, non seulement par son talent et ses exploits, mais surtout par sa façon de jouer à la défensive. Défenseur offensif étoile, il a complètement modifié la perception et la manière de jouer à cette position. Précurseur, il a été le premier défenseur à remporter le championnat des compteurs, un exploit qu'il a réussi la première fois en 1970.

Bobby Orr a commencé sa carrière avec les Bruins de Boston lors de la saison 1966-1967, et a joué neuf années complètes avec cette équipe.

En 1975-1976, il fut limité à 10 parties. Il poursuivit la saison suivante avec les Black Hawks où il joua 20 matchs. Après avoir dû s'absenter de la scène du hockey en raison de ses multiples opérations aux genoux — six au total —, Orr tenta un retour en 1978-1979. Après six parties, il fut forcé d'abdiquer et d'accrocher ses patins.

Bobby Orr a été le premier défenseur de l'histoire du hockey à connaître une saison de plus de 100 points, un exploit qu'il a répété durant six années consécutives. Il détient

Lors d'un banquet de la Ligue nationale, Denis Brodeur a photographié Bobby Orr avec le trophée Hart et le James-Norris à l'aide de sa lentille grand angle. Orr a remporté le trophée Hart quatre années consécutives, et le James-Norris huit années consécutives.

Bobby Orr, malgré les six opérations aux genoux qu'il a dû subir, a réussi malgré tout à jouer durant 12 saisons dans la Ligue.

d'ailleurs toujours le record du plus grand nombre de points obtenus par un défenseur lors d'une saison, 139, ainsi que celui du plus grand nombre de passes réussies par un arrière au cours d'une année, soit 102.

Sa fiche est éloquente et impressionnante. Que ceux qui n'ont pas vu évoluer Orr ne soient pas tentés de s'imaginer qu'il n'était qu'un attaquant «déguisé» en défenseur! L'ex-numéro 4 des

Bruins a remporté le trophée James-Norris, remis au meilleur défenseur, huit saisons de suite, de 1968 à 1975!

Lorsqu'il était en possession de la rondelle dans sa zone, Orr adorait se diriger à toute vitesse, en direction de la zone adverse. Il possédait un excellent coup de patin qui lui permettait de semer ses adversaires et de se replier rapidement en zone défensive.

De plus, il avait une vision du jeu hors du commun, comme Gretzky et Lemieux.

La meilleure saison à l'offensive de Orr fut celle de 1970-1971, alors qu'il réussit 37 buts et 102 passes. La saison précédente, les Bruins avaient remporté la coupe Stanley en quatre matchs lors de la finale les opposant aux Blues de St. Louis. Orr n'avait pas encore réussi à marquer au cours de la finale. Lors du quatrième match présenté à St. Louis, les Blues et les Bruins étaient à égalité 4-4 à la fin de la troisième période. En période de prolongation, Orr est en zone adverse avec la rondelle, sur le bord de la bande à la gauche du gardien Glenn Hall. Il effectue une passe à Derek Sanderson posté derrière le filet et se dirige aussitôt devant le filet. Sanderson ne perd pas une seconde: il refile le disque à

Contournant le filet en tenant son bâton d'une seule main, tout en empêchant le joueur des Canadiens à ses trousses de lui enlever la rondelle, Bobby Orr s'apprête à effectuer une passe à un coéquipier.

Bobby Orr a brillé dans l'uniforme du Canada, lors du tournoi Coupe Canada de 1976. Sa dernière grande performance, car il ne disputa que 26 autres matchs dans la Ligue nationale avant d'accrocher ses patins.

Orr qui réussit à se glisser entre deux joueurs des Blues. Il lance à la droite de Hall et c'est le but! Le temps: 0:40. Un exploit mémorable pour Orr et les Bruins, qui mettaient la main sur le précieux trophée pour la première fois depuis 1941.

Il y a fort à parier que jamais un autre défenseur ne parviendra à égaler certains records établis par Orr, ce véritable prodige. Il aura marqué son sport, au même titre que les grands, tels Maurice Richard, Gordie Howe et Wayne Gretzky

★★★★★

Équipes
Boston, Chicago

Trophées
Calder (1967)
James-Norris (1968, 1969, 1970, 1971, 1972, 1973, 1974, 1975)
Art-Ross (1970, 1975)
Hart (1970, 1971, 1972)
Conn-Smythe (1970, 1972)
Lester-B.-Pearson (1975)
Lester-Patrick (1979)

Saison
Parties jouées: 657
Buts: 270
Passes: 645
Points: 915

Éliminatoires
Parties jouées: 74
Buts: 26
Passes: 66
Points: 92

BERNARD PARENT

Deux années de rêve

Le gardien de but Bernard Parent a joué durant 13 saisons dans la Ligue nationale, mais au cours de ces années, jamais il n'a été aussi adulé, efficace et heureux qu'en 1974 et 1975.

Après une saison dans l'Association mondiale avec les Blazers de Philadelphie, Parent revint dans la Ligue nationale avec les Flyers de Philadelphie. Il devenait ainsi le premier joueur de l'AMH à refaire le saut dans le circuit Campbell.

Parent allait vivre deux années de rêve avec les Flyers. La saison précédente, avec les Blazers, Parent avait présenté une moyenne de buts alloués de 3,61. Cette fois, avec des défenseurs tels Barry Ashbee, André Dupont, Jim et Joe Watson, Parent conserva une excellente moyenne de 1,89 en 73 parties, la meilleure de la Ligue. De plus, il devint le premier gardien depuis Glenn Hall, en 1955-1956 avec les Red Wings, à réussir 12 blanchissages au cours d'une saison.

Lors des séries de fin de saison, les Flyers se frayèrent un chemin jusqu'à la série finale, affrontant les Bruins

Bernard Parent a vécu ses plus beaux moments dans l'uniforme des Flyers de Philadelphie, remportant en 1974 et en 1975 la coupe Stanley, en plus des trophées Vézina et Conn-Smythe.

de Boston, les champions de la division Est. Parent, considéré comme un sauveur, n'accorda que neuf buts en six matchs, obtenant même un blanchissage lors de la sixième partie que les Flyers remportèrent par la marque de 1-0. Appuyés par leurs fans déchaînés et parfois même hystériques, et par Kate Smith qui interprétait avant chaque rencontre le *God Bless America* au centre de la glace, les Flyers remportèrent la première coupe Stanley de leur histoire.

Bernard Parent obtint le trophée Conn-Smythe en plus du trophée Vézina, un exploit qu'il répéta la saison suivante. En 1974-1975, Parent présenta une moyenne de 2,03, réussit à nouveau 12 blanchissages et mena les *Broad Street Bullies* à une seconde conquête de la coupe Stanley. Ce furent cette fois les Sabres de Buffalo qui s'inclinèrent en six

Le gardien des Flyers, dont le chandail numéro 1 fut retiré au terme de sa carrière, effectue un arrêt aux dépens de l'ailier droit Yvan Cournoyer.

matchs contre les Flyers. Et encore une fois, Parent réussit un blanchissage lors de la sixième partie, remportée par la marque de 2-0.

Pour Parent, qui avait débuté sa carrière dans l'uniforme des Bruins de Boston en 1965-1966, c'était la consécration. Il était au sommet de son

Bernard Parent repousse un tir de Frank Mahovlich des Canadiens. Au cours de sa carrière, Parent a réussi 55 blanchissages. Il est le troisième à ce chapitre chez les gardiens natifs de Montréal, après Jacques Plante (82) et Lorne Chabot (73).

Bernard Parent a été nommé à deux reprises au sein de la première équipe d'étoiles de la Ligue. En 1976, il eut même le plaisir de jouer devant ses partisans, puisque la 29e partie d'étoiles de la Ligue était présentée à Philadelphie.

art et accomplissait des prodiges devant le filet. Il fut admis au Temple de la Renommée en 1984.

Bernard Parent a joué deux saisons avec les Bruins avant d'être choisi par les Flyers lors du repêchage spécial de 1967. Il joua trois saisons complètes avant de passer, au cours de la campagne 1970-1971, aux Maple Leafs de Toronto. Il ne disputa qu'une saison avec les Leafs et fit ensuite le saut dans l'AMH, et redevint un Flyer jusqu'à la fin de la saison 1978-1979. Après avoir vu son équipe s'incliner lors de la série quart de finale, aux dépens des Rangers de New York (dirigés par Fred Shero, qui était l'entraîneur-chef des Flyers lors des victoires de la coupe Stanley), Bernard Parent décida, à 34 ans, de prendre sa retraite.

★ ★ ★ ★ ★

Équipes
Boston, Philadelphie, Toronto, Philadelphie (AMH)

Trophées
Vézina (1974, 1975)
Conn-Smythe (1974, 1975)

Saison
Parties jouées:	608
Victoires:	270
Blanchissages:	55
Moyenne:	2,55

Éliminatoires
Parties jouées:	71
Victoires:	38
Blanchissages:	6
Moyenne:	2,43

BRAD PARK

Dans l'ombre de Bobby Orr...

Une brillante carrière, que celle de Brad Park. Dix-sept saisons dans la Ligue, l'un des meilleurs défenseurs, mais malheureusement éclipsé durant des années par le légendaire Bobby Orr.

Park a débuté sa carrière avec les Rangers de New York, en 1968-1969, où il n'a pas tardé à montrer toutes les facettes de son talent. Patineur rapide, il possédait un redoutable lancer frappé et excellait à la défensive. Les amateurs de hockey de New York s'entichèrent de Park et à sa quatrième saison avec l'équipe, en 1971-1972, il ne

déçut pas les partisans en réussissant 24 buts et 49 passes. Malheureusement, sa belle saison et ses exploits étaient relégués au deuxième rang, derrière Bobby Orr, qui obtenait alors une fiche de 37 buts et 80 passes!

En 1973-1974, Park réussit l'exploit de terminer premier compteur des Rangers avec une fiche de 25 buts et 57 passes. Il se classa ainsi 10e de la Ligue, tandis que Orr terminait deuxième derrière Esposito, avec 32 buts et 90 passes.

Jamais, au cours de sa carrière, Park n'a eu la chance de remporter le trophée James-

Norris décerné au meilleur défenseur, Bobby Orr raflant cet honneur de 1968 à 1975. Le seul trophée qu'il gagna fut le Bill-Masterton, en 1984. En revanche, il fut sélectionné à sept reprises dans les équipes d'étoiles, dont cinq fois dans la première formation.

Sa huitième saison avec les Rangers, dont il était le capitaine, était déjà commencée lorsqu'il apprit une nouvelle qui eut l'effet d'une douche froide: il venait d'être échangé aux Bruins de Boston. Les amateurs de New York acceptèrent difficilement la transaction, et Park, quant à lui, devint le coéquipier... de Bobby Orr. Ce dernier poursuivit sa carrière l'année suivante avec les Black Hawks de Chicago.

Brad Park devint rapidement l'un des favoris chez les Bruins. Après Bobby Orr, les partisans pouvaient voir évoluer un autre excellent défenseur à la ligne bleue. Park allait être suivi quelques années plus tard de Raymond Bourque. Le 11 décembre 1980, il atteignait un sommet en obtenant la 500e

passe de sa carrière, devenant ainsi le deuxième arrière à réussir cet exploit... après Bobby Orr...

Park joua sept saisons complètes avec les Bruins, participa à deux séries finales de la coupe Stanley avec cette équipe (remportées par les Canadiens), avant d'être à nouveau échangé, cette fois aux Red Wings de Detroit. Après deux saisons dans la ville de l'automobile, Park décida, à 36 ans, de prendre sa retraite.

Curieusement, tout comme Bobby Orr, Brad Park a joué ses 17 campagnes dans la Ligue nationale avec de multiples problèmes aux genoux. C'est vraiment un exploit qu'il ait pu tenir le coup aussi longtemps.

Même s'il a participé chaque année aux séries de fin de saison, Brad Park n'a jamais pu réaliser son rêve de gagner la coupe Stanley. L'histoire retient cependant qu'il a été l'un des meilleurs défenseurs de la Ligue dans les années 1970, aux côtés des Orr, Robinson et Potvin, pour ne nommer que ceux-là.

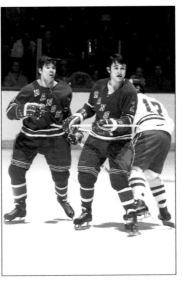

Brad Park a porté les couleurs des Rangers de New York, puis des Bruins de Boston et finalement des Red Wings de Detroit, et cela en 17 saisons dans la Ligue nationale de hockey. L'une de ses grandes déceptions a été bien sûr de jouer dans l'ombre de Bobby Orr, mais aussi de n'avoir jamais pu remporter le trophée James-Norris et de n'avoir jamais goûté aux joies d'une conquête de la coupe Stanley.

★ ★ ★ ★ ★

Équipes
Rangers de New York, Boston, Detroit

Trophée
Bill-Masterton (1984)

Saison
Parties jouées: 1113
Buts: 213
Passes: 683
Points: 896

Éliminatoires
Parties jouées: 161
Buts: 35
Passes: 90
Points: 125

GILBERT PERREAULT

Le plus grand joueur des Sabres

Gilbert Perreault a été le tout premier choix des Sabres lors du repêchage de 1970. Joueur de centre, il devint la véritable première grande vedette de cette équipe. En 17 campagnes, il marqua 512 buts et réussit 10 saisons de 30 buts et plus. Il est, à ce jour, le seul joueur des Sabres dont le chandail a été retiré, et le premier à avoir été admis au Temple de la Renommée.

Perreault fit ses débuts avec les Sabres en 1970, et réussit 38 buts et 34 passes, ce qui lui valut le titre de recrue de l'année. En 1974-1975, il connaissait sa meilleure saison dans la Ligue, obtenant 39 buts et 57 passes. Les Sabres terminèrent au premier rang de la division Adams avec 113 points, marque qu'ils ne réussirent jamais à égaler. L'équipe dirigée par Floyd Smith parvint

Gilbert Perreault fut la première grande vedette des Sabres de Buffalo. Le joueur ne tarda pas à faire des Sabres de Buffalo une équipe respectable.

Le numéro 11 des Sabres fut nommé à deux reprises au sein de la seconde équipe d'étoiles de la Ligue, soit en 1975-1976 et en 1976-1977. Au cours de ces deux saisons, Perreault marqua 44 et 39 buts.

à atteindre la finale au cours des éliminatoires, mais rata la seule chance de son histoire de remporter la coupe Stanley en s'inclinant en six parties contre les Flyers. Outre le trophée Calder, Perreault mérita au cours de sa carrière le trophée Lady-Byng remis au joueur le plus gentilhomme.

Deux faits sont à retenir dans la carrière de cet athlète. Le premier survint le 3 avril 1982, sur la glace du Forum, lieu même où il connut tant de succès dans l'uniforme du Canadien junior. Les Sabres remportèrent alors la victoire contre les Canadiens par la marque de 5-4 et Perreault obtint le 1000e point de sa carrière, à son 871e match dans la Ligue nationale.

Quelques années plus tard, il réussissait son 500e but, le 9 mars 1986, contre le gardien Alain Chevrier des Devils du New Jersey. Il devenait ainsi le sixième joueur francophone de l'histoire à franchir cette étape importante.

Les partisans des Sabres et autres amateurs de hockey ont encore en mémoire les exploits accomplis par Perreault et son trio, appelé *The French Connection*, avec René Robert et Richard Martin. Solide gaillard aux feintes qui rappelaient à bien des amateurs celles de Jean Béliveau, Gilbert Perreault a été choisi à deux reprises dans la seconde équipe d'étoiles de la Ligue au cours de sa carrière.

★ ★ ★ ★ ★

Équipe
Buffalo

Trophées
Calder (1971)
Lady-Bing (1973)

Saison
Parties jouées:	1191
Buts:	512
Passes:	814
Points:	1326

Éliminatoires
Parties jouées:	90
Buts:	33
Passes:	70
Points:	103

Jacques Plante

Un gardien qui avait du cran

À bien des égards, c'est une carrière glorieuse qu'a connue Jacques Plante dans la Ligue nationale. Il a fait ses débuts avec les Canadiens au cours de la saison 1952-1953, et c'est avec cette équipe qu'il a remporté la coupe Stanley et le trophée Vézina, accordé au meilleur gardien, à six reprises.

On peut affirmer que Jacques Plante a révolutionné le hockey par sa façon de gar-der le filet. Excellent patineur et expert dans l'art de manier le bâton, Plante était un as pour s'aventurer hors de son filet, parfois même à plus de 4,5 mètres (15 pieds), pour récupérer la rondelle et effectuer des passes à ses coéquipiers. Son style pouvait parfois paraî-tre aventureux pour les specta-teurs et les joueurs de son équi-pe, mais Plante avait du cran et imposait sa façon de jouer.

Face à son ancienne équipe, Jacques Plante résiste à une attaque menée par Jacques Lemaire et John Ferguson. La scène se passait au cours de la saison 1970-1971, durant laquelle Plante présenta une moyenne de buts alloués cumulative de 1,88 en 40 matchs et ce, à l'âge de 42 ans!

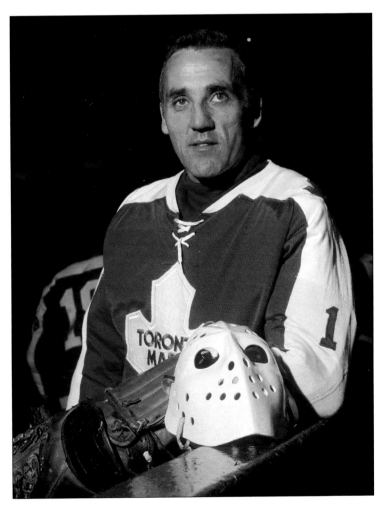

Jacques Plante a joué pour cinq équipes différentes dans la Ligue nationale mais c'est avec les Canadiens qu'il a remporté la coupe Stanley à six reprises. Ken Dryden est le seul gardien à avoir son nom gravé à autant de reprises sur le précieux trophée dans toute l'histoire de la LNH.

D'autres gardiens ne tardèrent pas à l'imiter.

Évidemment, Plante a aussi révolutionné le hockey en étant le premier joueur de la Ligue nationale à porter régu-lièrement un masque protec-teur. On imagine mal com-ment les gardiens de l'époque pouvaient avoir le courage de défendre leur filet sans une telle protection...

De grands moments dans l'uniforme du Tricolore, Plante en a vécu plusieurs. En 1953, à sa première année avec les Canadiens dirigés alors par Dick Irvin, Plante dut rempla-cer Gerry McNeil devant le filet lors des séries de fin de saison. McNeil était devenu trop nerveux et les Canadiens tiraient alors de l'arrière 3-2 dans la série demi-finale contre les Black Hawks de Chicago. Plante, qui n'avait gardé les buts que durant trois parties au cours de la saison, releva le défi et Montréal gagna les deux matchs sui-vants pour passer en finale contre les Red Wings de Detroit. Les Canadiens rem-portèrent la coupe et Plante, qui garda le filet durant quatre matchs au cours des élimina-toires, n'alloua que sept buts.

En 1955-1956, Plante brilla en conservant une moyenne de 1,86 en 64 parties. Les Canadiens remportèrent alors la première de cinq coupes Stanley consécutives, et Plante joua la plupart des matchs, lais-sant bien peu de travail à son adjoint Charlie Hodge.

Au terme de la saison 1962-1963, Plante fut échangé aux Rangers de New York, contre le gardien Lorne Worsley. Il garda le filet durant deux sai-sons avec les Rangers avant de prendre sa retraite en 1965.

En 1968, persuadé qu'il pouvait encore réussir dans la Ligue nationale à 39 ans, Plante accepta l'offre des Blues de St. Louis et partagea la besogne avec Glenn Hall. La saison précédente, le vétéran gardien, acquis des Black Hawks, avait mené les Blues à la finale de la coupe Stanley, la première de leur histoire.

Plante et Hall formèrent un tandem fantastique et remportèrent le trophée Vézina. *Jake*

The Snake conserva alors une moyenne de buts alloués de 1,96 en 37 parties.

Après une autre saison avec les Blues, Plante passa aux Maple Leafs de Toronto avec lesquels il entama la saison 1970-1971. Alors que certains le croyaient trop âgé pour garder le filet, il disputa 40 rencontres et présenta une moyenne de 1,88, se permettant même de réussir quatre blanchissages! Il fut sélectionné au sein de la seconde équipe d'étoiles de la Ligue.

Jacques Plante joua une autre saison avec les Leafs avant de passer, au cours de la campagne 1972-1973, aux Bruins de Boston. Puis, en 1974, à l'âge de 45 ans, il décida de joindre les rangs de l'AMH. Il disputa 31 matchs avec les Oilers d'Edmonton, obtenant une moyenne respectable de 3,32, avant d'abandonner la compétition.

Jacques Plante à sa dernière présence sur la patinoire du Forum, dans l'uniforme qui l'a rendu célèbre.

★ ★ ★ ★ ★

Équipes
Montréal, Rangers de New York, St. Louis, Toronto, Boston, Edmonton (AMH)

Trophées
Vézina (1956, 1957, 1958, 1959, 1960, 1962, 1969)
Hart (1962)

Saison
Parties jouées: 837
Victoires: 434
Blanchissages: 82
Moyenne: 2,38

Éliminatoires
Parties jouées: 112
Victoires: 71
Blanchissages: 14
Moyenne: 2,17

DENIS POTVIN

Le Bobby Orr des Islanders...

En mai 1973, pour la deuxième année consécutive, l'état-major des Islanders de New York bénéficiait du premier choix au repêchage de la Ligue nationale. Après avoir choisi l'ailier droit Billy Harris la saison précédente, Bill Torrey opta cette fois pour un solide gaillard de 19 ans: Denis Potvin. Ce défenseur d'Ottawa, de la Ligue de hockey junior majeur de l'Ontario, avait battu tous les records établis par Bobby Orr et les dépisteurs des Islanders le surveillaient depuis belle lurette. On lui prédisait une belle carrière et Potvin allait répondre à ces attentes.

Potvin, numéro 5 de l'équipe dirigée par Al Arbour, connut des débuts fulgurants avec les Islanders. En 77 matchs, il marqua 17 buts, amassa 37 passes et récolta 175 minutes de punition. Cette dernière marque allait devenir un sommet dans sa carrière. Il fut choisi recrue de l'année — devançant Tom Lysiak des Flames, deuxième choix au repêchage en 1973 —, devenant le premier défenseur depuis Bobby Orr, en 1967, à recevoir cet honneur.

Potvin fut à maintes reprises comparé à Orr, mais leurs styles étaient très diffé-

Natif d'Ottawa, Denis Potvin a joué 15 ans avec les Islanders et a eu l'occasion d'avoir son frère Jean, également un défenseur, comme coéquipier durant la moitié de sa carrière. En 1975-1976, Denis totalisa 98 points tandis que Jean en amassait 72.

C'est une carrière de rêve qu'a connue Denis Potvin avec les Islanders de New York, gagnant la coupe Stanley à quatre reprises avec cette équipe.

rents. Il est vrai que Potvin, tout comme Orr, possédait un lancer redoutable, était un très bon patineur et excellait à la défensive, mais le joueur des Bruins était véritablement dans une classe à part. En revanche, Potvin, comparativement à Orr, jouait beaucoup plus physiquement. Il fallait que les attaquants adverses aient la tête haute lorsqu'ils s'amenaient à la ligne bleue des Islanders, car Potvin les attendait de pied ferme...

Denis Potvin a connu sa meilleure saison en 1978-1979, avec une fiche de 31 buts et 70 passes. Pour une deuxième fois d'affilée, il remporta le trophée Norris attribué au meilleur défenseur. Puis, au cours des quatre saisons suivantes, il aida les Islanders à remporter la coupe Stanley.

En 15 saisons avec les Islanders, Potvin a réussi tout près d'un point par match! Capitaine de son équipe durant huit ans, il a remporté

le trophée Norris à trois reprises au cours de sa carrière et a été nommé cinq fois au sein de la première équipe d'étoiles. Son nom figure aux côtés de nombreuses autres légendes du hockey au Temple de la Renommée depuis 1991.

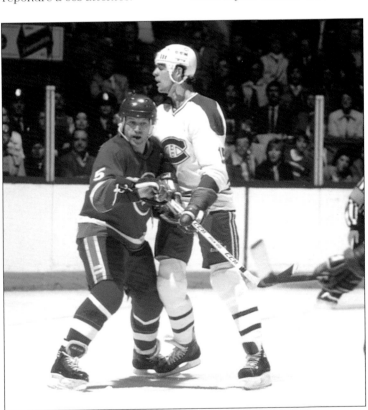

Denis Potvin, étroitement surveillé par un joueur des Canadiens. Il était redouté de tous les gardiens par la force de son tir frappé, particulièrement lorsqu'il était sur la patinoire lors des avantages numériques des Islanders.

★ ★ ★ ★ ★

Équipe
Islanders de New York

Trophées
Calder (1974)
James-Norris (1976, 1978, 1979)

Saison
Parties jouées: 1060
Buts: 310
Passes: 742
Points: 1052

Éliminatoires
Parties jouées: 185
Buts: 56
Passes: 108
Points: 164

JEAN RATELLE

Un gentilhomme sur patins

Lorsqu'on évoque le nom de Jean Ratelle, la plupart des amateurs de hockey établissent un parallèle avec Jean Béliveau: jeu tout en finesse et élégance sur patins. Bon fabricant de jeux, habile passeur, Ratelle était reconnu comme un gentilhomme sur la glace. De fait, il n'a passé que 276 minutes au cachot en 21 saisons!

Si son style rappelait celui du numéro 4 des Canadiens, Ratelle n'a cependant jamais réussi à remporter la coupe Stanley. En 1972, les Rangers s'inclinèrent en six parties lors de la finale contre les Bruins. Au cours de la saison 1975-1976, Ratelle fut échangé aux Bruins de Boston et connut à nouveau les affres de la défaite lors de la finale, cette fois en 1977 et 1978, aux dépens des Canadiens. Au cours de sa carrière, Ratelle a remporté à deux reprises le trophée Lady-Byng (1972 et 1976), ainsi que le Bill-Masterton (remis au joueur qui allie le meilleur esprit sportif et la plus grande persévérance).

Jean Ratelle a connu sa meilleure saison en 1971-1972, alors qu'il a réussi 46 buts et 63 passes pour un total de 109 points. Il a ainsi établi un record pour le plus grand nombre de points obtenus par un joueur des Rangers, marque qu'il détient toujours. Ratelle termina, en 1972, au troisième rang des compteurs de la Ligue derrière Phil Esposito et Bobby Orr, suivi de ses coéquipiers Hadfield et Gilbert. Avec la saison qu'il venait de connaître, il était normal que Ratelle soit choisi pour faire partie de l'équipe du Canada qui affrontait celle des Soviétiques en 1972. Il disputa six parties et obtint un but et trois passes.

Lorsqu'il passa aux Bruins le 7 novembre 1975, en échange de Phil Esposito, Ratelle fut surpris (le mot est faible!) mais ne se laissa pas abattre. Il connut la deuxième saison la plus productive de sa carrière, obtenant 105 points dont 36 buts. Il joua cinq autres années avec les Bruins, où il fut rapidement adopté par les bruyants partisans.

Jean Ratelle a marqué 25 buts et plus au cours de 13 saisons et aura été l'un des meilleurs de sa profession. Il est membre du Temple de la Renommée depuis 1985.

Jean Ratelle a fait ses débuts avec les Rangers de New York en 1960-1961 et avec cette équipe, il connut notamment trois saisons consécutives de 32 buts.

Jean Ratelle a connu une belle fin de carrière avec les Bruins de Boston. Il ne put cependant réaliser son rêve de remporter la coupe Stanley, les Bruins s'inclinant à deux reprises en finale, soit en 1977 et en 1978.

Jean Ratelle, dans l'uniforme d'Équipe Canada. La saison précédant l'affrontement entre l'équipe canadienne et celle de l'URSS, Ratelle avait marqué 46 buts avec les Bruins.

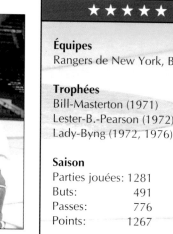

★ ★ ★ ★ ★

Équipes
Rangers de New York, Boston

Trophées
Bill-Masterton (1971)
Lester-B.-Pearson (1972)
Lady-Byng (1972, 1976)

Saison
Parties jouées: 1281
Buts: 491
Passes: 776
Points: 1267

Éliminatoires
Parties jouées: 123
Buts: 32
Passes: 66
Points: 98

HENRI RICHARD

On le disait trop petit...

Lorsque Maurice Richard réussit à marquer 50 buts en 50 parties au cours de la saison 1944-1945, Henri Richard était âgé de 9 ans. Devinez qui était son idole? Son frère Maurice, bien sûr! Henri rêvait de jouer lui aussi dans la Ligue nationale et était bien déterminé à atteindre son but.

Henri devint une étoile dans les rangs juniors, avec le Canadien. Joueur de centre, il était avant tout un habile fabricant de jeux. Richard avait cependant un handicap: il ne mesurait que 1,68 mètre (5 pieds, 7 pouces) et ne pesait que 73 kilos (160 livres). Trop petit pour la Ligue nationale, disaient les experts, il va se faire blesser et ne pourra continuer... Henri Richard a déjoué ces soi-disant experts en évoluant durant 20 saisons dans la Ligue nationale et en devenant le seul joueur de l'histoire à gagner la coupe Stanley à 11 reprises.

C'est en 1955 que Henri réalisa son rêve de jouer en compagnie de son frère Maurice. Dès sa première saison, il prouva qu'il ne bénéficiait pas d'un traitement de faveur de la part de la direction des Canadiens: il marqua

19 buts et amassa 21 passes. Deux ans plus tard, en 1957-1958, Henri connaissait ce qui allait devenir la meilleure saison de sa carrière: il présenta une fiche de 28 buts et 52 passes pour un total de 80 points. Il termina deuxième compteur de la Ligue derrière son coéquipier Dickie Moore qui avait amassé quatre points de plus que lui. Pour la première fois, Henri devança Maurice qui, blessé, n'avait pu disputer que 28 parties, amassant tout de même 34 points. Dès l'arrivée de Henri avec les Canadiens en

Henri Richard est venu bien près de déjouer le défenseur Brad Park et le gardien Gilles Villemure sur cette séquence.

1955, l'équipe remporta la coupe Stanley durant cinq saisons consécutives, un record. Au cours des séries de fin de saison durant ces cinq années, Henri amassa 47 points en 49 parties! À deux reprises, il marqua le but gagnant qui assura la coupe Stanley aux Canadiens. En 1966, les Canadiens étaient à Detroit où ils affrontaient les Red Wings dans le sixième match de la finale. C'est en prolongation que le numéro 16 devait sceller l'issue de la rencontre et de la saison en déjouant habilement le gardien Roger Crozier. Puis, en 1971, Henri déjoua le gardien Tony Esposito au

début de la troisième période du septième match, à Chicago, pour remporter sa 11e et dernière coupe Stanley.

Nommé capitaine de l'équipe en 1971, après la retraite de Jean Béliveau, Henri Richard occupa ce poste jusqu'à sa retraite, en 1974. Après 16 parties au cours desquelles il avait amassé trois buts et 10 passes, il décida d'accrocher ses patins. Il était alors âgé de 38 ans. La saison précédente, Henri avait terminé l'année avec une fiche de 19 buts et 36 passes, égalant sa marque de 55 points réalisée en 1967.

Le numéro 16 de Henri Richard fut retiré de l'aligne-

Henri Richard est le seul joueur de hockey à avoir remporté la coupe Stanley à 11 reprises, un record qui ne sera sans doute jamais battu. Un homme qui fut un leader et un exemple pour ses coéquipiers.

ment par l'organisation des Canadiens le 8 octobre 1975, en son honneur et en hommage à un autre excellent joueur de centre, Elmer Lach. Henri Richard a été admis au Temple de la Renommée en 1979.

★★★★★	
Équipe Montréal	
Trophée Bill-Masterton (1974)	
Saison	
Parties jouées:	1256
Buts:	358
Passes:	688
Points:	1046
Éliminatoires	
Parties jouées:	180
Buts:	49
Passes:	80
Points:	129

Le valeureux capitaine des Canadiens fut le neuvième joueur de la LNH à atteindre le plateau des 1000 points en carrière, le 20 décembre 1973, lors d'un match opposant les Canadiens aux Sabres de Buffalo.

MAURICE RICHARD

Un homme fier, une carrière glorieuse

Un véritable char d'assaut, un enragé. C'est de cette façon que les adversaires de Maurice Richard décrivaient le numéro 9 des Canadiens de Montréal qui a joué durant 18 saisons dans la Ligue nationale. Lorsque Maurice Richard posait les pieds sur la patinoire, son regard animé par une farouche détermination faisait peur! Il n'avait qu'une idée en tête: gagner, triompher. Peu importe le prix qu'il fallait payer, peu importe les coups salauds qu'il fallait endurer.

Maurice *Rocket* Richard est le meilleur marqueur de tous les temps, chez les Canadiens, avec 544 buts. Ses exploits ont fait vibrer les Québécois, en ont fait un héros national. Revoyons quelques-uns des moments les plus glorieux de la carrière du *Rocket*.

Saison 1943-1944. C'est la deuxième campagne de Richard avec les Canadiens, après avoir disputé seulement 16 parties la saison précédente. L'entraîneur-chef Dick Irvin décide de lui donner comme compagnons de trio Toe Blake et Elmer Lach, formant ainsi la *Punch Line*, qui allait faire des ravages. Richard marqua 32 buts et amassa 22 passes au cours de

Maurice Richard pose pour Denis Brodeur avec son célèbre chandail numéro 9 et une photo le représentant dans l'uniforme des Canadiens, alors qu'il était l'idole des Québécois.

la saison et les Canadiens terminèrent en première position du classement général depuis la campagne 1936-1937.

Le 23 mars 1944, au cours de la série demi-finale contre les Maple Leafs de Toronto, Maurice réédita le record établi en 1919 par Newsy Lalonde avec les Canadiens: son équipe triompha 5-1 et il marqua les cinq buts! Richard termina les éliminatoires avec une fiche de 12 buts et cinq passes en neuf parties, et les Canadiens gagnèrent la coupe Stanley contre Chicago, la cinquième de leur histoire, une première de huit pour Maurice.

En 1944-1945, Maurice Richard devint le premier joueur à réussir 50 buts en 50 parties, marquant son but historique contre les Bruins de Boston lors du dernier match de la saison. Il réalisa aussi un autre exploit peu banal le 28 décembre 1944. Richard avait passé la journée à déménager et était passablement fatigué lorsqu'il fit son entrée dans le vestiaire. L'ailier droit vedette des Canadiens sembla toutefois retrouver tout son aplomb sur la glace, car il obtint huit points au cours du match, marquant cinq buts et récoltant trois passes. Un nouveau record de la Ligue. Les Canadiens l'emportèrent par la marque de 9-1 contre Detroit et la foule survoltée du Forum lui réserva des ovations monstres. Ce record ne fut battu qu'en 1976 par Darryl Sittler qui obtint 10 points contre Boston.

Le 15 janvier 1949 au Forum, à sa 308e partie dans la Ligue, Maurice compta trois buts dans une victoire de 7-1 contre les Black Hawks, dont le 200e de sa carrière. Sa victime fut le gardien Jim Henry.

Richard devait déjouer Jim Henry dans des circonstances beaucoup plus dramatiques le 8 avril 1952. Henry gardait alors les buts pour les Bruins de Boston. C'était la série demi-finale et on en était au septième match, sur la glace du Forum. Le pointage était égal 1-1 à la deuxième période lorsque le *Rocket* fut blessé au-dessus de l'œil gauche. Le sang coulait sur la patinoire et Richard, inanimé, fut conduit à l'infirmerie. Sitôt les points de suture effectués, il revint au banc et sauta sur la glace alors qu'il ne restait plus que quelques minutes à jouer dans le match. Les deux équipes étaient toujours à égalité. Richard marqua alors un but extraordinaire. Il saisit la rondelle dans sa zone et traversa la patinoire pour aller déjouer Jim Henry et éliminer les Bruins. La légende veut que dans le vestiaire, après la partie, alors que les joueurs célébraient, Richard éclata en sanglots tellement la tension avait été forte. Puis, il raconta aux journalistes qu'il ne se souvenait pas comment il avait marqué ce but gagnant! Bref, Maurice Richard avait été guidé par son instinct, l'instinct du marqueur.

Maurice Richard a toujours eu le don de marquer des buts dans des circonstances dramatiques. Il détient d'ailleurs toujours le record pour le plus grand nombre de buts marqués en prolongation au cours des éliminatoires, soit six. Maurice a aussi longtemps détenu le record pour le plus grand nombre de buts gagnants en séries de fin de saison avec 18, jusqu'à ce que Wayne Gretzky parvienne à éclipser cette marque. Somme toute, Maurice Richard a définitivement marqué son sport, comme l'ont fait les Howe, Orr et Gretzky. Un grand, un vrai!

Maurice Richard a joué durant dix-huit saisons avec les Canadiens et à chaque occasion où il a remis les pieds sur la glace du Forum, il a toujours eu droit à de longues ovations... bien que seuls les partisans ayant plus de 40 ans l'aient vu jouer. Les autres connaissent toutefois la légende.

★★★★★

Équipe
Montréal

Trophée
Hart (1947)

Saison
Parties jouées:	978
Buts:	544
Passes:	421
Points:	965

Éliminatoires
Parties jouées:	133
Buts:	82
Passes:	44
Points:	126

LARRY ROBINSON

Un choix tardif, mais combien profitable!

S'il avait fallu que les Canadiens se fassent damer le pion et ne puissent repêcher Larry Robinson... L'année 1971 fut excellente pour le repêchage annuel des équipes de la Ligue nationale. Les projecteurs étaient braqués sur deux joueurs: Guy Lafleur et Marcel Dionne. Montréal sélectionna Lafleur au premier rang, puis profita de ses deux autres choix de première ronde pour choisir Chuck Arnason (septième choix au total) et Murray Wilson (11e choix). Ce n'est qu'en deuxième ronde, lors de l'annonce du 20e joueur à être repêché, que les Canadiens optèrent pour Larry Robinson.

Chez les juniors avec Kitchener, Robinson venait de connaître deux saisons de 51 points, dont 22 buts. Ce défenseur de 1,90 mètre (6 pieds, quatre pouces) et de 102 kilos (225 livres) se rapporta aux Voyageurs de la Nouvelle-Écosse. Il joua un an pour cette formation avant de passer la moitié de la saison suivante, 1972-1973, avec le Grand Club.

Par son jeu viril, son coup de patin puissant et ses qualités à la défensive comme à l'offensive, Robinson devint rapidement l'un des piliers de l'équipe. Le grand Larry possédait un tir puissant et constituait une menace certaine pour les gardiens lors des avantages numériques de son équipe. Lorsque le jeu devenait viril, Robinson se chargeait de stopper les élans des joueurs offensifs adverses avec de retentissantes mises en échec. Lorsqu'un joueur de son équipe avait maille à partir avec un adversaire, Robinson s'en mêlait et prodiguait quelques conseils à ceux qui cherchaient l'affrontement avec les joueurs du Tricolore...

Robinson a remporté le trophée Norris pour la première fois en 1977. En plus de briller à la défensive (Ken Dryden et Michel Larocque méritèrent le trophée Vézina), il connut la meilleure saison de sa carrière avec 19 buts et 66 passes. Il remporta aussi le trophée Conn-Smythe en 1978 et le Norris une seconde fois en 1980. Il a de plus inscrit son nom sur la coupe Stanley à six reprises avec le Tricolore.

Nommé trois fois dans la première équipe d'étoiles de la

Non seulement Robinson excellait en défensive, mais il se portait souvent à l'attaque. Il a marqué 19 buts, son plus haut total, en deux occasions.

Ligue, Robinson a connu 12 saisons de 10 buts et plus avec les Canadiens. En juillet 1989, il signa un contrat à titre d'agent libre avec les Kings de Los Angeles, avec lesquels il joua deux saisons. Au début de la saison 1993-1994, il agissait comme assistant-entraîneur avec les Devils du New Jersey de Jacques Lemaire et faisait profiter les jeunes défenseurs de sa vaste expérience de 20 ans dans la Ligue.

Larry Robinson a terminé sa carrière dans l'uniforme des Kings de Los Angeles, mais c'est dans celui des Canadiens qu'il a connu ses plus beaux moments en carrière et notamment remporté la coupe Stanley à six occasions.

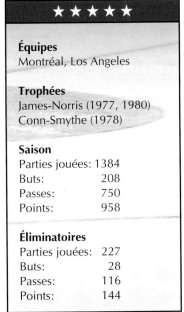

★ ★ ★ ★ ★

Équipes
Montréal, Los Angeles

Trophées
James-Norris (1977, 1980)
Conn-Smythe (1978)

Saison
Parties jouées: 1384
Buts: 208
Passes: 750
Points: 958

Éliminatoires
Parties jouées: 227
Buts: 28
Passes: 116
Points: 144

SERGE SAVARD

Un défenseur à caractère défensif hors pair

Pour toute une génération, Serge Savard est le directeur-gérant des Canadiens de Montréal, point à la ligne. Ils n'ont pas eu la chance de le voir évoluer à la ligne bleue dans les années 1970 et d'admirer le style particulier de ce défenseur qui a disputé 15 saisons dans l'uniforme du Tricolore.

En fait, Savard n'a pas véritablement disputé 15 saisons complètes, puisqu'il était blessé plus souvent qu'à son tour. Ainsi, en 1966-1967, il n'a joué que deux matchs, 23 en 1968-1969 et 37 en 1970-1971. Ces saisons amputées ne l'ont pas empêché d'obtenir 30 points et plus durant huit ans et

d'inscrire son nom sur la coupe Stanley à sept reprises.

Bien avant que l'on parle du *Big Three* (formé de Savard, Lapointe et Robinson), Serge Savard s'était imposé avec les Canadiens comme l'un des meilleurs défenseurs à caractère défensif de la Ligue, même s'il n'avait jamais remporté le trophée Norris. Par contre, ses performances au cours des séries de fin de saison en 1969 lui ont valu le trophée Conn-Smythe. En 14 parties, il avait amassé 10 points et excellé en défensive.

Serge Savard connut sa meilleure saison en 1974-1975, dans les belles années du *Big Three*, marquant 20 buts et

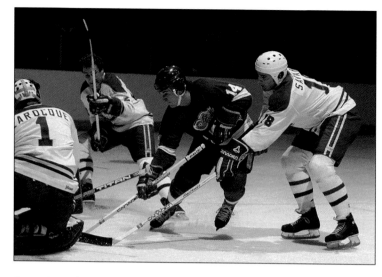

Serge Savard essaie de contrer un joueur adverse qui tente de déjouer le gardien Michel Larocque.

Après avoir brillé à la défensive avec les Canadiens durant 15 ans, Serge Savard est devenu le directeur-gérant de l'équipe. Il compte deux conquêtes de la coupe Stanley à ce titre, venues s'ajouter aux sept qu'il a gagnées lorsqu'il jouait avec Montréal.

récoltant 40 passes. En 1979, il succédait à Yvan Cournoyer au poste de capitaine de l'équipe lorsque le *Roadrunner* prit sa retraite. L'ex-numéro 18 des Canadiens occupa ce poste jusqu'à ce qu'il se retrouve à Winnipeg en 1981, pour jouer sous les ordres de son bon ami, le directeur-gérant John Ferguson. Durant deux ans, Savard aida les Jets à stabiliser leur jeune défensive. À sa dernière campagne dans la Ligue, il obtint quatre buts et 16 passes en 76 parties, soit sa meilleure fiche depuis la saison 1978-1979 avec les Canadiens. Serge Savard a été admis au Temple de la Renommée en 1986.

C'est en avril 1983 que Serge Savard fut nommé directeur-gérant des Canadiens. Depuis son arrivée au deuxième étage du Forum, Savard a vu son équipe remporter la coupe Stanley à deux reprises, soit en 1986 et en 1993. Seul Glen Sather, avec les Oilers d'Edmonton, a présenté une meilleure fiche que Savard à titre de directeur-gérant, arrachant la coupe Stanley à cinq reprises. Craig Patrick, directeur-gérant des Penguins, a aussi été témoin

des deux coupes Stanley de son équipe, mais les Canadiens de Savard ont connu plus de succès en éliminatoires depuis que le Sénateur dirige les destinées de l'équipe.

★ ★ ★ ★ ★

Équipes
Montréal, Winnipeg

Trophées
Conn-Smythe (1969)
Bill-Masterton (1979)

Saison
Parties jouées: 1040
Buts: 106
Passes: 333
Points: 439

Éliminatoires
Parties jouées: 130
Buts: 19
Passes: 49
Points: 68

TERRY SAWCHUK

Le roi des jeux blancs

Le gardien de but Terry Sawchuk détient le record pour le plus grand nombre de blanchissages réussis dans une carrière, soit 103. Tout un exploit pour ce joueur qui a évolué durant 19 saisons complètes dans la Ligue nationale.

C'est avec les Red Wings de Detroit que Sawchuk a débuté sa carrière à l'âge de 20 ans, en 1949-1950. Il ne disputa que sept parties à sa première année, mais devint le gardien attitré de l'équipe dès la saison suivante lorsque Harry Lumley passa aux Black Hawks de Chicago. À sa première saison complète avec les Wings, Sawchuk prouva qu'il était prêt à faire face à la musique. Grâce à une moyenne de buts alloués de 1,99 en 70 rencontres, il remporta le trophée Calder.

Au cours des quatre années suivantes, Sawchuk conserva une moyenne inférieure à 1,99. En 1951-1952, il afficha une moyenne de 1,90, réussit 12 jeux blancs et mena les Red Wings à la conquête de la coupe Stanley contre les Canadiens. Il fut extraordinaire au cours des séries de fin de saison, réussissant quatre blanchissages. En huit matchs, il n'alloua que cinq buts!

La saison suivante, Sawchuk afficha à nouveau une moyenne de 1,90. Cette fois, les Bruins de Boston causèrent toute une surprise en défaisant les Red Wings, champions de la saison, en six matchs de demi-finale.

Sawchuk et son équipe remportèrent la coupe Stanley les deux années suivantes, chaque fois face aux Canadiens lors de la finale. À la fin de la saison 1954-1955, il passa aux Bruins de Boston avec lesquels il joua durant deux saisons, avant d'être rapatrié dans la ville de l'automobile. Il évolua durant sept autres saisons avec les Wings avant de passer aux Maple Leafs. À 35 ans, il retrouvait à Toronto un autre gardien vétéran, Johnny Bower, qui avait justement battu Detroit lors de la finale de la coupe Stanley en 1964.

Terry Sawchuk n'a joué que durant trois saisons avec les Maple Leafs de Toronto, à compter du début de la saison 1964-1965. Il a remporté sa quatrième et dernière coupe Stanley avec cette équipe.

En 1966-1967, Sawchuk et Bower se partagèrent la tâche devant le filet et guidèrent l'équipe jusqu'à la finale de la coupe Stanley. Les Leafs l'emportèrent en six matchs, permettant à Sawchuk, tout comme à Bower, de remporter la coupe pour la quatrième fois de sa carrière.

Sawchuk passa la saison suivante aux Kings de Los Angeles, revint à Detroit en 1968-1969, avant de terminer sa carrière avec les Rangers de New York en 1970. Il ne disputa que huit rencontres avec cette équipe, conservant une moyenne de 2,91.

Sawchuk, qui détient le record du plus grand nombre de matchs disputés dans la Ligue nationale, a été l'un des grands du hockey professionnel. Il a remporté le trophée Vézina à quatre reprises (1952, 1953, 1955 et 1965) et a participé à 11 parties des étoiles. Décédé en mai 1970, Terry Sawchuk a été admis au Temple de la Renommée en 1971.

Avec les Red Wings de Detroit, Terry Sawchuk a disputé à trois reprises tous les matchs du calendrier régulier, soit 70. En 1951-1952, en 70 matchs, soit 4200 minutes passées sur la glace, il n'accorda que 133 buts pour une moyenne de buts alloués de 1,90.

Terry Sawchuk a connu une brillante carrière dans la Ligue nationale de hockey. Il fit notamment des débuts étincelants avec les Red Wings de Detroit, conservant durant cinq saisons consécutives une moyenne de buts alloués inférieure à 2,00. Il fut nommé au sein de la première équipe d'étoiles durant trois années consécutives, à compter de la saison 1950-1951.

★ ★ ★ ★ ★

Équipes
Detroit, Boston, Toronto, Los Angeles, Rangers de New York

Trophées
Calder (1951)
Vézina (1952, 1953, 1955, 1965)
Lester-Patrick (1971)

Saison
Parties jouées:	971
Victoires:	435
Blanchissages:	103
Moyenne:	2,52

Éliminatoires
Parties jouées:	106
Victoires:	54
Blanchissages:	12
Moyenne:	2,55

STEVE SHUTT

Vif comme l'éclair

Steve Shutt, qui a accepté un poste d'entraîneur-adjoint pour les Canadiens de Jacques Demers en 1993, a détenu longtemps le record du plus grand nombre de buts marqués lors d'une saison par un ailier gauche. En 1976-1977, Shutt marquait 60 buts et amassait 45 passes pour connaître la meilleure campagne de sa carrière. Ce n'est qu'au cours de la saison 1992-1993 que son record a été battu par Luc Robitaille des Kings de Los Angeles, qui marqua 63 buts.

Steve Shutt a gradué avec les Canadiens en 1972-1973. Il a aussitôt connu les joies de la victoire, car Montréal remportait alors la coupe Stanley aux dépens des Black Hawks de Chicago. Shutt marqua huit buts en 50 parties et ne disputa qu'un match au cours des éliminatoires. Sa contribution avait été mince, mais il allait se reprendre au cours des saisons suivantes.

Évoluant sur le même trio que Guy Lafleur, Shutt connut successivement des saisons de 15, 30, 45 et 60 buts. En 1975-1976, il remporta sa deuxième coupe Stanley avec l'équipe et réussit sept buts et huit passes en 13 parties durant les éliminatoires. En 1976-1977, l'année où il établit son record, il fit encore mieux en obtenant huit buts et 10 passes en 14 parties de fin de saison.

Patineur extrêmement rapide, Shutt avait une caractéristique: il était vif comme l'éclair

Steve Shutt célèbre après avoir marqué un but contre les Capitals de Washington. À l'arrière-plan on reconnaît Guy Lafleur, son compagnon de trio.

pour s'emparer des rondelles libres en zone adverse. Il possédait un excellent lancer du poignet et expédiait souvent la rondelle dans le filet avant même que le gardien n'ait eu le temps de réagir.

Steve Shutt a gagné la coupe Stanley à cinq reprises avec les Canadiens et figure au cinquième rang des marqueurs de l'histoire de l'équipe.

Sur ce jeu croqué sur le vif, Steve Shutt marque un but comme il en marqué à profusion au cours de sa carrière: il s'empare d'un retour de lancer et, vif comme l'éclair, expédie la rondelle dans le filet.

★ ★ ★ ★ ★

Équipes
Montréal, Los Angeles

Saison

Parties jouées:	930
Buts:	424
Passes:	393
Points:	817

Éliminatoires

Parties jouées:	99
Buts:	50
Passes:	48
Points:	98

DARRYL SITTLER

Une soirée de 10 points!

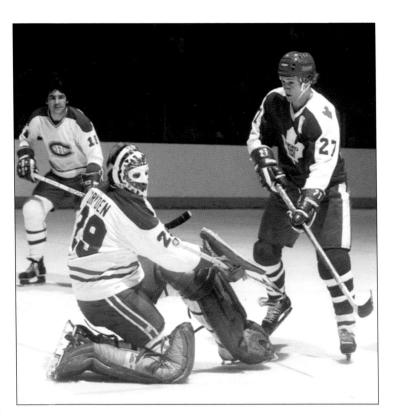

Darryl Sittler, ex-joueur de centre vedette des Maple Leafs de Toronto, ne pourra jamais oublier la soirée du 7 février 1976. Ce soir-là, les Maple Leafs recevaient les Bruins de Boston. Comme d'habitude, le Maple Leafs Garden était bondé; plus de 16 000 spectateurs s'étaient massés dans les gradins pour encourager leur équipe.

Devant le filet des Bruins, un jeune gardien: Dave Reece. Ce joueur ne disputa que 14 parties dans la Ligue nationale avec les Bruins, mais il y a tout lieu de croire qu'encore aujourd'hui, il lui arrive de faire des cauchemars en repensant aux Leafs et surtout à Darryl Sittler...

Sittler connut une soirée de rêve: il marqua six buts et récolta quatre passes dans ce match que Toronto remporta par la marque de 11-4. Grâce à sa performance de 10 points, Sittler inscrivit son nom dans le livre des records pour le plus grand nombre de points réussis par un joueur au cours d'une partie. Il surpassait ainsi la marque établie par Maurice Richard le 28 décembre 1944, alors que le *Rocket* avait obtenu cinq buts et trois passes contre les Red Wings de Detroit, lors d'un match disputé au Forum de Montréal.

Une soirée de rêve pour Sittler, et un record qu'il détient d'ailleurs toujours dans la Ligue nationale.

Ce premier choix des Maple Leafs au repêchage de 1970 (huitième choix au total) a joué durant 11 saisons complètes avec Toronto avant de passer aux Flyers de Phila-

L'ex-numéro 27 des Maple Leafs et capitaine de son équipe, de 1975-1976 à 1980-1981, est bien posté devant le gardien Ken Dryden dans l'espoir de saisir un retour de lancer.

delphie au cours de la campagne 1981-1982. Sittler connut sa meilleure saison en 1977-1978, marquant 45 buts et récoltant 72 passes. En compagnie de Lanny McDonald, le joueur de centre natif de Kitchener, en Ontario fit vivre de beaux moments aux partisans des Leafs au cours des années 1970.

Si Sittler n'a jamais réussi à remporter la coupe Stanley au cours de sa carrière, il a cependant contribué à procurer la coupe Canada à son équipe en 1976, lors de ce premier tournoi. Sittler avait réussi à déjouer le gardien de l'équipe de la Tchécoslovaquie en prolongation, devenant ainsi un héros.

Le 20 janvier 1983, dans l'uniforme des Flyers, Sittler obtenait le 1000e point de sa carrière en inscrivant un but contre les Flames de Calgary.

C'est avec les Red Wings de Detroit, en 1985, qu'il renonça au jeu. Quatre ans plus tard, il était admis au Temple de la Renommée du hockey.

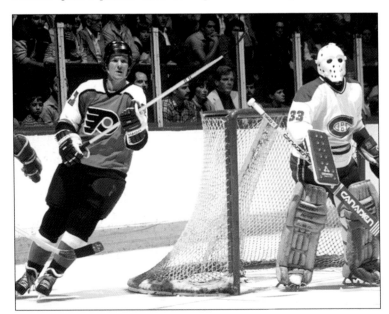

Darryl Sittler fut échangé aux Flyers de Philadelphie au cours de la saison 1981-1982. Il joua deux autres campagnes avec cette équipe, marquant 43 buts en 1982-1983, avant d'aller terminer sa carrière dans l'uniforme des Red Wings de Detroit.

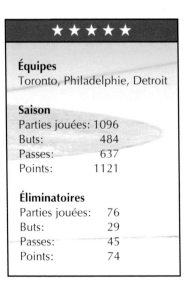

★ ★ ★ ★ ★

Équipes
Toronto, Philadelphie, Detroit

Saison
Parties jouées: 1096
Buts: 484
Passes: 637
Points: 1121

Éliminatoires
Parties jouées: 76
Buts: 29
Passes: 45
Points: 74

BILLY SMITH

Un farouche compétiteur

À la fin de sa carrière, Billy Smith a eu l'honneur de voir son chandail, le numéro 31, être retiré par les Islanders de New York. Il fut l'un des artisans des quatre conquêtes de la coupe Stanley par les Islanders et un gardien redouté de ses adversaires... à cause de son maniement du bâton autour de son filet.

Billy Smith a commencé sa carrière avec les Kings de Los Angeles en 1971-1972, dispu- tant cinq rencontres avec cette équipe. Ce ne fut pas un succès, puisqu'il accorda 23 buts au cours de ces cinq matchs! La saison suivante, il déménagea ses pénates à New York après avoir été réclamé par les Islanders lors du repê- chage. Avec cette nouvelle équipe de l'expansion, Smith allait connaître de brillantes saisons.

En 1976-1977, il n'accorda que 87 buts en 36 parties, affi- chant une moyenne de 2,50, la meilleure de sa carrière. En 1979-1980, il aidait les Islanders à remporter leur première coupe Stanley et gagna le trophée Vézina en 1982. Il fut également choisi dans la première équipe d'étoiles en vertu de ses exploits devant le filet. Au cours de la saison 1981-1982, Smith avait conservé une moyenne de 2,97 en 46 par- ties. Très rapide, son style spectaculaire plaisait à la foule. Les joueurs adverses qui s'aventuraient trop près de lui savaient qu'ils risquaient d'en payer le prix, car le gardien de 1,75 mètre (5 pieds, 10 pou- ces) ne s'en laissait pas impo- ser. Un farouche compétiteur qui savait se faire respecter.

En 1982-1983, Smith se surpassa. Le gardien vedette et son adjoint Roland Melan- son remportèrent le trophée Jennings (remis aux gardiens qui ont conservé la meilleure moyenne de buts alloués de la Ligue), mais les Islanders connurent des difficultés au cours de la saison. Compara- tivement à la campagne pré- cédente, l'équipe amassa 22 points de moins au classe- ment cumulatif et Smith connut une séquence de deux mois sans victoire. Qu'à cela ne tienne: les Islanders étaient prêts à lutter pour remporter la coupe Stanley

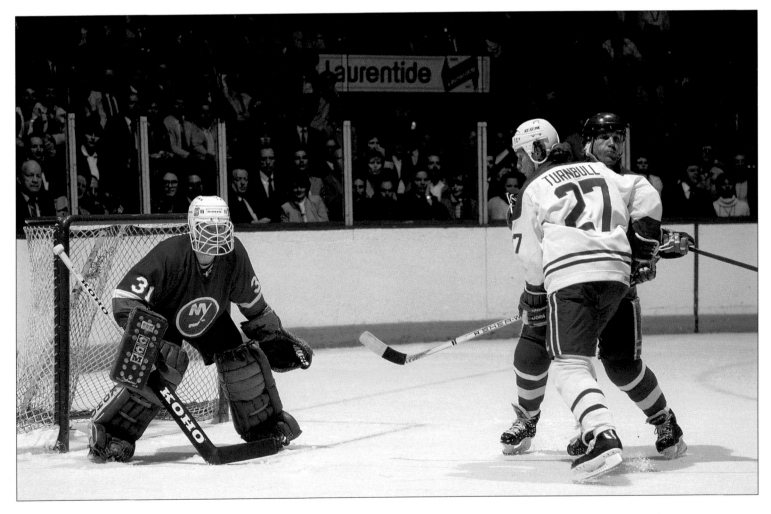

Le gardien Billy Smith résiste à une attaque du capitaine des Canadiens Bob Gainey lors d'une partie disputée au Forum. Smith a joué 17 saisons dans l'uniforme des Islanders de New York avant de prendre sa retraite.

C'est en grande partie grâce aux performances de Billy Smith devant le filet des Islanders que l'équipe dirigée par Al Abour est parvenue à remporter la coupe Stanley quatre saisons d'affilée. Son chandail, le numéro 31, a d'ailleurs été retiré par l'organisation des Islanders en hommage à leur gardien de but vedette.

pour une quatrième année consécutive.

Appuyés par leur gardien Billy Smith, les joueurs des Islanders disposèrent successivement des Capitals de Washington, des Rangers de New York et des Bruins de Boston pour finalement affronter les Oilers d'Edmonton et Wayne Gretzky, champion compteur de la saison (71 buts et 125 passes).

Smith accomplit des prodiges devant le filet, n'accordant que six buts à Gretzky et à sa bande. Les Oilers avaient pourtant établi un record en marquant un total de 424 buts au cours de la saison! Edmonton fut une proie facile pour les Islanders, qui l'emportèrent en quatre parties. Billy Smith, qui allait jouer six autres saisons avec l'équipe, devint le premier gardien, depuis Bernard Parent en 1975, à remporter le trophée Conn-Smythe remis au meilleur joueur des séries de fin de saison. À ce jour, il détient toujours le record pour le plus grand nombre de matchs disputés par un gardien au cours des éliminatoires, soit 132 parties.

★ ★ ★ ★ ★

Équipes
Los Angeles
Islanders de New York

Trophées
Vézina (1982)
Conn-Smythe (1983)
William-M.-Jennings (1983)

Saison
Parties jouées: 680
Victoires: 305
Blanchissages: 22
Moyenne: 3,17

Éliminatoires
Parties jouées: 132
Victoires: 88
Blanchissages: 5
Moyenne: 2,73

VLADISLAV TRETIAK

Un gardien de 20 ans éblouissant!

20 ans, parfait inconnu, Vladislav Tretiak prend un moment de répit lors d'une séance d'entraînement, quelques jours avant le début de la série de huit matchs opposant l'URSS au Canada. Le jeune gardien allait accomplir des miracles devant son filet.

En 1972, les hockeyeurs canadiens et tous les amateurs faisaient connaissance avec Vladislav Tretiak, jeune gardien de but soviétique de 20 ans. C'est lui qui allait défendre la cage de l'équipe de l'URSS au cours des huit matchs de la Série du Siècle.

Tous connaissent la suite de l'histoire: la lutte fut acharnée et ce fut de peine et de misère que l'équipe canadienne parvint à remporter la série avec quatre victoires, subissant trois défaites et livrant une partie nulle. La machine soviétique était plus redoutable que prévue et surtout, le jeune gardien Tretiak accomplissait des miracles devant son filet, bravant les tirs des meilleurs joueurs de la Ligue nationale.

En huit rencontres, Tretiak fit face à 266 lancers, 39 de plus que les gardiens du Canada, Dryden et Esposito. Il n'accorda que 31 buts et fut l'un des meilleurs joueurs de cette série.

Cet homme sympathique ne tarda pas à conquérir le cœur des amateurs de hockey qui avaient su reconnaître le grand gardien de but qu'il était. Considéré comme le meilleur en URSS, Tretiak avait été admis dans les rangs de l'équipe de l'Armée Rouge à l'âge de 17 ans. De 1970 à 1985, il a mené son équipe à la conquête de 10 championnats du monde et à trois médailles d'or aux jeux Olympiques. Tretiak a conservé l'incroyable moyenne de 1,78 en 98 parties disputées lors des championnats du monde avant de prendre sa retraite en 1985.

Une partie mémorable que celle disputée entre l'équipe de l'Armée Rouge et les Canadiens, le 31 décembre 1975. Vladislav Tretiak effectue un bel arrêt aux dépens de Guy Lafleur, alors que Doug Risebrough s'apprête à saisir le retour.

Les amateurs de hockey de chez nous ont eu quelquefois l'occasion de voir évoluer Tretiak en Amérique, notamment lors de la Coupe du Défi présentée à New York en 1979. Mais tous ceux qui ont assisté, sur place ou par le truchement de la télévision, au match opposant le club de l'Armée Rouge aux Canadiens de Montréal présenté au Forum le 31 décembre 1975, n'ont pas oublié les prouesses du gardien de but. Les Canadiens de Scotty Bowman dominèrent outrageusement le match, mais Tretiak résista aux assauts répétés des joueurs du Tricolore qui durent se contenter d'un match nul. Une performance inoubliable, l'une des meilleures parties à avoir été jouées au Forum, de l'avis de nombreux experts et journalistes.

Vladislav Tretiak, qui n'avait jamais caché son rêve d'évoluer dans la Ligue nationale avec les Canadiens, fut choisi au 138e rang par Montréal lors du repêchage de la Ligue en 1983.

Malheureusement, le gardien dut demeurer en sol soviétique et ne put réaliser son rêve. Tretiak a été le premier joueur soviétique à être admis au Temple de la Renommée, en 1989.

Les exploits de Tretiak lui ont valu d'être admis au Temple de la Renommée de la Ligue nationale.

BRYAN TROTTIER

Un choix judicieux

Le repêchage de la Ligue nationale de 1974 fut fructueux pour les Islanders de New York. Alors que Greg Joly fut le premier choix, sélectionné par les Capitals de Washington, les Islanders choisirent en première ronde, au quatrième rang, l'ailier gauche Clark Gillies. Il devait marquer 304 buts en 12 saisons avec l'équipe. Pas mauvais comme choix… Puis, lors de la deuxième ronde, les Islanders optèrent pour Bryan Trottier, un centre des Broncos de Swift Current de la Ligue de l'Ouest. Ce joueur de 17 ans venait de réussir une saison de 112 points, dont 41 buts. Il allait devenir l'un des piliers des Islanders.

Trottier a fait ses débuts avec cette équipe lors de la saison 1975-1976, après avoir joué une autre saison dans les rangs juniors. Il remporta le trophée Calder, fort d'une fiche de 32 buts et 63 passes.

Bryan Trottier a réussi 11 saisons de 30 buts et plus en 15 ans avec les Islanders. De plus, il atteint à six reprises le plateau des 100 points. En 1978-1979, il connut la meilleure saison de sa carrière en obtenant 47 buts et 87 passes pour un total de 134 points, ce qui lui permit de remporter le championnat des compteurs, quatre points devant Marcel Dionne. Outre le trophée Art-Ross, il remporta aussi le trophée Hart remis au joueur le plus utile à son équipe.

L'année suivante, Trottier marqua 42 buts et récolta 62 passes. Les Islanders d'Al Arbour

C'est une moyenne de plus d'un point par match que Bryan Trottier a obtenu au cours de sa carrière.

remportèrent la coupe Stanley, la première d'une série de quatre, en affrontant les Flyers de Philadelphie. Trottier fit sentir sa présence pendant les éliminatoires en obtenant 29 points (12 buts et 17 passes), et on lui attribua le trophée Conn-Smythe. Trottier amassa aussi 29 points au cours des deux années suivantes lors des séries de fin de saison.

On se souviendra que dans ses belles années avec les Islanders, Trottier jouait en compagnie de Mike Bossy et de John Tonelli. Ces trois joueurs formèrent l'un des trios les plus redoutables du circuit.

En juin 1990, Trottier signa à titre d'agent libre avec les Penguins de Pittsburgh. Avec la bande de Mario Lemieux, il participa aux deux conquêtes de la coupe Stanley, puis accrocha ses patins à la fin de la saison 1991-1992. Tenaillé par l'idée qu'il pouvait encore montrer son savoir-faire, Trottier fit un retour en 1993-1994, obtenant

seulement quatre buts et 11 passes en 41 matchs.

Trottier a joué durant 18 saisons dans la Ligue nationale et figurait, à la fin de la saison 1993-1994, au 15e rang des compteurs de l'histoire de la Ligue. Aujourd'hui, il possède six bagues de la coupe Stanley qui lui rappelleront jusqu'à la fin de ses jours qu'il a été membre de six équipes championnes.

Bryan Trottier s'élance à l'arrière du filet pour tenter de reprendre possession de la rondelle alors que les joueurs des Canadiens menacent. Trottier a gagné la coupe quatre fois avec les Islanders et à deux reprises avec les Penguins de Pittsburgh.

★ ★ ★ ★ ★

Équipes
Islanders de New York, Pittsburgh

Trophées
Calder (1976)
Art-Ross (1979)
Hart (1979)
Conn-Smythe (1980)
King-Clancy-Memorial (1989)

Saison
Parties jouées: 1279
Buts: 524
Passes: 901
Points: 1425

Éliminatoires
Parties jouées: 219
Buts: 71
Passes: 113
Points: 184

LORNE *GUMP* WORSLEY

Au bon endroit, au bon moment...

Lorne Worsley, un rondouillet gardien de but natif de Montréal, avait joué durant 10 saisons dans l'uniforme des Rangers de New York lorsque la chance lui sourit le 4 juin 1963. Worsley apprit alors qu'il venait d'être échangé aux Canadiens, en retour notamment de Jacques Plante. Grâce à cette transaction, il allait enfin pouvoir boire le champagne dans la coupe Stanley, et quatre fois plutôt qu'une...

Au cours des 10 ans qu'il passa à New York, les Rangers furent exclus des séries de fin de saison à sept reprises. La défensive était poreuse et Worsley faisait de son mieux face aux tirs auxquels il était confronté, match après match. Sa venue à Montréal transforma littéralement sa carrière.

Avec devant lui de solides défenseurs tels que Jacques Laperrière et Jean-Claude Tremblay, Worsley remporta à deux reprises le trophée Vézina (en 1966 avec Charlie Hodge et en 1968 avec

Lorne Worsley, dans l'uniforme des Canadiens, effectue un bel arrêt aux dépens de ce joueur des Black Hawks, lors d'un match disputé au Forum. Worsley a gravé son nom à quatre reprises sur la coupe Stanley.

Rogatien Vachon). Les Canadiens gagnèrent la coupe Stanley en 1965, en 1966, puis en 1968 et 1969 avec Worsley dans leurs rangs. En 1967-1968, les Canadiens n'allouèrent que 167 buts en 74 matchs. Worsley prit part à 40 de ces rencontres, et avec une moyenne de buts alloués de 1,98 et six blanchissages, il connut la meilleure campagne de sa carrière.

Au cours de la saison 1969-1970, Worsley fut échangé aux North Stars du Minnesota avec lesquels il défendit le filet jusqu'en 1973-1974. Il était âgé de 45 ans lorsqu'il prit sa retraite, après 21 saisons passées chez les professionnels.

Échangé aux North Stars du Minnesota au cours de la campagne 1969-1970, Lorne Worsley a joué quatre autres saisons avec cette équipe avant de prendre sa retraite. Il refusa, tout au cours de sa carrière, de porter un masque protecteur.

★ ★ ★ ★ ★

Équipes
Rangers de New York, Montréal, Minnesota

Trophées
Calder (1953)
Vézina (1966, 1968)

Saison
Parties jouées: 862
Victoires: 335
Blanchissages: 43
Moyenne: 2,90

Éliminatoires
Parties jouées: 70
Victoires: 41
Blanchissages: 5
Moyenne: 2,82

2

Images d'hier

Depuis plus de 30 ans déjà, Denis Brodeur capte sur pellicule des scènes qui sont devenues des souvenirs indélébiles. Des moments privilégiés avec de grandes vedettes du hockey qu'il partage maintenant avec nous. Ce sont des images d'hier, souvent en noir et blanc, sur lesquelles on retrouve des figures bien connues. Vous aurez sûrement autant de plaisir à regarder ces photographies que nous en avons eu à les sélectionner dans les archives de Denis Brodeur.

Lors d'une cérémonie qui se déroulait au centre de la patinoire au Forum, trois ex-coéquipiers ont eu la chance de se retrouver et d'être acclamés par la foule: Maurice Richard, Elmer Lach et Toe Blake.

Quatre grands joueurs des Canadiens immortalisés

Le 2 novembre 1968, le «nouveau» Forum de Montréal était inauguré lors d'un match opposant les Canadiens aux Red Wings de Detroit. Depuis, les amateurs de hockey peuvent y admirer quatre superbes toiles représentant chacune un grand joueur ayant porté

Hector Toe Blake a joué durant 15 saisons avec les Canadiens et a remporté la coupe Stanley à trois reprises. Cet ailier gauche a marqué 235 buts et récolté 292 passes en 578 matchs avec les Canadiens avant de prendre sa retraite. À la suite d'une fracture à la jambe subie en janvier 1948, il fut forcé de mettre un terme à sa carrière à l'âge de 35 ans. En juin 1955, il était nommé entraîneur-chef des Canadiens et à ce titre, il a mené l'équipe à huit conquêtes de la coupe Stanley. Il a été élu au Temple de la Renommée en juin 1966.

Jean Béliveau, capitaine des Canadiens de 1961 à 1971, joueur de centre vedette de l'équipe durant 20 ans, a inscrit son nom sur la coupe Stanley à 10 reprises. Membre de la première équipe d'étoiles de la Ligue en six occasions, il a été admis au Temple de la Renommée en juin 1972, un an après avoir accroché ses patins et marqué 507 buts dans la Ligue nationale. Il est le meilleur pointeur de tous les temps des Canadiens en éliminatoires.

l'uniforme des Canadiens, quatre tableaux dévoilés lors d'une cérémonie au centre de la glace à la fin des années 1960. Ces joueurs, Toe Blake, Jean Béliveau, Maurice Richard et Howie Morenz, ont tous été élus au Temple de la Renommée du hockey à la fin de leur carrière.

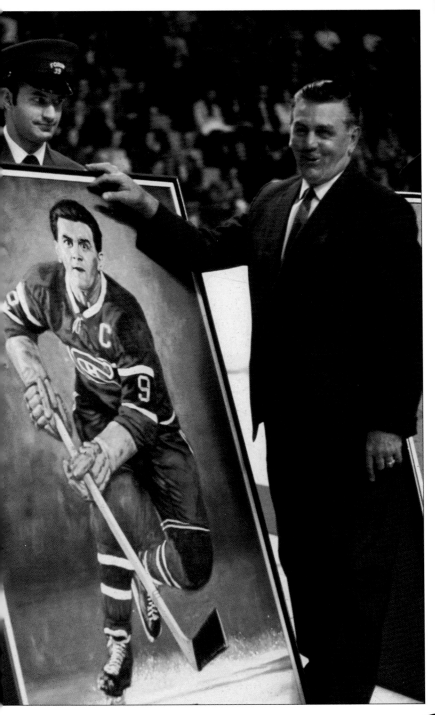

Howie Morenz a joué durant 11 années avec les Canadiens de Montréal, de 1923 à 1934, avant de passer aux Black Hawks de Chicago. Durant la saison 1936-1937, il vint terminer sa carrière dans l'uniforme bleu-blanc-rouge après avoir également joué pour les Rangers de New York. Au total, Morenz, un joueur de centre — 270 buts et 197 passes en 550 parties —, a joué 14 ans dans la Ligue nationale et il a remporté la coupe Stanley à trois reprises avec les Canadiens. Le 8 janvier 1937, Howie Morenz se fracturait la jambe lors d'un match opposant les Canadiens aux Black Hawks de Chicago. Quelques mois plus tard, le 8 mars 1937, Morenz mourait à l'âge de 34 ans. Plus de 15 000 personnes assistèrent à ses funérailles qui eurent lieu au Forum. L'ex-numéro 7 des Canadiens, dont le chandail fut retiré par l'organisation, a été intronisé au Temple de la Renommée en avril 1945. Sur la photographie réalisée par Denis Brodeur, Howie Morenz Junior assiste au dévoilement de la toile représentant son père dans l'uniforme des Canadiens.

Maurice Richard, l'ex-numéro 9 des Canadiens, marqueur de 544 buts dans la Ligue en 18 saisons, a pris sa retraite le 15 septembre 1960. Depuis, celui qui était l'idole d'un peuple n'a jamais vu son étoile pâlir, ses exploits dans l'uniforme des Canadiens étant racontés de génération en génération. Richard fut capitaine des Canadiens de 1956 à 1960 et il détient toujours le record du plus grand nombre de buts marqués en carrière dans l'uniforme des Canadiens. Guy Lafleur vient au deuxième rang avec 518 buts. Maurice *Rocket* Richard a fait son entrée au Temple de la Renommée en juin 1961.

Toe Blake salue la foule
lors d'une cérémonie
officielle au Forum.

Deux fiers compétiteurs qui se sont retrouvés il y a quelques années pour une partie d'anciens: Vladislav Tretiak et Bobby Clarke.

Red Storey, arbitre dans les années 1950 dans la Ligue nationale, s'entretient avec Gordie Howe.

Henri Richard et Yvan Cournoyer, deux capitaines célèbres dans l'histoire des Canadiens. Le premier a remporté la coupe Stanley à 11 reprises, le second 10 fois.

Dave Schultz, André Dupont et Bob Kelly, heureux de se revoir et de se rappeler les deux conquêtes de la coupe Stanley par les Flyers, en 1974 et en 1975. La scène se passait avant une partie d'anciens joueurs.

Un rendez-vous d'anciens joueurs au complexe sportif Les 4 Glaces à Brossard. On reconnaît Red Storey, Yvan Cournoyer, Rosaire Paiement, Henri Richard et Gordie Howe.

Au cours d'un exercice au Forum, Guy Lapointe, Jacques Laperrière et Pierre Bouchard posent pour un photographe, qui s'est fait jouer un tour par Claude Provost...

Claude Provost, même étendu sur la glace, tente de freiner l'élan de Bobby Hull. Provost, qui a joué 15 saisons dans la LNH, toutes avec les Canadiens, était l'un des meilleurs de la Ligue pour contrer les efforts du numéro 9 des Black Hawks.

Fred Shero, l'entraîneur-chef des Flyers, semblait vraiment absorbé par la lecture du *Montréal-Matin* lorsque Denis Brodeur a pris ce cliché.

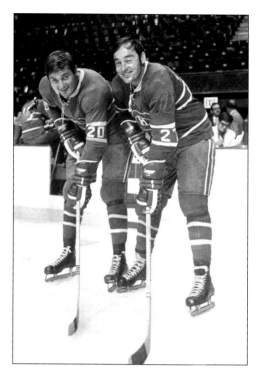

Lors d'un exercice matinal au Forum, le joueur de centre Peter Mahovlich, marqueur de 223 buts dans l'uniforme des Canadiens en neuf saisons avec l'équipe, écoute attentivement les directives de l'entraîneur-chef Scotty Bowman.

Jean Béliveau, à la retraite, pose en compagnie du joueur de centre Henri Richard, son successeur au titre de capitaine de l'équipe.

Les deux frères Mahovlich, Peter et Frank, ont joué ensemble une première fois avec Detroit, à la fin des années 1960. Ils se sont retrouvés avec les Canadiens lorsque Frank fut échangé au Tricolore le 13 janvier 1971. Ensemble, ils ont remporté la coupe Stanley en 1971 et 1973.

Même si ses méthodes ne faisaient pas toujours l'unanimité, Scotty Bowman a dirigé les Canadiens de Montréal lors de cinq conquêtes de la coupe Stanley (1973, 1976, 1977, 1978 et 1979). On reconnaît à ses côtés l'ailier droit Yvan Cournoyer.

Jacques Laperrière et Terry Harper, deux défenseurs fiables qui ont respectivement gagné la coupe Stanley à six et cinq reprises dans l'uniforme du Tricolore.

Pierre Bouchard a joué 12 ans dans la Ligue nationale, dont huit saisons avec les Canadiens au cours desquelles il a gagné la coupe Stanley à cinq reprises, soit une fois de plus que son célèbre père, Émile *Butch* Bouchard.

L'entraîneur-chef des Nordiques de Québec, Michel Bergeron, photographié derrière le banc de l'équipe, au Forum de Montréal. Devant lui, les trois frères Stastny, Anton, Peter et Marian. Anton et Marian ont joué respectivement neuf et cinq saisons dans la LNH, alors que Peter porte maintenant les couleurs des Blues de St. Louis. Peter, le numéro 26 des Nordiques, a été la grande vedette de l'équipe dans les années 1980. Il avait alors appris à parler le français, ce qui le rendait encore plus populaire auprès des partisans et des journalistes.

Gordie Howe et Darryl Sittler, photographiés lors des festivités entourant la présentation de la partie des étoiles à Montréal en 1993.

Denis Brodeur a pris cette photographie lors d'une partie mettant aux prises d'anciens joueurs de la Ligue nationale. On reconnaît Stan Mikita, Henri Richard, Dennis Hull et Maurice Richard.

Trois ex-vedettes des Maple Leafs de Toronto, photographiées lors de l'interprétation des hymnes nationaux sur la glace du Forum, à l'occasion d'une partie d'anciens joueurs. On reconnaît Dave *Tiger* Williams, Red Kelly et Norm Ullman.

Les membres d'un trio des Canadiens qui, dans les années 1970, avait le don de déranger l'adversaire: Mario Tremblay, Doug Risebrough et Yvon Lambert.

Sur la glace du Forum, en 1993, quelques membres de l'équipe des anciens joueurs des Canadiens, tous des défenseurs, posent pour Denis Brodeur. On reconnaît Jean-Guy Talbot, Guy Lapointe, Pierre Bouchard, Jacques Laperrière, Serge Savard, Rick Green et Larry Robinson.

Le matin d'un match au Forum, Lionel Duval semble avoir trouvé les bons mots pour faire rire le jeune Marcel Dionne. Celui-ci en était alors à ses premiers pas dans la Ligue avec les Red Wings de Detroit.

Tout juste après une victoire du Tricolore sur la glace du Forum, Guy Lafleur et Ken Dryden attendent leur tour pour la présentation des étoiles du match.

Denis Brodeur pose fièrement lors du lancement de son livre portant sur la Série du Siècle de 1972 en compagnie de l'entraîneur-adjoint Vsevolod Bobrov, le joueur étoile Valery Kharlamov et Boris Kulagin, l'entraîneur-chef de l'équipe soviétique.

Vladislav Tretiak est félicité par ses coéquipiers à l'issue d'un match contre les Canadiens.

Harry Sinden et John Ferguson, les entraîneurs d'Équipe Canada en 1972, surveillent attentivement, du haut des gradins, les joueurs soviétiques à l'entraînement.

«Gordie Howe, un homme qui s'est toujours montré d'une grande gentillesse chaque fois que j'ai voulu le photographier.» Cette fois, c'est le photographe Bernard Brault qui immortalise ce moment.

Cette photographie fut prise dans le vestiaire des Canadiens, après une victoire de l'équipe. On reconnaît Claude Provost, Toe Blake et Robert Rousseau.

Sans contredit, les deux frères les plus célèbres de l'histoire du hockey: Henri et Maurice Richard.

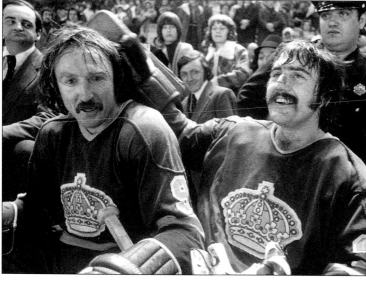

Le journaliste Pierre Proulx, décédé en 1994, réalisant une entrevue avec Gordie Howe et ses fils, Marty et Mark. Le père et les fils étaient alors les vedettes des Aeros de Houston dans l'Association mondiale de hockey.

Deux ex-vedettes des Kings de Los Angeles, au milieu des années 1970: Bob Nevin et Rogatien Vachon.

Rod Gilbert, l'une des grandes vedettes des Rangers, félicite le gardien Ed Giacomin après une partie. Ces deux joueurs sont les seuls de l'histoire de l'équipe new-yorkaise qui ont eu l'honneur de voir leur chandail retiré par l'organisation.

Focus sur
le banc des joueurs

Steve Shutt prodigue quelques conseils à Bobby Smith, sous le regard attentif de Guy Lafleur.

Chris Nilan vient d'être chassé et s'apprête à regagner le vestiaire de l'équipe, non sans avoir exprimé son mécontentement…

L'entraîneur-chef du Canadien, Bob Berry, discute stratégie avec son capitaine, Bob Gainey.

Jacques Lemaire s'entretient d'un jeu avec Guy Lafleur.

Bob Gainey et Guy Carbonneau, deux as de la défensive, sautent sur la patinoire.

Bobby Smith et Bob Berry semblent fort intéressés par ce qui est inscrit au tableau indicateur…

Guy Lafleur se concentre, il n'a qu'une idée en tête: déjouer le gardien de but.

Mario Tremblay et Bob Gainey, attentifs à l'action sur la patinoire, dans les derniers instants d'un match.

Mats Naslund et Jacques Lemaire crient leur mécontentement à l'arbitre.

Sans aucun doute le plus fidèle partisan de la Sainte-Flanelle, le président de l'équipe, Ronald Corey. À l'avant-plan, Doug Wickenheiser, l'une des plus grandes déceptions de l'équipe qui, croyait-on, allait connaître une merveilleuse carrière chez les professionnels après avoir brillé dans les rangs juniors.

Lors d'une partie d'anciens, Jimmy Orlando, qui a joué durant six saisons avec les Red Wings de Detroit, blague avec Red Storey, sous le regard de Denis Brodeur, gardien de but invité.

Les membres du trio *Razzle-Dazzle Line* des Canadiens, qui connurent beaucoup de succès lors de la saison 1941-1942, ont été réunis pour un match d'anciens joueurs. De gauche à droite: Gerry Heffeman, Buddy O'Connor et Pete Morin. Heffeman joua trois saisons pour le Tricolore, Pete Morin une seule, alors que O'Connor en joua 10 dans la LNH, dont six avec les Canadiens avant de passer aux Rangers de New York. O'Connor remporta à deux reprises la coupe Stanley avec Montréal.

Vic Hadfield et Jean Ratelle en compagnie de leur nouveau coéquipier en 1972, Robert Rousseau. Après avoir joué huit saisons avec les Canadiens, Rousseau a joué la campagne 1970-1971 avec les North Stars du Minnesota, puis terminé sa carrière avec les Rangers au début de la saison 1974-1975.

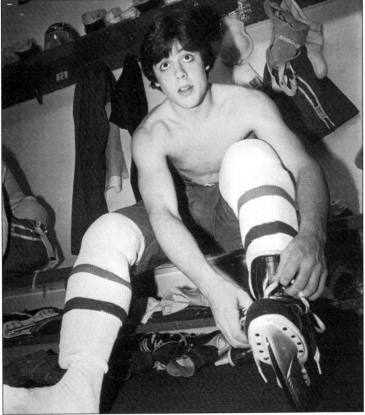

Guy Lafleur félicite le jeune Pat LaFontaine, lors d'une soirée-hommage. Le joueur de centre, qui allait être repêché par les Islanders de New York, en était à ce moment-là à sa dernière saison avec le Canadien junior de Verdun.

Pat LaFontaine, dans le vestiaire du Canadien junior de Verdun.

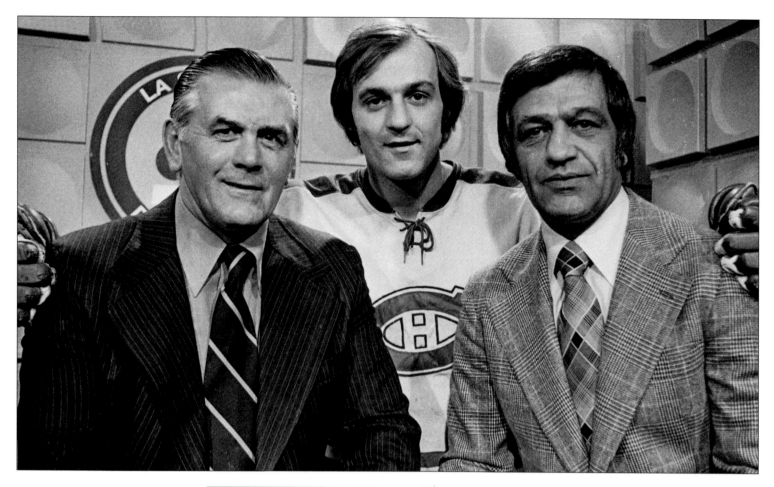

Trois grands joueurs qui ont porté l'uniforme des Canadiens, trois ailiers droits membres du Temple de la Renommée: Maurice Richard, Guy Lafleur et Bernard Geoffrion.

Deux étoiles de la LNH réunies au sein de la même équipe le temps d'un match: Bobby Orr et Marcel Dionne.

L'entraîneur des Maple Leafs de Toronto, Punch Imlach, au cours de la saison 1966-1967, en compagnie de Jim Pappin et Pete Stemkowski.

Le matin des matchs présentés au Forum, dans les années 1960, Denis Brodeur photographiait les joueurs, qui étaient beaucoup plus disponibles qu'aujourd'hui. Frank Mahovlich et George Armstrong des Leafs entourent Mike Walton.

Jean Béliveau, Yvan Cournoyer et Henri Richard célèbrent une victoire de l'équipe dans le vestiaire.

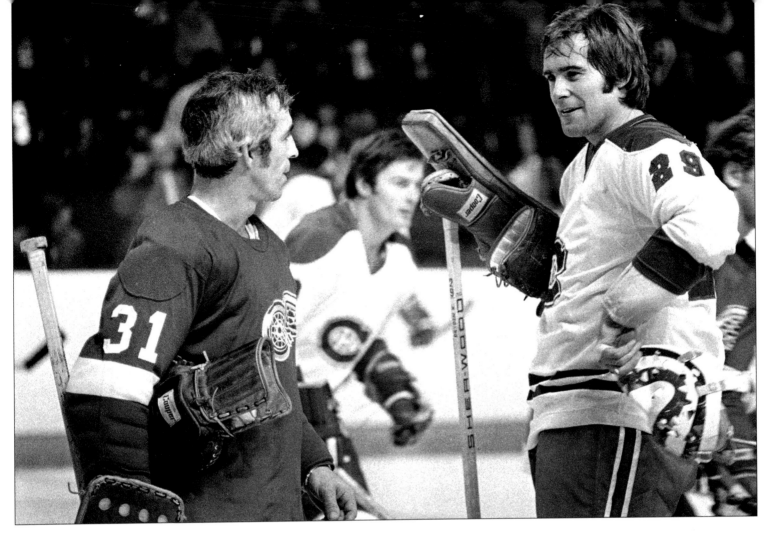

Lors de la période d'échauffement, avant la présentation d'un match entre les Red Wings et les Canadiens, les gardiens Ken Dryden et Ed Giacomin font un brin de causette.

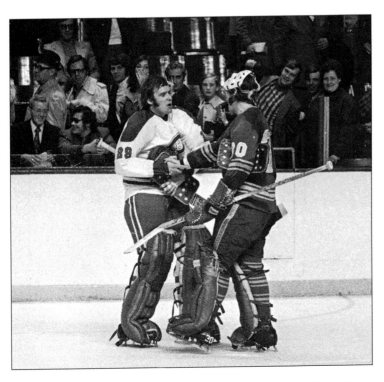

Les frères Dryden, Ken et Dave, se félicitent au centre de la patinoire après s'être affrontés pour la première fois sur la glace du Forum. Dave Dryden a joué durant neuf saisons dans la LNH, notamment avec les Sabres de Buffalo.

Yvan Cournoyer et Frank Mahovlich, deux vétérans, photographiés en compagnie d'une verte recrue, Guy Lafleur.

Au cours de la saison 1970-1971, les Canadiens de Montréal pouvaient notamment compter à la défensive sur le vétéran Jean-Claude Tremblay, qui pose ici entouré de Guy Lapointe et de Pierre Bouchard.

Jean Béliveau et Guy Lafleur, le vétéran souhaite bon succès à la recrue, lors du camp d'entraînement de 1971 des Canadiens. Le premier faisait déjà partie de la légende alors que le second allait connaître une glorieuse carrière de 17 saisons dans la Ligue nationale.

Cérémonie d'avant-match sur la glace du Forum, à l'occasion d'une partie opposant les anciens des Canadiens à ceux des Maple Leafs de Toronto. Dave Keon et John Ferguson se serrent la main devant Maurice Richard. On reconnaît également sur la photographie Dickie Moore, Jean-Guy Talbot et Claude Mouton.

Mario Tremblay et Réjean Houle, deux grands amis qui ont chacun remporté la coupe Stanley à cinq reprises, s'étaient bien amusés lors de cette rencontre entre anciens joueurs.

L'entraîneur-chef des Canadiens Pat Burns avait éprouvé beaucoup de plaisir à revêtir l'uniforme de l'équipe au moment de la présentation de cette partie mettant aux prises les anciens des Canadiens à ceux des Maple Leafs. Denis Brodeur l'a surpris en discussion avec Dickie Moore qui lui prodiguait peut-être quelques trucs pour s'illustrer sur la glace!

Avant un match d'anciens joueurs, Bernard Geoffrion fraternise avec Ted Lindsay. L'ex-vedette des Red Wings a joué durant 17 saisons dans la Ligue, gagné la coupe Stanley à quatre reprises et remporté, en 1950, le championnat des compteurs.

Fort de deux saisons avec les Canadiens, Guy Lapointe joue les durs en compagnie d'une jeune recrue, Pierre Bouchard, lors du camp d'entraînement du Tricolore, en septembre 1970.

Lors d'un exercice tenu à l'Auditorium de Verdun, Emile Francis pose aux côtés de ses deux hommes de confiance, les gardiens Ed Giacomin et Gilles Villemure.

Un trio fort productif pour les Rangers au début des années 1970: Rod Gilbert, Jean Ratelle et Vic Hadfield.

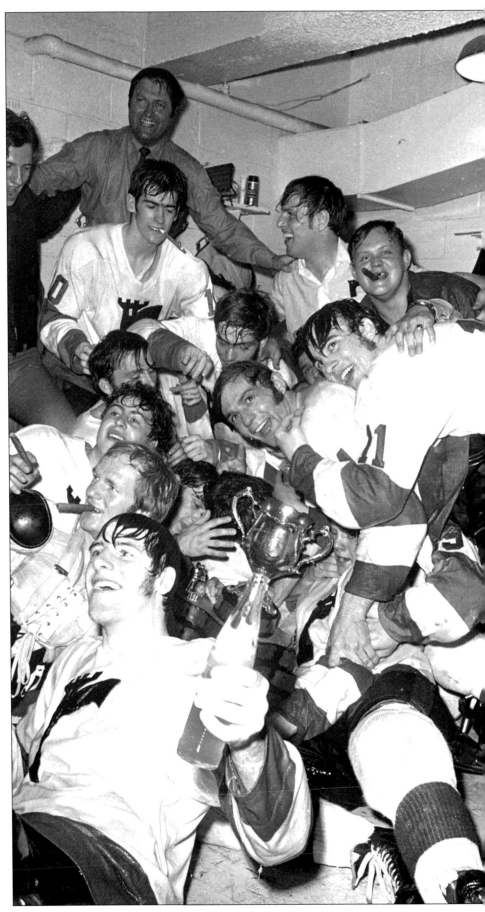

La coupe Memorial à Québec en 1971

Robert *Bob* Lebel, en compagnie de Guy Lafleur et du directeur-gérant des Remparts, Maurice Filion.

Guy Lafleur, le capitaine des Remparts, reçoit la coupe Memorial, sur la glace du Colisée.

Les joueurs des Remparts de Québec célèbrent la conquête de la coupe Memorial. On reconnaît Guy Lafleur au centre de la photographie.

Sam Pollock serre la main de Jacques Laperrière, l'un des meilleurs défenseurs à caractère défensif de l'équipe dans les années 1960. Claude Ruel, gagnant de la coupe Stanley avec les Canadiens en 1968-1969 à titre d'entraîneur-chef, observe la scène.

Bobby Clarke, le joueur de centre vedette des Flyers de Philadelphie, a remporté le trophée Hart en trois occasions, soit en 1973, 1975 et 1976. Maurice Richard, gagnant de ce trophée en 1947, lui avait présenté le trophée lors de la remise des prix de la LNH.

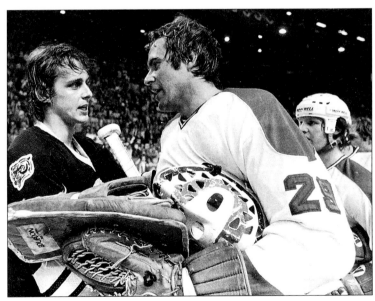

Après l'élimination des Bruins de Boston, en 1979, les gardiens des deux équipes, Ken Dryden et Gilles Gilbert, se félicitent mutuellement.

Lors de l'exercice d'avant-match, Bobby Hull, dans l'uniforme des Jets de Winnipeg en 1979, prend quelques instants pour signer des autographes pour des partisans. Hull, un favori de la foule montréalaise, n'avait pas remis les pieds au Forum depuis 1972, avec les Black Hawks de Chicago. Après avoir passé sept saisons dans l'AMH, Hull est revenu dans la Ligue nationale, d'abord avec les Jets, puis avec les Whalers de Hartford, où il a terminé sa carrière.

Tony Esposito et l'entraîneur-chef Billy Reay célèbrent une victoire, dans leur vestiaire au Forum.

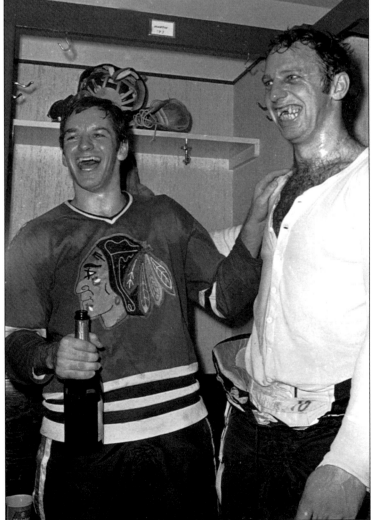

Dennis Hull, en compagnie de Pit Martin. Le sourire de la victoire pour Hull, frère de Bobby, qui joua durant 14 saisons dans la LNH.

Larry Robinson, Michel Larocque, Ken Dryden et Guy Lafleur posent pour les photographes lors d'un banquet de la Ligue, avec les trophées qu'ils ont remportés. C'était en 1977. Les gardiens des Canadiens avaient gagné le trophée Vézina, Robinson le Norris, et Lafleur le Art-Ross, le Hart et le Conn-Smythe. Ouf!

Après une conquête de la coupe Stanley, Serge Savard verse un peu de champagne à Camil Desroches de l'organisation des Canadiens.

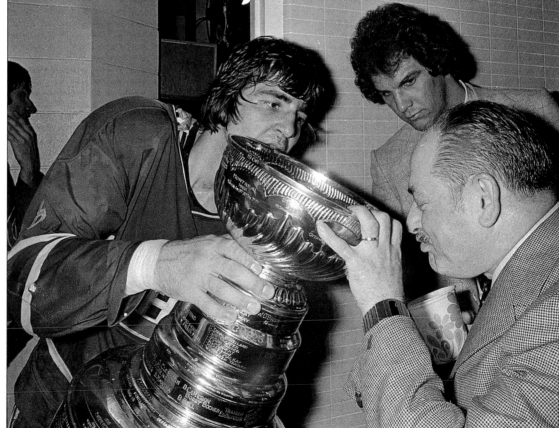

Patrick Roy n'avait que 20 ans lorsqu'il aida les Canadiens à gagner la 23e coupe Stanley de leur histoire. De plus, il remporta le trophée Conn-Smythe décerné au joueur le plus utile des séries de fin de saison, devenant ainsi le plus jeune joueur de la LNH à mériter ce trophée.

Maurice Richard, photographié dans le vestiaire des Canadiens. Le célèbre numéro 9 détient toujours le record chez le Tricolore pour le plus grand nombre de buts marqués en carrière, soit 544.

Maurice Richard s'amuse avec Michael Bossy lors du gala de la Médaille d'or, en 1981. Le 22 des Islanders avait égalé le record de Maurice de 50 buts en 50 parties au cours de la saison.

Serge Savard et Bob Gainey, qui
ont tour à tour été capitaines de
l'équipe, prennent une pause en
attendant d'être acclamés par les
spectateurs lors de la présentation
des étoiles.

1980, les Canadiens repêchent au premier rang et choisissent Doug Wickenheiser des Pats de Regina. Le jeune joueur de centre pose en compagnie de Claude Ruel et du directeur-gérant de l'équipe, Irving Grundman.

Le maire de Montréal accueille les vainqueurs de la coupe Stanley pour leur faire signer le livre d'or. On reconnaît ici l'entraîneur-chef Scotty Bowman et Yvan Cournoyer.

Sur la place Rouge à Moscou, en 1974, Jean-Claude Tremblay, Gordie Howe et Frank Mahovlich jouent les touristes.

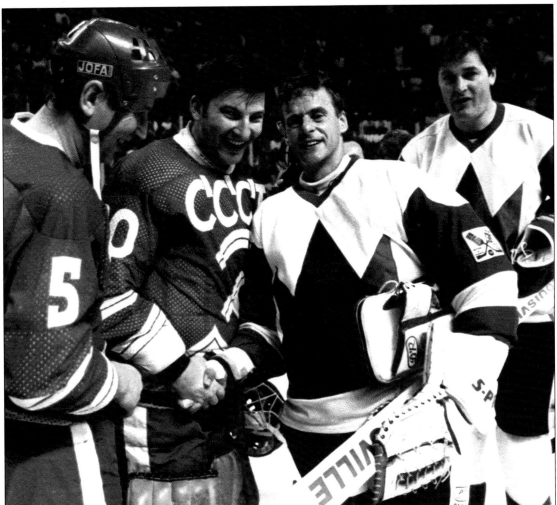

Réunis pour le lancement de la série de vidéocassettes *Les grands classiques du hockey:* Jean Béliveau, Floyd Curry, Dickie Moore, Toe Blake, Ronald Corey, Red Fisher, Maurice Richard, Dollard St-Laurent et Phil Goyette.

Rencontre cordiale entre Vladislav Tretiak et Daniel Bouchard, ex-gardien de but des Nordiques, après la présentation d'un match d'anciens joueurs.

Mario Lemieux accorde une entrevue à Lionel Duval de Radio-Canada, lors du repêchage des joueurs en 1984, après avoir refusé de se rendre à la table des Penguins de Pittsburgh.

Les trois frères Hunter: Dave, Mark et Dale. Dale est celui qui s'est le plus illustré dans la Ligue nationale, d'abord avec les Nordiques durant sept saisons, puis avec les Capitals de Washington. Dave est cependant le seul qui a réussi à inscrire son nom sur la coupe Stanley, et ce à trois reprises avec les Oilers.

Dans l'avion, à leur retour de Calgary où les Canadiens venaient de remporter la coupe Stanley, Claude Lemieux, Gaston Gingras et Serge Boisvert prennent la pose pour Denis Brodeur.

Lors d'un voyage de retour en avion, de Boston à Montréal, Serge Savard porte un nouveau chapeau, cadeau de quelques coéquipiers...

En 1993, différents événements furent organisés lors de la tenue à Montréal de la partie des étoiles. Il y eut notamment la présentation d'un match d'anciens joueurs des Canadiens contre d'autres ex-joueurs de la Ligue. De gauche à droite, on reconnaît: Jacques Lemaire, John Ferguson, Murray Wilson, Serge Savard, Bob Gainey, Rick Green, Pierre Bouchard, Jacques Laperrière, Guy Lapointe, Larry Robinson, Eddy Palchak, Scotty Bowman, Henri Richard, Claude Ruel, Réjean Houle, Pierre Meilleur, Steve Shutt, Gaétan Lefebvre, Steve Penney, Jean-Guy Talbot, Mario Tremblay, Doug Risebrough, Yvon Lambert, Guy Lafleur, Pierre Mondou, Pierre Larouche, Doug Jarvis et Richard Sévigny.

Lors d'une cérémonie au Forum, quelques grands noms de la presse sportive québécoise posent en compagnie de Jean Béliveau. Dans l'ordre habituel, Charles Mayer, Marcel Desjardins, Baz O'Meara, Elmer Ferguson, Dink Carroll et Zotique L'Espérance.

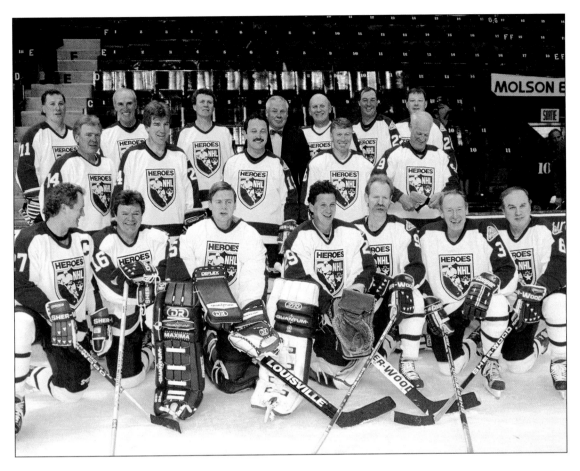

Une équipe d'anciens joueurs de la Ligue nationale, photographiés sur la glace du Forum de Montréal en 1993. Dans l'ordre habituel, on reconnaît: (?), Harry Howell, Paul Henderson, Tom Johnson, Gary Bergman, Jocelyn Guèvremont, André Dupont, Glen Sather, Terry O'Reilly, Bryan Trottier, Bobby Clarke, Gordie Howe, Darryl Sittler, Marcel Dionne, Daniel Bouchard, Mike Palmateer, Lanny McDonald, Pierre Pilote et Norm Ullman.

Cette photographie fut réalisée en 1963, toujours sur la glace du Forum. De gauche à droite, en commençant par le haut: Red Storey, Albert Langlois, Len Porteous, Kenny Biggs, Ken Porteous, Jimmy Orlando, (?), Kenny Mosdell, Dollard St-Laurent, (?). Rangée du centre: Harry Hoy, Pit Morin, Larry Raymond, Irving Liverman, Émile *Butch* Bouchard, Gerry Heffernan, Skippy Burchell, Elmer Lach. Rangée du bas: Jacques Plante, Buddy O'Connor, Maurice Richard, Frank Selke, Glen Harmon, Kenny Reardon et Denis Brodeur.

En 1986, les Canadiens célèbrent sur la glace du Forum l'obtention du trophée Prince-de-Galles, remis aux champions de l'association du même nom. L'équipe venait alors de disposer des Rangers de New York en cinq matchs. On reconnaît Patrick Roy, Bob Gainey, Mike Lalor, l'entraîneur-chef Jean Perron, Chris Nilan et Claude Lemieux.

Ex-vedettes de la LNH, ces anciens joueurs participaient à un événement spécial au complexe sportif Les 4 Glaces de Brossard, lorsque Denis Brodeur les a photographiés. De gauche à droite: Lefty Wilson, Yvan Cournoyer, Stan Mikita, Rosaire Paiement, Gordie Howe, Léo Bourgault des 4 Glaces, Bobby Hull, Vic Hadfield, Henri Richard, Frank Mahovlich et Red Storey.

Jacques Demers, alors entraîneur-chef des Nordiques de Québec, photographié avec son équipe en 1978-1979, à l'époque où elle évoluait dans l'Association mondiale de hockey. Dans l'ordre habituel: François Lacombe, Paul Baxter, Jean-Claude Tremblay, Curt Brackenbury, Normand Dubé, (?), Paulin Bordeleau, Danny Geoffrion. Rangée du centre: l'entraîneur Roger Lacasse, Dale Hoganson, Gilles Bilodeau, Richard David, Wally Weir, Alain Côté, Jim Dorey et l'entraîneur Claude Langlois. Rangée du bas: Richard Brodeur, Réal *Buddy* Cloutier, Jacques Demers, Marc Tardif, Marcel Aubut, Serge Bernier, Maurice Filion et Bob Fitchner et Jim Corsi.

En 1991, les anciens joueurs des Canadiens sont réunis pour une photographie d'équipe. Rangée du haut: Léon Rochefort, Mario Tremblay, Yvon Lambert, Gilles Lupien, Serge Savard, Guy Lapointe, André Pronovost, Jacques Lemaire et Yvan Cournoyer. Rangée du bas: Michel Larocque, Christian Bordeleau, André Boudrias, Henri Richard, Réjean Houle, Pierre Mondou, Jean-Guy Talbot et Michel Plasse.

Sur la patinoire des Bruins de Boston, Yvon Lambert et Pierre Bouchard célèbrent la conquête de la coupe Stanley, en 1977.

Toujours en 1977, dans le vestiaire des Canadiens, Guy Lafleur pose avec la coupe Stanley et le trophée Conn-Smythe qu'on venait de lui attribuer.

L'équipe des *Old Timers* des Canadiens, photographiée en 1991. De gauche à droite: Pat Burns, Jacques Laperrière, André Boudrias, Marcel Bonin, Phil Goyette, Mario Tremblay, Carol Vadnais, Eddy Palchak, John Ferguson, Murray Wilson, André Pronovost, Steve Shutt, Léon Rochefort, Christian Bordeleau, Neil Armstrong, Richard Sévigny, Pete Mahovlich, Jean-Guy Talbot, Dickie Moore, Michel Larocque, Réjean Houle, Gilles Lupien et Steve Penney.

3

Les joueurs étoiles

Ils font partie de l'élite, ce sont des joueurs qui attirent des foules dans les amphithéâtres de la Ligue nationale, des hommes dont la qualité de leur jeu les a hissés au rang des vedettes de la Ligue. Certains sont dans la fleur de l'âge, d'autres sont sur le point d'accrocher leurs patins après avoir brillé sur les patinoires en Amérique.

Toujours actif après plus de 30 ans de carrière, Denis Brodeur a eu l'occasion de photographier à maintes reprises ces vedettes d'aujourd'hui de la Ligue nationale de hockey. Nous en avons sélectionné plus de 60 que nous vous présentons, en photos et en textes.

Mario Lemieux, le joueur de centre des Penguins de Pittsburgh, en action sur la glace du Forum. Avant le début de la saison 1994-1995, il avait à son actif 1211 points en 599 parties, dont 494 buts. Aurons-nous un jour l'occasion de revoir le grand Mario sur la patinoire du Forum dans l'uniforme des Penguins? Tous les amateurs de hockey espèrent que ce grand joueur pourra à nouveau chausser les patins, si son état de santé le lui permet.

ED BELFOUR

Lorsque l'entraîneur-chef des Black Hawks de Chicago, Mike Keenan, décida de faire confiance au gardien Ed Belfour pour les éliminatoires en 1990, c'est qu'il avait décelé de belles qualités chez ce joueur de l'équipe nationale du Canada. Belfour avait en effet passé la saison 1989-1990 avec cette équipe, conservant une moyenne de 3,08 en 33 départs. Lors des séries de fin de saison, Belfour fut appelé à seconder Greg Millen — le gardien acquis des Nordiques de Québec joua 14 parties —, et il disputa neuf matchs, remportant quatre victoires. Il conserva une excellente moyenne de buts alloués de 2,49. Les Hawks triomphèrent successivement des North Stars et des Blues en sept parties, avant de s'incliner en finale de la Conférence

Clarence-Campbell face aux Oilers d'Edmonton

Au début de la saison 1990-1991, avec cinq gardiens à sa disposition — Jacques Cloutier, Greg Millen, Dominik Hasek, Ed Belfour et le jeune Jimmy Waite —, Keenan décida de confier le poste de gardien numéro un à Belfour. Une décision qui s'avéra brillante. Belfour conserva une moyenne de 2,47 en 74 rencontres, remporta le titre de recrue de l'année (il devança Sergei Fedorov au scrutin) ainsi que les trophées Jennings et Vézina. Pour ce joueur qui ne semblait pas assez bon aux yeux des dépisteurs lors du repêchage de 1983 et qui avait signé un contrat avec Chicago à titre d'agent libre, c'était enfin la gloire, à 26 ans. Belfour devint le premier gardien recrue

Ed Belfour, le gardien numéro un des Black Hawks de Chicago, devant le filet des siens, lors d'un match contre les Canadiens de Montréal. On reconnaît le joueur de centre Stephan Lebeau à l'arrière du filet.

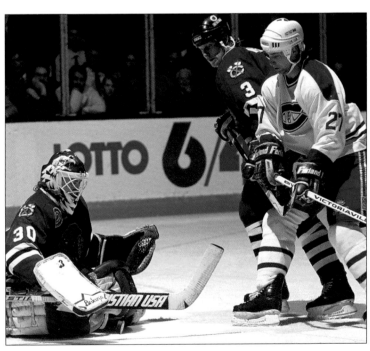

Le gardien Ed Belfour effectue un bel arrêt aux dépens de Shayne Corson. Belfour a remporté en 1988 le titre de recrue de l'année dans la Ligue internationale de hockey, avant de mériter le trophée Calder dans la LNH en 1991.

depuis Tom Barrasso en 1984 (gagnant du Calder et du Vézina) à remporter plus d'un trophée à sa première campagne dans la Ligue.

En 1992-1993, Belfour a de nouveau remporté le Vézina et le Jennings, avec une fiche de 41 victoires en 71 parties et une moyenne de 2,59. Considéré comme l'un des meilleurs gardiens de la Ligue, Belfour n'a jamais eu de moyennes supérieures à 2,70 (en 1991-1992) depuis ses débuts dans la LNH. En 1993-1994, il a présenté une fiche de 37 victoires et une moyenne de 2,67 (les gardiens des Hawks ont la cinquième fiche de la Ligue), mais ce fut une saison bien décevante pour les Hawks. L'équipe dirigée par Darryl Sutter termina la campagne avec 87 points, comparativement à 106 en 1992-1993, et

s'inclina dès la première ronde des éliminatoires contre les Maple Leafs de Toronto.

★ ★ ★ ★ ★	
Équipe	
Chicago	
Trophées	
Vézina (1991, 1993)	
Jennings (1991, 1993)	
Saison	
Parties jouées:	290
Victoires:	146
Blanchissages:	23
Moyenne:	2,69
Éliminatoires	
Parties jouées:	43
Victoires:	20
Blanchissage:	1
Moyenne:	2,76

RAYMOND BOURQUE

Depuis le milieu des années 1960, les partisans des Bruins de Boston ont eu la chance de pouvoir apprécier le jeu de grands défenseurs. Évidemment, il y a eu Bobby Orr qui a brillé durant 10 saisons, révolutionnant littéralement le hockey. Puis, ce fut au tour de Brad Park, à la fin des années 1970, de faire vivre de bons moments aux amateurs. Depuis la saison 1979-1980, le général à la ligne bleue des Bruins a pour nom Raymond Bourque, digne successeur de Bobby Orr.

Dès sa première saison avec les Bruins, Bourque s'est illustré à la défensive et a obtenu en plus 17 buts et 48 passes. Il a remporté le trophée Calder et ajouté depuis à sa collection le James-Norris qu'il a mérité quatre fois, soit en 1987, 1988, 1990 et 1991.

Raymond Bourque a connu sa meilleure saison en 1983-1984, avec 31 buts et 65 passes. Défenseur offensif, le numéro 77 des Bruins a toujours préconisé le jeu viril, mais propre. Excellent patineur possédant un lancer frappé dévastateur pour les gardiens de la Ligue, Bourque a connu une excellente saison en 1993-1994. En fait, ce fut sa meilleure campagne depuis 1990-1991: il a réussi 20 buts et 71 passes pour terminer au deuxième rang des

En 1994, Raymond Bourque a remporté le trophée James-Norris, remis au meilleur défenseur de la Ligue, pour la cinquième fois de sa carrière. Denis Brodeur l'a photographié en juin 1994, lors de la remise des prix de la LNH, à Toronto.

marqueurs de son équipe, derrière Adam Oates.

Bourque, nommé capitaine de son équipe en 1988, est un leader naturel. Pas du genre à faire de grandes déclarations, il impose plutôt le respect par son dévouement au sport et son comportement en dehors de la patinoire. Bourque a fait partie à 10 reprises de la première équipe d'étoiles de la Ligue et en 1992-1993, il a battu le record de Johnny Bucyk pour le plus grand nombre de passes réussies dans une carrière par un joueur des Bruins.

Ex-vedette de la Ligue de hockey junior majeur du Québec avec Verdun, le défenseur espère toujours concrétiser son rêve: remporter la coupe Stanley. Souhaitons-lui car il serait bien dommage, à l'instar de plusieurs autres grands joueurs (par exemple Marcel Dionne, Jean Ratelle, Gilbert Perreault et son ex-coéquipier Brad Park), qu'il n'ait pas la chance de brandir au bout de ses bras le précieux trophée.

★ ★ ★ ★ ★

Équipe
Boston

Trophées
Calder (1980)
James-Norris (1987, 1988, 1990, 1991, 1994)
King-Clancy (1992)

Saison
Parties jouées:	1100
Buts:	311
Passes:	877
Points:	1188

Éliminatoires
Parties jouées:	152
Buts:	33
Passes:	103
Points:	136

Raymond Bourque est reconnu comme un solide défenseur qui attache beaucoup d'importance au conditionnement physique. Sur la glace, ses adversaires savent que ce costaud défenseur ne se laisse pas intimider facilement.

GUY CARBONNEAU

Il n'y a pas pire façon d'évaluer un joueur de la trempe de Guy Carbonneau que de se fier uniquement à sa fiche offensive. Il est vrai que Carbonneau était un dangereux marqueur dans les rangs juniors — avec les Saguenéens de Chicoutimi en 1978-1979, il marqua 62 buts et récolta 79 passes. Puis, la saison suivante, il réussit 72 filets et 110 passes! Mais lorsqu'il fit ses débuts avec les Canadiens, on le transforma en spécialiste de la défensive. Résultat: Carbonneau est depuis plus de 10 ans l'un des meilleurs attaquants défensifs du circuit. Passé maître dans l'art d'évoluer en désavantage numérique, Carbonneau n'a pas son pareil pour anticiper les jeux de ses adversaires et pour bloquer, avec son corps, les lancers des attaquants, une technique qui, faut-il le préciser, peut s'avérer très dangereuse si elle n'est pas exé-

cutée à la perfection. À trois reprises, il a été choisi comme meilleur attaquant défensif de la Ligue.

Alors que plusieurs croyaient que la carrière du capitaine des Canadiens tirait à sa fin en raison de problèmes aux genoux en 1992-1993 — il disputa seulement 61 parties —, *Carbo* fut étincelant au cours des séries de fin de saison. Il contra avec brio les meilleurs attaquants adverses, soit successivement Joe Sakic, Pat LaFontaine, Pierre Turgeon et Wayne Gretzky. Mieux, il marqua trois buts et récolta trois passes alors que les Canadiens remportèrent la 24e coupe Stanley de leur histoire. Carbonneau inscrivait ainsi son nom sur la coupe Stanley pour la deuxième fois, tout comme son grand ami et coéquipier Patrick Roy. Ces deux joueurs sont d'ailleurs

Un as de la défensive, Guy Carbonneau a connu cinq saisons de 20 buts et plus depuis ses débuts dans la Ligue nationale. Sur ce jeu, aux prises avec un défenseur des Rangers, il tente de contourner le filet avec la rondelle.

les seuls de l'édition championne des Canadiens de 1992-1993 qui étaient avec l'équipe en 1986, lors de la victoire en finale contre les Flames de Calgary.

Le 19 août 1994, le capitaine des Canadiens apprenait avec déception qu'il était échangé aux Blues de St. Louis en retour du joueur de centre Jim Montgomery. Sous les ordres de Mike Keenan, cet excellent attaquant défensif devrait être un atout précieux pour sa nouvelle équipe.

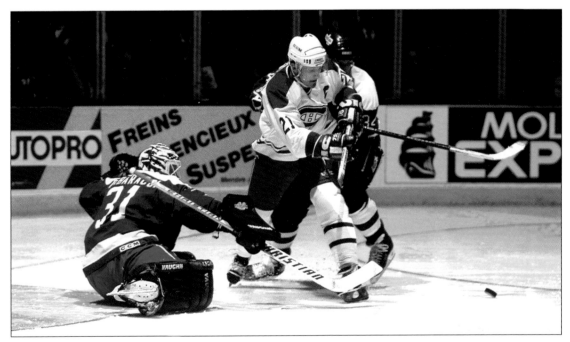

Gagnant à trois reprises du trophée Frank-J.-Selke, Guy Carbonneau devrait être un atout précieux pour la troupe de l'entraîneur-chef Mike Keenan des Blues de St. Louis.

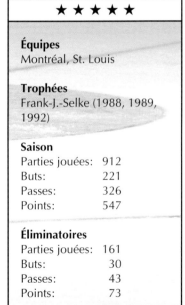

★ ★ ★ ★ ★

Équipes
Montréal, St. Louis

Trophées
Frank-J.-Selke (1988, 1989, 1992)

Saison
Parties jouées:	912
Buts:	221
Passes:	326
Points:	547

Éliminatoires
Parties jouées:	161
Buts:	30
Passes:	43
Points:	73

CHRIS CHELIOS

Chris Chelios, joueur coriace et costaud, n'a pas tardé à s'imposer comme l'un des meilleurs défenseurs de la Ligue nationale. Cinquième choix des Canadiens lors du repêchage de 1981, Chelios a joué durant six saisons complètes avec Montréal. Il s'est joint aux Canadiens à la fin de la saison 1983-1984 après avoir joué avec l'équipe nationale des États-Unis et l'équipe olympique américaine. Rappelant les beaux jours de Larry Robinson à l'offensive, Chelios s'est aussitôt fait remarquer avec l'équipe, durant 12 parties, par son jeu robuste en zone défensive et ses élans offensifs irrésistibles.

Cette année-là, il participa aux séries de fin de saison et réussit un but et huit passes en 15 parties. Les Canadiens s'inclinèrent face aux Islanders de New York lors de la finale de la Conférence Prince-de-Galles, mais Chelios s'avéra une belle découverte et démontra qu'il était définitivement mûr pour la Ligue nationale.

À sa première saison complète avec les Canadiens, Chelios réussit 55 passes et neuf buts. Une étoile était née. Il récolta 11 points en 20 matchs au cours des éliminatoires de 1986, alors que les Canadiens remportèrent la coupe Stanley.

Chelios connut sa meilleure saison avec l'équipe dirigée par Pat Burns en 1988-1989, avec 15 buts et 58 passes, et remporta le trophée Norris pour la première fois. C'est au terme de la saison 1989-1990, plus précisément le 29 juin, qu'il apprit qu'il allait dorénavant évoluer dans sa ville natale, Chicago. Les Canadiens l'avaient échangé aux Hawks en retour du joueur de centre Denis Savard.

Chris Chelios est devenu un leader avec les Black Hawks et continue à produire offensive-

Chris Chelios a remporté le trophée James-Norris remis au meilleur défenseur de la Ligue à deux reprises, une fois dans l'uniforme des Canadiens et la seconde avec les Black Hawks. Il est rapidement devenu l'un des meneurs de cette formation, lui qui est natif de Chicago.

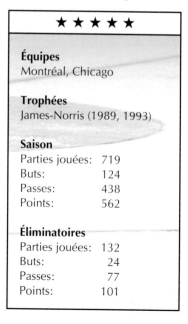

Cinquième choix des Canadiens au repêchage de 1981, Chris Chelios entame en 1994-1995 sa cinquième saison avec les Black Hawks de Chicago, après avoir passé sept ans dans l'uniforme du Tricolore.

ment. En 1992, il combina ses efforts à la défensive avec le vétéran Steve Smith, et les Hawks accédèrent à la finale de la coupe Stanley. Chelios récolta six buts et 15 passes en 18 parties, mais les Hawks durent baisser pavillon en quatre parties face aux Penguins de Pittsburgh. En 1993, Chelios remporta son second trophée Norris à la suite d'une saison de 73 points, sa meilleure depuis 1989. La saison dernière, il a présenté une fiche de 60 points, dont 16 buts, et amassé plus de 200 minutes de punition pour la troisième fois de sa carrière. Pas le genre de joueur qu'on intimide, ce Chelios! Ajoutons qu'en 11 ans dans la Ligue nationale, Chris Chelios a réussi 50 points et plus au cours de sept campagnes.

★ ★ ★ ★ ★	
Équipes	
Montréal, Chicago	
Trophées	
James-Norris (1989, 1993)	
Saison	
Parties jouées:	719
Buts:	124
Passes:	438
Points:	562
Éliminatoires	
Parties jouées:	132
Buts:	24
Passes:	77
Points:	101

DINO CICCARELLI

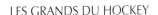

L'ailier droit Dino Ciccarelli a atteint deux buts importants au cours de la dernière saison. Il a d'abord inscrit son nom dans le club sélect des marqueurs de 500 buts, puis joint les rangs des joueurs qui ont obtenu 1000 points et plus au cours de leur carrière dans la Ligue nationale. Deux grandes victoires pour ce joueur dont la carrière avait été remise en question à la suite d'une blessure subie dans les rangs juniors.

Ciccarelli avait inscrit 72 buts avec London dans la ligue de l'Ontario en 1977-1978, et récolté 70 passes. Un jeune qui faisait sensation. La saison suivante fut désastreuse: victime d'une blessure à une jambe, il dut être opéré. La blessure était si sérieuse que les médecins doutaient qu'il pourrait poursuivre sa carrière. Physiothérapie, entraînement, Ciccarelli ne se laissa pas abattre et put revenir au jeu la saison sui-

vante. Cette fois, il marqua 50 buts en 62 parties.

Malgré tout, les directeurs-gérants de la Ligue nationale jugèrent que cette blessure lui avait nui et il ne fut pas repêché. Le 28 septembre 1979, le directeur-gérant des North Stars du Minnesota, Lou Nanne, lui fit signer un contrat à titre d'agent libre. Ciccarelli fit donc ses débuts en 1980-1981 avec les Stars. En neuf saisons avec Minnesota, Ciccarelli marqua 50 buts et plus à deux reprises et connut deux saisons de plus de 100 points. Il fut échangé aux Capitals de Washington en

mars 1989 en compagnie du défenseur Bob Rouse, en retour de Mike Gartner et de Larry Murphy. Puis, en juin 1992, il fut à nouveau échangé, cette fois aux Red Wings de Detroit, en retour du joueur de centre Kevin Miller.

En 1992-1993, à sa première saison avec les Wings, Ciccarelli réussit 41 buts et 56 passes pour un total de 97 points. Cette saison, la meilleure depuis la campagne 1986-1987, lui permit de terminer deuxième compteur de son équipe, derrière Steve Yzerman. L'an dernier, l'entraîneur-chef Scotty Bowman s'attendait que Ciccarelli répète ses exploits, mais celui-ci déçut en obtenant seulement 28 buts et 29 passes à sa 15e saison dans la Ligue.

En 1994-1995, Dino Ciccarelli en est déjà à sa 15e saison dans la Ligue nationale. Denis Brodeur a réalisé cette photographie alors que l'ailier droit se montrait menaçant en territoire des Canadiens, face à Patrick Roy.

★ ★ ★ ★ ★

Équipes
Minnesota, Washington, Detroit

Saison
Parties jouées: 551
Buts: 513
Passes: 501
Points: 1014

Éliminatoires
Parties jouées: 108
Buts: 58
Passes: 41
Points: 99

WENDEL CLARK

Jamais les Maple Leafs n'ont décidé de renoncer à l'ailier gauche Wendel Clark, capitaine de l'équipe. Ils auraient pu le faire à maintes reprises, car ce joueur a continuellement été victime de blessures depuis ses débuts dans la Ligue nationale. On dit que la patience finit toujours par être récompensée... En 1993-1994, Clark a enfin démontré que lorsqu'il était en bonne santé, il pouvait être un joueur indis-

pensable: il a disputé 64 parties, marqué 46 buts et récolté 30 passes, un sommet dans sa carrière.

Wendel Clark en était à sa neuvième saison avec les Maple Leafs de Toronto, mais ce n'est qu'en 1986-1987 qu'il a pu disputer tous les matchs du calendrier. Cette année-là, Clark, âgé seulement de 20 ans, avait réussi 37 buts et 23 passes. Handicapé par des blessures successives, notamment au

dos, aux genoux et à l'épaule, Clark n'a joué que 28 parties en 1987-1988, puis 15 la saison suivante. Optimiste et travaillant sans relâche pour retrouver la santé et une bonne condition physique, Clark a participé à 274 parties sur une possibilité de 408 au cours des cinq dernières campagnes.

Wendel Clark, ancien défenseur proclamé meilleur arrière de la ligue de l'Ouest en 1985, a été choisi au tout premier rang par les Maple Leafs lors du repêchage de 1985. Il était alors âgé de 18 ans et avait réussi 32 buts et 55 passes à sa dernière saison

avec Saskatoon. Très populaire auprès des partisans des Leafs, Wendel Clark a été échangé aux Nordiques de Québec en juin 1994, en retour, notamment, du Suédois Mats Sundin. Un choc pour les partisans. Clark, lui, s'est dit ravi de se retrouver avec les Nordiques, une équipe talentueuse, et il a même promis d'apprendre le français, ajoutant qu'il adorait la ville! Un comportement exemplaire qui a souvent fait défaut chez des joueurs qui ont porté, ou failli porter, l'uniforme des Nordiques... S'il demeure en bonne santé, Clark fera sentir sa présence chez les Nordiques, à la fois sur la glace et dans le vestiaire.

Capitaine des Maple Leafs de Toronto depuis la saison 1991-1992, c'est maintenant dans l'uniforme des Nordiques de Québec que Wendel Clark viendra donner du fil à retordre aux défenseurs des Canadiens sur la glace du Forum.

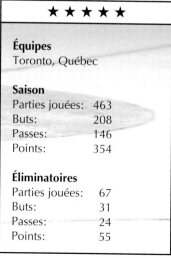

★ ★ ★ ★ ★

Équipes
Toronto, Québec

Saison

Parties jouées:	463
Buts:	208
Passes:	146
Points:	354

Éliminatoires

Parties jouées:	67
Buts:	31
Passes:	24
Points:	55

PAUL COFFEY

Paul Coffey a fait ses débuts dans la Ligue nationale en 1980 avec les Oilers d'Edmonton. Aujourd'hui, 14 ans plus tard, il détient les records pour le plus grand nombre de buts, de passes et de points réussis par un défenseur au cours de sa carrière. Pourtant, il n'a jamais été considéré comme l'un des meilleurs défenseurs de la Ligue!

Effectivement, son jeu défensif a maintes fois été critiqué, Coffey étant reconnu avant tout comme un joueur offensif. Il a connu huit saisons de 20 buts et plus, éclipsant même en 1985-1986 la marque de 46 buts établie par Bobby Orr en 1974-1975. Il en réussit alors 48 en plus de récolter 90 passes. Ce fut la meilleure saison de sa carrière.

Coffey a réussi cinq saisons de 100 points et plus, dont trois avec les Oilers d'Edmonton. Avec cette équipe, il a remporté à deux reprises la coupe Stanley (1985 et 1987) et le trophée Norris.

Le 24 novembre 1987, Coffey était impliqué dans une grosse transaction: en compagnie de Dave Hunter et de Wayne Van Dorp, il passait aux Penguins de Pittsburgh en retour de Craig Simpson, Dave Hannan, Chris Joseph et Moe Mantha. Avec sa nouvelle équipe, Coffey connut deux saisons successives de plus de 100 points et remporta la coupe Stanley une troisième fois, en 1991.

Alors qu'il en était à sa cinquième saison avec les Penguins, Coffey fut échangé aux Kings de Los Angeles où il retrouva ses vieux copains des Oilers: Gretzky, Kurri, McSorley et Huddy. Il ne joua cependant pas une saison complète avec les Kings, puisqu'il fut à nouveau échangé le 29 janvier 1993, cette fois aux Red Wings de Detroit. En 1993-1994, Coffey connut sa meilleure saison offensive depuis 1990-1991 avec les Penguins, alors qu'il réussit 14 buts et 63 passes.

Ce premier choix des Oilers au repêchage de 1980 occupait, au terme de la saison 1993-1994, le quatrième rang des passeurs de l'histoire de la Ligue, derrière Wayne Gretzky, Gordie Howe et Marcel Dionne. Un défenseur à caractère offensif qui ne tardera certes pas à faire son entrée au Temple de la Renommée lorsqu'il décidera de se retirer.

Paul Coffey, photographié par Denis Brodeur sur la glace du Forum, dans l'uniforme des Penguins de Pittsburgh. Le défenseur a joué quatre saisons complètes avec les Penguins avant d'être échangé aux Kings de Los Angeles en février 1992. Près d'un an plus tard, il était à nouveau échangé, cette fois aux Red Wings de Detroit.

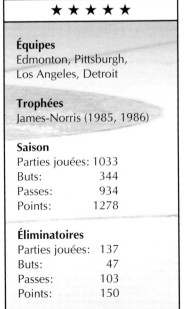

★ ★ ★ ★ ★

Équipes
Edmonton, Pittsburgh, Los Angeles, Detroit

Trophées
James-Norris (1985, 1986)

Saison
Parties jouées	1033
Buts:	344
Passes:	934
Points:	1278

Éliminatoires
Parties jouées:	137
Buts:	47
Passes:	103
Points:	150

VINCENT DAMPHOUSSE

L'ailier gauche ne joua qu'une saison avec les Oilers, récoltant 38 buts et 51 passes pour un total de 89 points, la deuxième saison la plus productive de sa carrière. Puis, le 27 août 1992, désireux de mettre la main sur un marqueur prolifique, Serge Savard contacta Glen Sather et lui envoya Shayne Corson, Brent Gilchrist et le jeune Vladimir Vujtek en échange de Damphousse.

Même s'il a tardé à se mettre en marche au début de la saison, Damphousse n'a pas déçu à ses débuts à Montréal. Il a marqué 39 buts et obtenu 58 passes, terminant premier compteur de l'équipe. Lors des éliminatoires, il continua sur sa lancée: il obtint 11 buts et 12 passes en 20 matchs, participant activement à la conquête de la coupe Stanley par les Canadiens.

Protégeant bien la rondelle, Vincent Damphousse revient devant le filet du gardien des Sénateurs d'Ottawa pour tenter de le déjouer.

Au cours de la saison 1993-1994, Vincent Damphousse a enfin réalisé un objectif personnel: atteindre le cap des 40 buts. Il a terminé la campagne avec une fiche de 40 buts et 51 passes, au premier rang des compteurs de l'équipe. Il aurait par contre sans doute donné cher pour réussir à marquer régulièrement au cours des séries de fin de saison (un but en sept rencontres) qui se sont terminées abruptement pour les Canadiens.

Vincent Damphousse fut le premier choix des Maple Leafs de Toronto au repêchage de 1986, le sixième au total. Joe Murphy (Detroit), Jimmy Carson (Los Angeles), Neil Brady (New Jersey), Zarley Zalapski (Pittsburgh) et Shawn Anderson (Buffalo) furent sélectionnés avant lui. L'ailier gauche a fait directement le saut de la Ligue de hockey junior majeur du Québec à la Ligue nationale, après avoir marqué 45 buts et récolté 110 passes en 1985-1986 avec Laval. À sa première saison dans l'uniforme des Leafs, Damphousse disputa les 80 parties du calendrier, marquant 21 buts et amassant 25 passes.

Vincent Damphousse a joué cinq saisons à Toronto, connaissant ses meilleurs moments en 1989-1990 alors qu'il présenta une fiche de 33 buts et 61 passes. Le 19 septembre 1991, l'année où il marqua quatre buts au cours du match des étoiles, il fut impliqué dans une transaction majeure. Glen Sather ayant décidé de réduire la masse salariale de l'équipe à Edmonton, il troqua Grant Fuhr, Glenn Anderson et Craig Berube pour Damphousse, Scott Thornton, Luke Richardson et Peter Ing.

★ ★ ★ ★ ★	
Équipes	
Toronto, Edmonton, Montréal	
Saison	
Parties jouées:	642
Buts:	235
Passes:	371
Points:	606
Éliminatoires	
Parties jouées:	66
Buts:	19
Passes:	30
Points:	49

Steve Duchesne

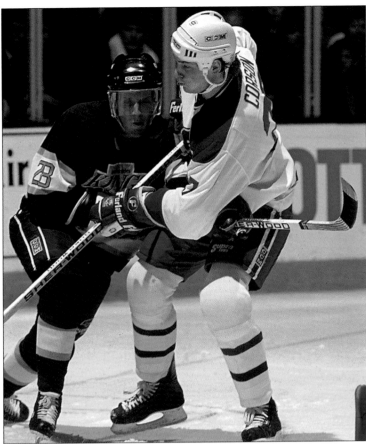

Steve Duchesne a joué cinq saisons avec les *Kings* de Los Angeles, au cours desquelles il a inscrit un total de 95 buts, avant d'être échangé aux *Flyers* de Philadelphie le 30 mai 1991. À ses côtés sur cette photo, l'ailier gauche des *Canadiens* Shayne Corson.

Le défenseur Steve Duchesne a disputé sa huitième saison dans la Ligue nationale en 1993-1994, une campagne qui s'est résumée à 36 matchs joués dans l'uniforme des *Blues* de St. Louis. Son inactivité n'était alors pas causée par une blessure, mais plutôt par un différend avec la direction des *Nordiques*. Il a finalement été échangé en retour de Ron Sutter, Bob Bassen et Garth Butcher.

Avec l'équipe de Pierre Pagé, Duchesne avait connu la meilleure saison de sa carrière l'année précédente, marquant 20 buts et récoltant 62 passes. Duchesne avait été acquis par les *Nordiques* le 30 juin 1992, alors qu'il était impliqué dans la méga-transaction qui envoya Eric Lindros aux *Flyers* de Philadelphie. Peter Forsberg, Kerry Huffman, Mike Ricci, Ron Hextall et Chris Simon prirent aussi la route de Québec, en plus des choix des *Flyers* au repêchage de 1993 (ils purent mettre la main sur Jocelyn Thibault) et de 1994.

Steve Duchesne a débuté sa carrière chez les professionnels en 1986, alors qu'il a signé un contrat à titre d'agent libre avec les *Kings* de Los Angeles. Au cours de ses trois premières saisons avec les *Kings*, il a connu des campagnes successives de 38, 55 et 75 points. Puis, le 30 mai 1991, après avoir joué cinq ans à Los Angeles, Duchesne fut échangé aux *Flyers* de Philadelphie en compagnie de Steve Kasper, en retour de Jari Kurri et de Jeff Chychrun. Au cours de la seule saison qu'il joua avec cette équipe, Duchesne obtint 56 points.

Considéré comme l'un des bons défenseurs à caractère offensif de la Ligue, Duchesne a tout de même obtenu 12 buts et 19 passes au cours de ses 36 parties avec les *Blues*, ce qui démontre bien sa valeur offensive. À ce rythme-là, s'il avait pu disputer toute la saison avec St. Louis, il aurait sans doute connu la meilleure campagne de sa carrière.

Dans l'uniforme des *Blues* de St. Louis, une équipe maintenant dirigée par Mike Keenan qui a conduit les *Rangers* de New York à la conquête de la coupe Stanley en 1994, Steve Duchesne pourrait bien connaître les meilleurs moments de sa carrière.

★ ★ ★ ★ ★	
Équipes	
Los Angeles, Philadelphie, Québec, St. Louis	
Saison	
Parties jouées:	578
Buts:	145
Passes:	316
Points:	461
Éliminatoires	
Parties jouées:	53
Buts:	13
Passes:	33
Points:	46

SERGEI FEDOROV

Sergei Fedorov a pris peu de temps à s'ajuster au calibre de jeu de la Ligue nationale de hockey. En fait, ce sont plutôt ses adversaires et les gardiens de but, qui ont dû s'adapter au jeu spectaculaire de ce joueur de centre doué né en Russie.

Lors du repêchage de 1989, les Red Wings de Detroit décidèrent d'opter pour Fedorov lorsque vint leur tour de sélectionner un joueur, au 74e rang. Il s'agissait du quatrième choix des Wings. Aujourd'hui, avec le recul, on se demande comment les directeurs-gérants des autres équipes ont pu laisser passer un tel joueur. Les dépisteurs des Red Wings avaient bien fait leur boulot et avaient décelé chez Fedorov les qualités d'un excellent hockeyeur. Il avait réussi neuf buts et huit passes en 44 parties avec son équipe au cours de la saison précédente. Lors de sa dernière campagne en

Le joueur de centre Sergei Fedorov reste bien concentré pour gagner cette mise en jeu face à Denis Savard.

En 1994, Fedorov a récolté ses premiers honneurs individuels dans la Ligue nationale. Âgé de 24 ans avant le début de la campagne 1994-1995, Fedorov sera sûrement l'une des grandes vedettes de la Ligue au cours des années à venir.

Russie, en 1989-1990, Fedorov marqua 19 buts et obtint 10 passes en 48 matchs.

C'est en 1990-1991 que Fedorov débuta sa carrière avec les Red Wings, à l'âge de 20 ans. Il marqua 31 buts et récolta 48 passes pour un total de 79 points. Le trophée Calder, décerné au meilleur joueur recrue, fut attribué à Ed Belfour, mais Fedorov termina deuxième. Depuis, Fedorov n'a jamais cessé de hausser sa production offensive. Il marqua 32 buts et accumula 86 points, puis la saison suivante il termina l'année avec 87 points, dont 34 buts. Ce fut ensuite l'explosion, le talent à l'état pur au cours de la saison 1993-1994! En effet, Fedorov marqua alors 56 buts, récolta 64 passes pour un total de 120 points, ce qui lui conféra le deuxième rang des compteurs de la Ligue derrière Wayne Gretzky.

Fedorov excelle et même si le trophée Art-Ross lui a échappé en 1993-1994, il y a gros à parier qu'il saura se reprendre lors des prochaines saisons.

★ ★ ★ ★ ★	
Équipe	
Detroit	
Trophées	
Hart (1994)	
Frank-J.-Selke (1994)	
Lester-B.-Pearson (1994)	
Saison	
Parties jouées:	312
Buts:	153
Passes:	219
Points:	372
Éliminatoires	
Parties jouées:	32
Buts:	10
Passes:	23
Points:	33

THEOREN FLEURY

Dans les p'tits pots, les meilleurs onguents... C'est sans doute ce que se disent les partisans des Flames de Calgary, lorsqu'ils voient évoluer l'ailier droit Theoren Fleury avec son 1,65 mètre (5 pieds, 6 pouces) et ses 73 kilos (160 livres). Trop petit pour la LNH? Fleury ne l'a jamais cru et s'est bien chargé de le démontrer depuis six ans.

Même s'il avait connu des saisons de 29, 43 et 61 buts avec l'équipe de Moose Jaw dans la ligue de l'Ouest,

Fleury a été le 166e choix lors du repêchage de 1987! C'est dire à quel point son petit gabarit en faisait douter plus d'un. Neuvième choix du directeur-gérant Cliff Fletcher, Fleury partagea son temps la saison suivante entre le club de Salt Lake et les Flames. Avec la première équipe, il marqua 37 buts en 40 parties et 14 buts en 36 matchs avec les Flames.

Joueur spectaculaire et patineur rapide, Fleury a non seulement démontré qu'il pouvait marquer des buts dans la Ligue nationale (il en a réussi 51 à sa deuxième saison avec les Flames, en 1990-1991), mais aussi qu'il ne craignait pas le jeu rude. Ceux qui redoutaient les blessures à cause de sa petite taille — cette crainte fut entretenue tout au long de la carrière de Henri Richard qui mesure 1,68 mètre (5 pieds, 7 pouces)... — furent forcés de constater que Fleury était costaud: en cinq saisons, il ne rata que trois matchs!

Lors de la saison 1993-1994, Fleury a connu la deuxième campagne la plus productive de sa carrière au chapitre des buts avec un total de 40. Ses 85 points lui ont permis de terminer deuxième chez les compteurs de son équipe, derrière Robert Reichel qui a obtenu huit passes de plus que lui.

En 1989, il a grandement contribué à la seule conquête de la coupe Stanley de l'histoire des Flames en réussissant cinq buts et six passes en 22 matchs. En inscrivant son nom sur ce trophée, Fleury a sûrement fait taire ses dénigreurs et tous ceux qui avaient toujours cru que sa taille serait un obstacle majeur à sa réussite.

Ignoré par plusieurs dirigeants d'équipes de la Ligue nationale en raison de sa petite taille, Theoren Fleury continue année après année de marquer des buts à profusion dans l'uniforme des Flames de Calgary.

★ ★ ★ ★ ★

Équipe
Calgary

Saison

Parties jouées:	441
Buts:	203
Passes:	259
Points:	462

Éliminatoires

Parties jouées:	48
Buts:	20
Passes:	25
Points:	45

RON FRANCIS

Le destin fait parfois bien les choses. Joueur vedette des Whalers de Hartford durant neuf saisons et capitaine de son équipe, Ron Francis ne s'attendait jamais à être échangé. Cette nouvelle l'ébranla. Mais lorsqu'il apprit qu'il se retrouvait avec les Penguins de Pittsburgh, sérieux aspirants à la coupe Stanley, Francis avala mieux sa pilule. Avec cette équipe, il allait enfin connaître la joie d'être membre d'une formation championne.

Ron Francis fut le tout premier choix des Whalers lors du repêchage de 1981 et entama sa carrière avec cette équipe à l'âge de 18 ans. En 59 parties en 1981-1982, ce joueur de centre costaud obtint 25 buts et 43 passes pour 68 points, soit un de plus qu'à sa dernière saison chez les juniors alors qu'il avait disputé cinq parties de plus!

Avec cette équipe, il a toujours marqué plus de 20 buts et a connu cinq saisons de 80 points et plus. Sa meilleure campagne fut celle de 1989-1990, alors qu'il réussit 32 buts et 69 passes pour un total de 101 points.

Puis, le 4 mars 1991, il était échangé aux Penguins en compagnie de Grant Jennings et du défenseur Ulf Samuelsson, en retour de John Cullen, Jeff Parker et Zarley Zalapski. Habitué à être le centre vedette de son équipe, Francis comprit rapidement qu'il devait laisser la place au grand Mario Lemieux. On lui demanda de se préoccuper davantage de son jeu défensif, de contrer les meilleurs attaquants adverses. Il contribua à la conquête de la première coupe Stanley des Penguins en obtenant 17 points en 24 matchs lors des séries de fin de saison.

Lors des éliminatoires de 1991-1992, en l'absence de Mario Lemieux blessé par Adam Graves des Rangers, Francis fut brillant. Il marqua trois buts lors d'un match contre New York, dont le but gagnant en prolongation, et aida à mener son équipe au championnat pour une deuxième année consécutive. Contre les Rangers, il réussit sept buts et cinq passes en six parties et termina les éliminatoires avec un total de 27 points en 21 matchs. Ses 19 passes au cours des séries de fin de saison marquèrent un sommet dans la Ligue.

En 1992-1993, Francis a connu la deuxième saison la plus productive de sa carrière (24 buts et 76 passes pour 100 points), et il a terminé la campagne 1993-1994 avec 93 points, dont 27 buts. Deuxième joueur de centre derrière Mario Lemieux, Francis est devenu rapidement l'un des éléments clés de la formation de l'équipe.

Ron Francis, bien posté devant le filet de Patrick Roy, attend qu'un de ses coéquipiers lance en direction du filet pour tenter de faire dévier la rondelle. Ex-capitaine des Whalers de Hartford, Francis a réalisé son rêve en gagnant la coupe Stanley à deux reprises avec les Penguins.

★ ★ ★ ★ ★

Équipes
Hartford, Pittsburgh

Saison

Parties jouées:	964
Buts:	338
Passes:	741
Points:	1079

Éliminatoires

Parties jouées:	96
Buts:	29
Passes:	56
Points:	85

GRANT FUHR

Lorsqu'en septembre 1990, le gardien de but Grant Fuhr avoua qu'il faisait usage d'une substance illégale depuis sept ans (de la cocaïne), la nouvelle causa tout un choc dans le monde du hockey professionnel. Fuhr, brillant gardien des Oilers d'Edmonton, gagnant de cinq coupes Stanley avec son équipe, fut forcé à l'inactivité après neuf saisons dans la Ligue.

En 1990-1991, suspendu par John Ziegler, Fuhr en profita pour régler ses problèmes personnels. Il ne disputa que 13 parties avec les Oilers. Le 13 septembre 1991, il était échangé aux Maple Leafs de Toronto en compagnie de Glenn Anderson et de Craig Berube, en retour de Vincent Damphousse, du gardien Peter Ing, de Scott Thornton et de Luke Richardson. Fuhr fut le gardien numéro un de l'équipe, remportant 25 matchs en 66 départs. Gagnant du trophée Vézina en 1988 — il avait maintenu une moyenne de 3,43 —, Fuhr ne parvint pas à aider les Maple Leafs à se qualifier pour les éliminatoires.

En 1992-1993, relégué au second plan derrière le jeune et brillant gardien Félix Potvin, Fuhr ne joua que 29 matchs avec les Leafs avant de passer aux Sabres de Buffalo en retour de Dave Andreychuk et de Darren Puppa.

Fuhr, qui fut le premier choix des Oilers au repêchage

Échangé aux Sabres de Buffalo au cours de la saison 1992-1993, Grant Fuhr a partagé le travail avec Dominik Hasek en 1993-1994, et le duo a réussi à gagner le trophée Jennings. Fuhr a conservé une moyenne de 3,68 en 32 matchs.

de 1981, a connu les meilleurs moments de sa carrière en 1987-1988. Durant cette saison, il a conservé une moyenne de buts alloués de 3,43, la

meilleure de sa carrière. Il s'est aussi distingué au cours des éliminatoires, remportant 16 matchs en 19 départs, avec une moyenne de 2,90.

Considéré comme fier compétiteur et gardien d'expérience, Fuhr a joué 32 matchs en 1993-1994, comparativement à 58 pour Dominik Hasek, nouvelle sensation des Sabres. À 32 ans, il peut sûrement faire profiter les Sabres et le jeune Hasek de sa grande expérience.

Grant Fuhr n'a joué qu'une saison complète avec Toronto, en 1991-1992, avant d'être échangé aux Sabres au cours de la campagne suivante.

★ ★ ★ ★ ★

Équipes
Edmonton, Toronto, Buffalo

Trophées
Vézina (1988)
Jennings (1994)

Saison
Parties jouées:	579
Victoires:	288
Blanchissages:	14
Moyenne:	3,65

Éliminatoires
Parties jouées:	119
Victoires:	77
Blanchissages:	3
Moyenne:	3,06

MIKE GARTNER

Mike Gartner, bien posté pour nuire au travail de Patrick Roy même s'il est surveillé par le défenseur Lyle Odelein, a joué trois saisons complètes avec les Rangers. Échangé aux Maple Leafs de Toronto en 1994, il a ainsi raté l'occasion de graver son nom sur la coupe Stanley.

Lorsque Mike Gartner décidera d'accrocher ses patins, il peut être assuré de sa place au Temple de la Renommée du hockey: cet ailier droit jouait en 1993-1994 sa 15e année dans la Ligue nationale, avait toujours marqué au moins 30 buts, et connu huit saisons de 40 buts et plus. Et comme en fait foi la fiche de sa carrière, il avait maintenu une moyenne d'un point par match.

Mike Gartner a commencé sa carrière chez les professionnels dans l'Association mondiale en 1979 avec l'équipe de Cincinnati, la dernière campagne de cette ligue. Il marqua 36 buts et récolta 32 passes en 77 matchs, avant d'être repêché par les Capitals de Washington. Gartner a joué neuf saisons avec les Capitals, dont la meilleure de sa carrière en 1984-1985: 50 buts, 52 passes pour un total de 102 points. Il détient d'ailleurs toujours le record chez les Capitals pour le plus grand nombre de points obtenus par un ailier droit lors d'une saison.

Mike Gartner a terminé la saison 1993-1994 avec les Maple Leafs de Toronto, sa quatrième équipe en 15 ans. Il a d'abord été échangé aux North Stars du Minnesota en mars 1989, puis aux Rangers de New York un an plus tard. Avec l'équipe new-yorkaise, Gartner a marqué 49, 40 et 45 buts au cours de ses trois saisons, avant de passer aux Maple Leafs en retour de l'ailier droit Glenn Anderson. Il a terminé la saison 1993-1994 avec une fiche de 34 buts et 30 passes.

★ ★ ★ ★ ★

Équipes
Cincinnati (AMH), Washington, Minnesota, Rangers de New York, Toronto

Saison
Parties jouées:	1170
Buts:	617
Passes:	554
Points:	1171

Éliminatoires
Parties jouées:	99
Buts:	35
Passes:	45
Points:	80

DOUG GILMOUR

Il est le cœur, l'âme des Maple Leafs de Toronto. Depuis qu'il a été impliqué dans une transaction monstre qui l'a envoyé de Calgary à Toronto, le joueur de centre Doug Gilmour est devenu le leader incontesté de l'équipe dirigée par Pat Burns, le meilleur des siens.

Malgré des campagnes de 46 et de 70 buts avec les Royals de Cornwall dans les rangs juniors, Gilmour ne fut choisi qu'au 134e rang lors du repêchage de la Ligue nationale de 1982. Ce sont les Blues de St. Louis qui optèrent pour ce joueur combatif, qui avait récolté 177 minutes de punition à sa dernière saison chez les juniors.

Gilmour a connu sa meilleure performance avec les Blues en 1986-1987, alors qu'il marqua 42 buts et récolta 63 passes. Après cinq campagnes avec cette équipe, il fut échangé aux Flames de Calgary. Durant trois saisons, Gilmour franchit le cap des 80 points. Le 2 janvier 1992, il fut à nouveau au cœur d'une transaction impliquant pas moins de 10 joueurs — la plus importante de la Ligue en terme de joueurs. En compagnie de ses coéquipiers Jamie Macoun, Rick Nattress, Kent Manderville et Rick Wamsley, Gilmour prit le chemin de Toronto. Les Flames obtinrent en échange Gary Leeman, Alexander Godynyuk, Jeff Reese, Michel Petit et Craig Berube.

À sa première campagne complète dans l'uniforme des Maple Leafs en 1992-1993, Gilmour a dominé les compteurs de son équipe avec 32 buts et 95 passes. Puis, au cours des séries de fin de saison, il a amassé 35 points en 21 matchs.

Pour la première fois de sa carrière, il remporta un trophée, le Selke, remis au meilleur attaquant défensif. Une belle preuve que Gilmour excelle dans les deux sens de la patinoire et qu'il peut aussi bien être utilisé en avantage qu'en désavantage numérique. En remportant ce prix, il est devenu le premier joueur des Leafs à gagner un trophée en 26 ans!

En 1993-1994, Gilmour a connu une saison encore plus productive avec 27 buts et 84 passes. Surnommé *Killer* par ses coéquipiers, Gilmour va à la guerre à tous les matchs. Sa détermination, son arrogance et son talent ont fait de lui le pivot des Leafs.

Le joueur de centre Doug Gilmour tente de déjouer le défenseur Lyle Odelein des Canadiens, lors d'un match disputé au Forum au cours de la saison 1993-1994. Gilmour, Dave Andreychuk et bien sûr le nouveau venu Mats Sundin devraient encore une fois donner des maux de tête aux joueurs adverses au cours de la saison 1994-1995.

★ ★ ★ ★ ★

Équipes
St. Louis, Calgary, Toronto

Trophée
Frank-J.-Selke (1993)

Saison
Parties jouées:	856
Buts:	304
Passes:	632
Points:	936

Éliminatoires
Parties jouées:	123
Buts:	48
Passes:	98
Points:	146

MICHEL GOULET

Pendant 11 ans, Michel Goulet a brillé dans l'uniforme des Nordiques de Québec. Il a établi des records qui n'ont pas encore été égalés, notamment le plus grand nombre de buts, soit 57, marqués en une saison par un joueur.

Michel Goulet a débuté sa carrière chez les professionnels dans l'Association mondiale, avec les Bulls de Birmingham en 1978. L'année suivante, lors de la fusion de l'AMH avec la LNH, Goulet a été le premier choix des Nordiques.

L'ex-numéro 16 de Québec a connu quatre saisons de 100 points et plus et sept campagnes au cours desquelles il a marqué 40 buts et plus. C'est en 1983-1984 qu'il a réussi sa meilleure saison, avec 56 buts et 75 passes pour un total de 121 points. Cette fiche lui conférait le troisième rang des compteurs de la Ligue, derrière Wayne Gretzky et Paul Coffey.

La saison suivante, Goulet marqua 55 buts et fut l'un des grands artisans des succès des Nordiques au cours des élimi-

Michel Goulet, dans l'uniforme des Nordiques, l'équipe avec laquelle il a connu ses plus beaux moments en carrière. L'ailier gauche détient toujours le record de l'équipe pour le plus grand nombre de buts réussis en carrière, soit 456 en 813 matchs.

Même s'il a quelque peu ralenti au cours des dernières années, Michel Goulet demeure toujours un joueur qui peut rapidement changer l'allure d'un match par ses talents de marqueur.

natoires: en 17 parties, il obtint 11 buts et 10 passes. Durant l'un des sept matchs de la finale de division qui opposa les Nordiques aux Canadiens (Québec gagna la série en sept rencontres, grâce à un but réussi par Peter Stastny en prolongation), Goulet brilla en marquant trois buts contre Steve Penney. Les Nordiques s'inclinèrent finalement face aux Flyers lors de la finale de la Conférence Prince-de-Galles.

C'est le 5 mars 1990 que Goulet fut échangé par les Nordiques, transaction qui ne s'avéra pas profitable pour l'équipe de Marcel Aubut. En compagnie du gardien Greg Millen, il fut cédé aux Black Hawks de Chicago en retour de Mario Doyon, de Everett Sanipass et de Daniel Vincelette. Avec les Hawks, au cours des trois saisons qui ont suivi cette transaction, Goulet a marqué successivement 27, 22 et 23 buts et obtenu 65, 63 et 44 points, une production offensive qui aurait sûrement aidé la cause des Nordiques…

Lors de la saison 1993-1994, Goulet n'a disputé que 56 parties, obtenant 16 buts et 14 passes, mais a accompli un exploit

dont il a raison d'être fier: dépasser la marque de 544 buts établie par Maurice Richard au cours de sa carrière.

Le 16 mars 1994, lors d'un match présenté au Forum opposant les Black Hawks aux Canadiens, Goulet était victime d'une sérieuse commotion cérébrale. En raison de cette blessure, Michel Goulet a décidé de prendre sa retraite, après 15 ans dans la Ligue nationale. Voilà sûrement un futur membre du Temple de la Renommée, lui qui figure parmi le club sélect des marqueurs de plus de 500 buts.

★ ★ ★ ★ ★	
Équipes	
Birmingham (AMH), Québec, Chicago	
Saison	
Parties jouées:	1089
Buts:	548
Passes:	604
Points:	1152
Éliminatoires	
Parties jouées:	92
Buts:	39
Passes:	39
Points:	78

WAYNE GRETZKY

Après n'avoir disputé que 45 parties lors de la saison 1992-1993 et évoqué la possibilité de prendre sa retraite à l'issue de la défaite des Kings face aux Canadiens lors de la finale de la coupe Stanley en 1993, Wayne Gretzky en a surpris plus d'un durant la saison 1993-1994...

Gretzky avait éprouvé des problèmes de dos en 1992-1993, mais rien n'y parut en 1993-1994 alors qu'il remporta pour la 10e fois en 15 ans le championnat des compteurs. Pour tout dire, la carrière de Gretzky se résume à un amoncellement de chiffres impres-sionnants. Il détient à ce jour 61 records individuels de la Ligue et le plus récent qu'il a établi est sans doute celui qui était attendu avec le plus d'impatience.

Le 23 mars 1994, Gretzky éclipsait la marque de 801 buts détenue par Gordie Howe en déjouant le gardien Kirk McLean des Canucks de Vancouver. Il a réussi son exploit avec des passes de Marty McSorley et Luc Robitaille devant ses partisans en liesse. Il est ainsi devenu le meilleur marqueur de tous les temps et a mis 11 saisons de moins que Howe pour atteindre

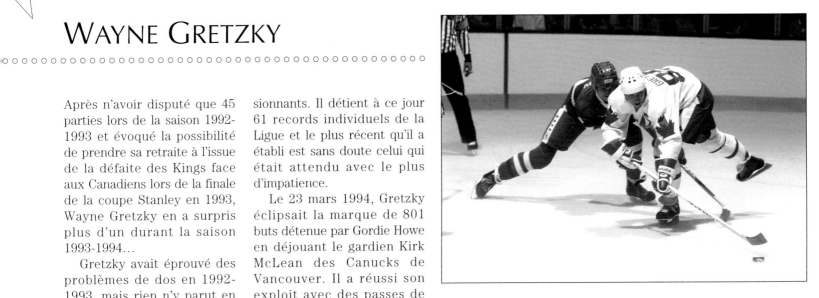

Depuis le début de sa carrière, Wayne Gretzky a porté fièrement à plusieurs reprises les couleurs du Canada lors de compétitions internationales.

ce sommet. Rappelons que Gordie Howe a joué durant 26 saisons dans la LNH, et a pris sa retraite à l'âge de 52 ans. Prochain objectif pour Gretzky: éclipser la marque combinée de 975 buts réussis par Gordie Howe dans la Ligue nationale et l'Association mondiale. Il a aussi manifesté le souhait, s'il peut continuer à exceller et à éviter les blessures, de réussir 3000 points durant sa carrière. Au terme de la saison 1993-1994, il en comptait 2458.

Les succès personnels de Gretzky lors de la saison 1993-1994 ont été ombragés par la piètre tenue des Kings dirigés par Barry Melrose. Ceux-ci n'ont pas réussi à se qualifier pour les éliminatoires. C'était la première fois depuis le début de sa carrière que Gretzky ne participait pas aux séries de fin de saison, lui qui avait réussi 15 buts et 25 passes en 24 parties l'année précédente.

Depuis ses débuts dans la LNH, Gretzky a remporté la coupe Stanley à quatre reprises avec les Oilers. Il a connu sa meilleure saison en 1985-1986

avec 52 buts et 163 passes pour un total de 215 points. Au chapitre des buts, il a éta-bli un record de la Ligue en 1982, terminant la saison avec 92 filets.

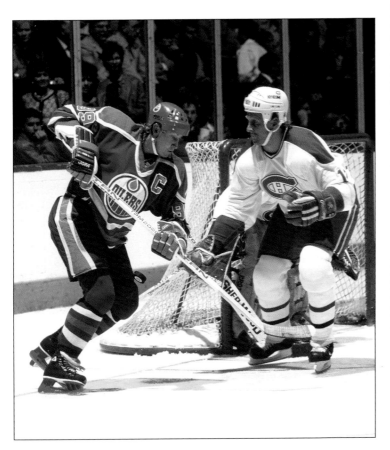

En 1981-1982, Wayne Gretzky accomplissait tout un exploit en parvenant à marquer 92 buts et en récoltant 212 points. À quatre reprises, dans l'uni-forme des Oilers, Gretzky a réussi à atteindre le plateau des 200 points. Il est le seul joueur de l'histoire de la Ligue à avoir accompli cet exploit.

★ ★ ★ ★ ★

Équipes
Edmonton, Los Angeles

Trophées
Art-Ross (1981, 1982, 1983, 1984, 1985, 1986, 1987, 1990, 1991, 1994)
Conn-Smythe (1985, 1988)
Hart (1980, 1981, 1982, 1983, 1984, 1985, 1986, 1987, 1989)
Lady-Byng (1980, 1991, 1992, 1994)
Lester-B.-Pearson (1982, 1983, 1984, 1985, 1987)

Saison
Parties jouées: 1125
Buts: 803
Passes: 1655
Points: 2458

Éliminatoires
Parties jouées: 180
Buts: 110
Passes: 236
Points: 34

DOMINIK HASEK

Âgé de 29 ans au terme de la saison 1993-1994, le gardien de but tchécoslovaque Dominik Hasek a connu la saison la plus merveilleuse de sa carrière. Dans l'uniforme des Sabres de Buffalo, Hasek a disputé 58 matchs, réussi 7 blanchissages et conservé une moyenne de buts alloués de 1,95, la meilleure du circuit. Ses performances lui ont valu de remporter le trophée Vézina, devenant ainsi le premier gardien de but européen à remporter cet honneur depuis Pelle Lindbergh, en 1985. De plus, Hasek et le vétéran Grant Fuhr dominèrent les gardiens du circuit avec une moyenne de 2,57, ne permettant que 218 buts à leurs adversaires au cours de la saison. Ils reçurent donc de ce fait le trophée Jennings.

Dominik Hasek a joué en Tchécoslovaquie de 1981 jusqu'au printemps de 1990. En 1983, il avait été sélectionné au 199e rang lors du repêchage de la Ligue nationale par les Blacks Hawks de Chicago, qui en avaient fait leur 11e choix. Ce n'est qu'en 1990 que Hasek mit les pieds en Amérique et il disputa 5 parties avec les Hawks. C'est cependant dans la Ligue internationale, avec la formation d'Indianapolis, que Hasek s'illustra au cours de la saison 1990-1991. En 33 parties, il conserva une moyenne de 2,52, la meilleure de la ligue, en plus d'être le meneur pour les jeux blancs avec 5.

La saison suivante, il joua 20 parties avec Chicago (moyenne de 2,60), le gardien vedette de l'équipe étant bien sûr Ed Belfour, qui avait remporté la saison précédente les trophées Calder, Vézina et Jennings. La direction des Hawks décida de l'échanger aux Sabres de Buffalo en retour du gardien Stéphane Beauregard, de trois ans son aîné, transaction qui fut conclue le 7 août 1992.

Lors du banquet de remise des trophées de la Ligue nationale en juin 1994, le gardien tchécoslovaque est tout sourire alors qu'il se fait photographier avec le trophée Vézina.

Hasek joua 28 parties avec les Sabres au cours de la saison 1992-1993. Il fut le meilleur gardien des Sabres avec une moyenne de 3,15, comparativement à 3,47 pour Grant Fuhr en 29 parties et 3,58 pour Darren Puppa, qui joua 24 matchs. Puis, en 1993-1994, Hasek, devenu l'homme de confiance de l'entraîneur-chef John Muckler, connut la saison extraordinaire que l'on sait.

Malheureusement, Hasek et les Sabres furent éliminés dès la première ronde des éliminatoires, en 7 parties face aux Devils du New Jersey de Jacques Lemaire. Hasek et le jeune gardien Martin Brodeur, gagnant du trophée Calder, se livrèrent une belle lutte. Un beau duel qui opposait les deux équipes les plus brillantes en défensive du circuit. Hasek n'accorda que 13 buts en 7 matchs, ce qui lui valut une moyenne de 1,61, mais la défensive des Devils et les performances de Brodeur (il ne permit que 10 buts au cours de cette série) virent mettre un terme à la saison de rêve de Hasek.

Dominik Hasek a multiplié les prodiges devant le filet des Sabres de Buffalo au cours de la campagne 1993-1994, sa première véritable saison complète dans la Ligue.

★ ★ ★ ★ ★	
Équipes	
Chicago, Buffalo	
Trophées	
Vézina (1994)	
Jennings (1994)	
Saison	
Parties jouées:	290
Victoires:	146
Blanchissages:	23
Moyenne:	2,36
Éliminatoires	
Parties jouées:	14
Victoires:	4
Blanchissages:	2
Moyenne:	1,51

DALE HAWERCHUK

Dale Hawerchuk avait 18 ans lorsqu'il termina sa dernière année chez les juniors, avec les Royals de Cornwall. Ses 81 buts et 102 passes amenèrent les dirigeants des Jets de Winnipeg à en faire le tout premier choix du repêchage.

À sa première année avec les Jets, Hawerchuk remporta le trophée Calder avec 45 buts et 58 passes. Joueur de centre étoile des Jets durant neuf saisons, Hawerchuk marqua 40 buts et plus à sept reprises et obtint 100 points et plus au cours de six campagnes. Il connut sa meilleure année en 1984-1985 alors qu'il marqua 53 buts et récolta 77 passes pour un total de 130 points. Hawerchuk termina ainsi au troisième rang des compteurs de la Ligue derrière Wayne Gretzky et Jari Kurri. Le 6 mars 1984, il établit un record qu'il détient toujours en obtenant cinq passes au cours d'une même période, contre les Kings de Los Angeles. Malgré tout, Dale Hawerchuk a sans doute été, au cours des années 1980, l'un des joueurs de centre les plus méconnus de la Ligue. Les choses auraient probablement été différentes s'il avait joué pour une autre équipe.

Même en comptant dans leurs rangs un joueur étoile de la trempe de Hawerchuk, les Jets n'ont jamais réussi à remporter une finale de leur division au cours des éliminatoires. Hawerchuk n'a donc certes pas versé de larmes lorsqu'il a été échangé aux Sabres de Buffalo le 16 juin 1990, en retour de Phil Housley, Scott Arniel et Jeff Parker.

À sa première saison avec les Sabres, Hawerchuk céda son poste de centre numéro un à Pierre Turgeon, mais connut tout de même une excellente campagne en réussissant 31 buts et 58 passes. Puis, au cours des deux saisons suivantes, c'est dans l'ombre de Pat LaFontaine que Hawerchuk joua, diminuant sa production en tant que marqueur (23 et 16 buts), haussant toutefois son nombre de passes (75 et 80).

L'an dernier, Hawerchuk a pris l'offensive des Sabres en mains en l'absence de LaFontaine, blessé, qui n'a disputé que 16 matchs. Le joueur de centre a réussi 35 buts et 51 passes pour terminer au premier rang des compteurs de son équipe.

En 1993-1994, Dale Hawerchuk a connu sa saison la plus productive avec les Sabres en terme de buts, réussissant 35 filets. Il a terminé la saison avec 86 points, lui qui n'a jamais obtenu moins de 81 points en une saison depuis ses débuts dans la Ligue nationale.

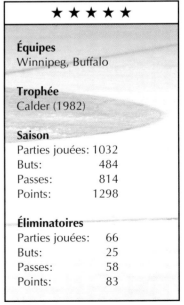

★ ★ ★ ★ ★

Équipes
Winnipeg, Buffalo

Trophée
Calder (1982)

Saison
Parties jouées:	1032
Buts:	484
Passes:	814
Points:	1298

Éliminatoires
Parties jouées:	66
Buts:	25
Passes:	58
Points:	83

RON HEXTALL

En 1993-1994, le vétéran gardien de but Ron Hextall a connu sa meilleure saison depuis sa première campagne dans la LNH avec les Flyers. Dans l'uniforme des Islanders, Hextall n'a remporté que 27 parties en 65 départs, mais a conservé une moyenne de buts alloués de 3,00 et réussi cinq blanchissages (il en avait enregistré quatre dans sa carrière).

Sixième choix des Flyers au repêchage de 1982 (le 119e au total), ce n'est qu'à l'automne 1986 que Hextall a enfin eu la chance d'évoluer dans la Ligue nationale. La saison précédente, avec les Bears de Hershey dans la Ligue américaine, il avait disputé 53 parties, remporté 30 victoires, réussi cinq jeux blancs et conservé une moyenne de 3,41.

Hextall n'a pas raté sa chance. En 66 matchs (le seul gardien à avoir joué autant de parties cette saison-là), il a présenté une moyenne de 3,00, ce qui lui a valu le trophée Vézina. Lors des éliminatoires, il mena les Flyers jusqu'à la finale contre les Oilers qui la remportèrent, avec Gretzky et sa bande, en sept matchs. Ses 15 victoires en 26 parties et son excellente moyenne de buts alloués de 2,77 lui permirent de remporter le trophée Conn-Smythe. Il devenait du même coup le premier joueur, depuis Reggie Leach des Flyers en 1976, à remporter ce trophée sans être membre de l'équipe gagnante de la coupe Stanley.

Entre autres exploits, Hextall a réussi à marquer un but dans un filet désert le 8 décembre 1987, contre les Bruins de Boston, et à récidiver le 11 avril 1989, lors des éliminatoires contre les Capitals de Washington.

C'est avec les Flyers de Philadelphie que Ron Hextall a connu ses meilleurs moments en carrière, particulièrement en 1987 alors qu'il a remporté ses deux seuls trophées en carrière.

Après six saisons avec les Flyers, Hextall a été impliqué dans la transaction majeure entre Philadelphie et Québec, qui a envoyé Eric Lindros aux Flyers. Hextall n'a joué qu'une saison avec les Nordiques, conservant une moyenne de 3,45. En juin 1993, il passait aux Islanders de New York en échange du gardien Mark Fitzpatrick.

Hextall a toujours aimé contrôler la rondelle autour de son filet et effectuer des passes à ses défenseurs. Outre son audace, son tempérament bouillant lui a valu plusieurs suspensions pour des gestes regrettables envers ses adversaires. On se souviendra notamment des éliminatoires de 1989, alors qu'il s'était attaqué au défenseur des Canadiens Chris Chelios.

Dans l'uniforme des Islanders de New York, sa troisième équipe depuis ses débuts dans la LNH, Ron Hextall effectue un bel arrêt aux dépens de Vincent Damphousse des Canadiens.

★ ★ ★ ★ ★

Équipes
Philadelphie, Québec, Islanders de New York

Trophées
Vézina (1987)
Conn-Smythe (1987)

Saison
Parties jouées:	400
Victoires:	186
Blanchissages:	9
Moyenne:	3,27

Éliminatoires
Parties jouées:	57
Victoires:	27
Blanchissages:	2
Moyenne:	3,31

PHIL HOUSLEY

Dommage que le vétéran défenseur Phil Housley ait été contraint de rater la majeure partie de la saison 1993-1994 en raison d'une blessure. Tout s'annonçait pourtant bien pour lui... Au cours de la campagne 1992-1993, Housley avait connu les meilleurs moments de sa carrière, dans l'uniforme des Jets de Winnipeg, récoltant 18 buts et 79 passes pour un total de 97 points.

Phil Housley a fait ses débuts avec les Sabres de Buffalo en 1982, après avoir été le premier choix de cette équipe (sixième au total) au repêchage de la Ligue. Housley n'a jamais été le défenseur le plus spectaculaire, mais les statistiques en disent long sur la valeur offensive de ce joueur. Depuis son arrivée dans la Ligue, mise à part la saison 1993-1994, il a toujours obtenu plus de 60 points par année. Avec les Sabres, il a même déjà réussi 31 buts, à sa deuxième campagne avec l'équipe.

Ce défenseur, natif du Minnesota, a joué huit saisons avec les Sabres avant d'être échangé aux Jets de Winnipeg, en retour du joueur de centre Dale Hawerchuk. Une transaction qui s'est avérée profitable pour les deux équipes, Housley apportant de l'expérience à la ligne bleue des Jets en plus d'un élément indispensable en avantage numérique. Housley a marqué 23 buts à deux reprises, puis 18 en 1992-1993 avec les Jets, récoltant successivement 76, 86 et 97 points.

À la suite d'une absence prolongée lors de la saison 1993-1994 — il ne joua que 26 parties, amassant sept buts et 15 passes —, Housley fut échangé aux Blues de St. Louis en retour, entre autres, du joueur de centre Nelson Emerson. Avec Steve Duchesne, également acquis au cours de la campagne 1993-1994, les Blues de St. Louis pouvaient désormais compter sur un duo qui excelle autant à la défensive qu'à l'offensive.

Avant le début de la saison 1994-1995, Phil Housley détenait le record, qu'il a lui-même éclipsé par la suite, pour le plus grand nombre de points obtenus par un défenseur lors d'une saison, à la fois avec les Sabres (81) et les Jets (97).

Phil Housley en est à sa 13ᵉ saison dans la Ligue nationale en 1994-1995. Du nombre, il a joué durant huit ans avec les Sabres de Buffalo.

★ ★ ★ ★ ★

Équipes
Buffalo, Winnipeg, St. Louis, Calgary

Saison

Parties jouées:	866
Buts:	249
Passes:	590
Points:	839

Éliminatoires

Parties jouées:	52
Buts:	13
Passes:	29
Points:	42

BRETT HULL

Quel vol! Lorsque les Flames de Calgary échangèrent Brett Hull et Steve Bozek aux Blues de St. Louis le 7 mars 1988, en retour du défenseur Rob Ramage et du gardien Rick Wamsley, ils étaient loin de se douter qu'ils venaient de perdre une future grande vedette de la Ligue.

Brett Hull a connu quatre saisons de plus de 100 points avec les Blues. Au cours des six dernières campagnes, il a marqué pas moins de 380 buts! En 1993-1994, il a frôlé la marque des 100 points, en réussissant 57 buts et 40 passes, pour un total de 97 points.

Comme son célèbre paternel Bobby, Brett a l'instinct du marqueur. Il possède un lancer du poignet ultra-rapide qui n'est pas sans rappeler celui utilisé par Mike Bossy avec les Islanders de New York. Il est aussi, malgré les apparences et son style de jeu, un patineur très rapide et surtout très costaud. Comme son père Bobby l'a

réussi avant lui, il a remporté les trophées Lady-Byng et Hart. Lors de la saison 1993-1994, il a égalé une statistique de son père en marquant 50 buts et plus au cours de cinq saisons. Contrairement à Bobby Hull, Brett a réussi l'exploit cinq fois d'affilée.

Brett Hull a connu sa meilleure saison avec les Blues en 1990-1991 en réussissant 86 buts et 45 passes, pour un total de 131 points. Il a terminé au deuxième rang des compteurs de la Ligue derrière l'incroyable Wayne Gretzky, qui avait réussi 41 buts et 122 passes avec les Kings.

En fait, au cours de trois saisons, soit de 1990 à 1992, Hull a dominé les marqueurs de la Ligue nationale au chapitre des buts, parvenant à déjouer les gardiens adverses respectivement à 72, 86 et 70 reprises. En 1993-1994, Brett Hull a franchi le cap des 50 buts pour la cinquième fois consécutive de sa carrière, un exploit que son

Brett Hull a été acquis par les Blues de St. Louis en 1988 et à sa première saison avec l'équipe, en 1988-1989, il réussissait 41 buts et 43 passes.

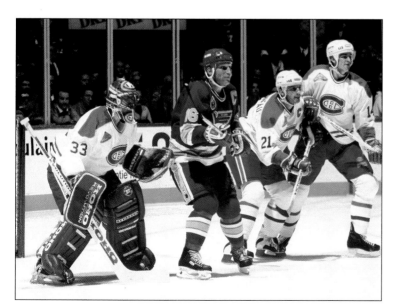

Le capitaine des Blues est surveillé étroitement par le capitaine des Canadiens, Guy Carbonneau, devant le filet de Patrick Roy.

paternel a réussi en 1971-1972 avec Chicago (50 buts), puis au cours des quatre saisons suivantes avec les Jets de Winnipeg dans l'AMH (il a inscrit dans l'ordre 51, 53, 77 et 53 buts). Le fils a de toute évidence hérité des talents de marqueur de son illustre père.

L'ailier droit des Blues n'est âgé que de 30 ans et tout porte à croire qu'il pourrait bien parvenir à faire mieux que son paternel, qui a marqué 610 buts en 1063 matchs dans la Ligue nationale. S'il maintient le rythme des six dernières années, il ne lui faudra à peine plus de trois saisons pour atteindre la marque réussie par son père.

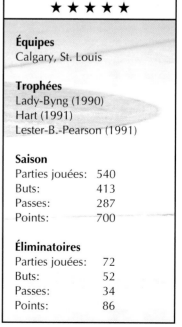

★ ★ ★ ★ ★

Équipes
Calgary, St. Louis

Trophées
Lady-Byng (1990)
Hart (1991)
Lester-B.-Pearson (1991)

Saison
Parties jouées:	540
Buts:	413
Passes:	287
Points:	700

Éliminatoires
Parties jouées:	72
Buts:	52
Passes:	34
Points:	86

DALE HUNTER

Est-ce une coïncidence? Au cours des cinq saisons qui ont suivi la transaction envoyant le joueur de centre Dale Hunter aux Capitals de Washington, les Nordiques de Québec ne se sont pas qualifiés pour les éliminatoires. Hunter, qui a joué durant sept campagnes dans l'uniforme fleurdelisé, était le cœur des Nordiques. Meneur autant sur la glace que dans le vestiaire, il s'est rapidement acclimaté à sa nouvelle équipe.

En 1992-1993, à sa sixième saison avec les Capitals, Hunter a égalé sa meilleure campagne avec les Nordiques, en 1983-1984, obtenant 20 buts et 59 passes. Sans être un grand marqueur, Dale Hunter a toujours su déranger ses adversaires et les provoquer. En 14 saisons dans la Ligue, il a connu 11 campagnes de plus de 200 minutes de punition. Une véritable peste qui, on s'en souviendra, a eu maille à partir avec bien des joueurs

Le gardien Steve Penney parvient de justesse à stopper la rondelle lancée par Dale Hunter, posté dangereusement à l'embouchure du filet des Canadiens.

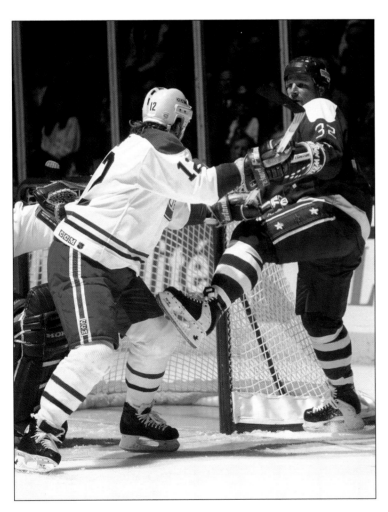

Hunter, un favori des partisans de Québec lorsqu'il évoluait avec les Nordiques, a entamé en 1994-1995 sa 15e saison dans la Ligue nationale.

des Canadiens à l'époque de la grande rivalité Québec-Montréal au début des années 1980.

À sa dernière année dans les rangs juniors, Hunter avait connu une saison de 42 buts et 68 passes avec Sudbury. Il fut le deuxième choix de Québec au repêchage de 1979 et devint rapidement l'un des préférés des partisans des Nordiques par sa détermination. Rarement blessé — il a disputé tous les matchs durant neuf saisons —, Hunter a été suspendu pour 21 matchs en 1993. Cette suspension a été en vigueur au début de la campagne 1993-1994, par suite de son geste contre Pierre Turgeon des Islanders au cours de la demi-finale de la division Patrick. Il n'a joué que 52 parties en 1993-1994, réussissant neuf buts et 29 passes.

Mais au-delà de sa contribution offensive, c'est par sa présence sur la glace et sa combativité, que Dale Hunter se rend utile à son équipe.

★ ★ ★ ★ ★

Équipes
Québec, Washington

Saison
Parties jouées: 1054
Buts: 278
Passes: 599
Points: 877

Éliminatoires
Parties jouées: 129
Buts: 36
Passes: 58
Points: 94

AL IAFRATE

○ ○

Voilà déjà quelques années que le défenseur Al Iafrate dit à qui veut l'entendre que selon lui, Raymond Bourque est le meilleur défenseur de la Ligue.

L'arrière de 1,88 mètre (6 pieds, 3 pouces) ne s'attendait certes pas à devenir le coéquipier de ce même Bourque, au cours de la saison 1993-1994!

C'est le 21 mars 1994, avec seulement 12 matchs à jouer au calendrier, que Iafrate a été échangé par les Capitals de Washington aux Bruins de Boston, en retour du joueur de centre Joé Juneau. Iafrate, défenseur robuste choisi à quatre reprises dans les équipes d'étoiles, en était à sa troi-

sième saison dans l'uniforme des Capitals. Il avait été échangé à cette équipe par les Maple Leafs de Toronto au milieu de la saison 1990-1991, en retour du joueur de centre Peter Zezel et du défenseur Bob Rouse.

Premier choix de Toronto au repêchage de 1984, Iafrate s'est rapidement imposé par son jeu viril et son lancer frappé de plus de 160 km/h (100 m/h). Outre ses performances à la défensive, Iafrate a démontré ses talents à l'attaque, marquant 20 buts à trois reprises. En 1992-1993, sa meilleure campagne, il a obtenu 25 buts et 41 passes.

En 1993-1994, Iafrate a terminé la saison avec une fiche de 15 buts et 43 passes. Âgé de 28 ans avant le début de la campagne 1994-1995, six ans de moins que Bourque, Iafrate apportera de la stabilité à la défensive des Bruins et secondera le 77 lors des avantages et désavantages numériques des Bruins. Surnommé *Wild thing* par ses coéquipiers parce qu'il est un adepte de musique *heavy metal*, il en est à sa 11e saison dans la Ligue nationale.

Ex-défenseur étoile avec les Capitals de Washington, Al Iafrate devrait être l'un des éléments clés des succès des Bruins de Boston au cours des prochaines saisons.

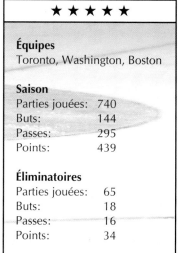

★ ★ ★ ★ ★

Équipes
Toronto, Washington, Boston

Saison
Parties jouées:	740
Buts:	144
Passes:	295
Points:	439

Éliminatoires
Parties jouées:	65
Buts:	18
Passes:	16
Points:	34

CURTIS JOSEPH

Le gardien de but Curtis Joseph a prouvé hors de tout doute, au cours des éliminatoires en 1993, qu'il était l'un des meilleurs de sa profession. Après avoir aidé les Blues à vaincre les Black Hawks de Chicago en quatre matchs, n'accordant que six buts et réussissant deux jeux blancs, Joseph a mené la vie dure aux joueurs des Maple Leafs de Toronto. En finale de la Conférence Clarence-Campbell, Joseph a accompli des prodiges devant sa cage, poussant la série jusqu'au septième match, avant que l'équipe de Pat Burns ne triomphe.

Curtis Joseph attira l'attention des dirigeants des Blues de St. Louis au cours de la saison 1988-1989, alors qu'il évoluait avec l'équipe de l'université du Wisconsin. En 38 parties, il conserva une moyenne de buts alloués de 2,49 et remporta 21 victoires. Il fut proclamé la recrue et le joueur de l'année au sein de cette ligue. Les Blues lui firent signer un contrat à titre d'agent libre en juin 1989 et il fit ses débuts avec l'équipe au cours de la saison 1989-1990, disputant 15 matchs et affichant une moyenne de 3,38.

Joseph est devenu le gardien numéro un de l'équipe en 1991-1992, alors qu'il a disputé 60 matchs et affiché une moyenne de 3,01, sa meilleure en carrière chez les professionnels. La saison suivante, à la grande joie des partisans et de l'organisation des Blues, il répéta ses exploits, avec cette fois une moyenne de 3,02.

En 1993-1994, Joseph a joué 71 parties, le nombre le plus élevé de sa carrière, et a conservé une moyenne de 3,10, remportant pour la première fois plus de 30 victoires en une saison, soit 36 en 71 départs. Joseph a terminé au quatrième rang lors du vote pour l'attribution du trophée Vézina, derrière Dominik Hasek, John Vanbiesbrouck et Patrick Roy. Malheureusement, les Blues ont déçu leurs partisans au cours des éliminatoires, lorsqu'ils se sont inclinés en quatre matchs consécutifs face aux Stars de Dallas, Joseph accordant 15 buts en quatre parties à la troupe dirigée par Bob Gainey. En 1994-1995, avec devant lui des défenseurs aussi expérimentés que Steve Duchesne et Al MacInnis, ainsi que le jeune Daniel Laperrière, l'un des beaux espoirs de l'organisation, sans compter la présence des experts en défensive Guy Carbonneau et Esa Tikkanen, Curtis Joseph pourrait bien figurer à nouveau parmi les meilleurs gardiens de la Ligue. Chose certaine, le nouvel entraîneur-chef des Blues, Mike Keenan, entend tout mettre en œuvre pour remporter la coupe Stanley une seconde fois, après avoir réussi l'exploit au printemps de 1994 avec les Rangers de New York. Après avoir dirigé le gardien Mike Richter des Rangers, Mike Keenan s'attend sûrement à de grandes choses de la part de Curtis Joseph, âgé seulement de 26 ans avant le début de la saison 1994-1995.

Curtis Joseph, face aux Canadiens, lors d'un match disputé au Forum au cours de la saison 1992-1993. Cette année-là, en éliminatoires, il fut le seul gardien à réussir deux blanchissages.

★ ★ ★ ★ ★

Équipe
St. Louis

Saison
Parties jouées:	244
Victoires:	117
Blanchissages:	4
Moyenne:	3,07

Éliminatoires
Parties jouées:	27
Victoires:	13
Blanchissages:	2
Moyenne:	2,99

PAT LaFONTAINE

Le 25 octobre 1991, les Islanders de New York et les Sabres de Buffalo procédaient à une transaction majeure. Deux joueurs de centre vedettes, adulés par les partisans, changeaient de camp: Pat LaFontaine passait aux Sabres, en retour de Pierre Turgeon. LaFontaine, vétéran de sept saisons complètes avec New York (il avait disputé 15 matchs avec l'équipe en 1983-1984, avant d'entreprendre sa première véritable saison avec les Islanders à l'automne 1984), était alors âgé de 26 ans. Pierre Turgeon, qui avait fait ses débuts avec les Sabres à 18 ans en 1987, en avait 22.

Depuis ces changements, les deux joueurs se sont avérés des acquisitions profitables pour leurs équipes respectives. LaFontaine, que les amateurs de hockey junior ont eu la chance de voir évoluer au Québec en 1982-1983 alors qu'il faisait des prouesses dans l'uniforme du Canadien Junior de Verdun (104 buts et 130 passes en 70 parties!), a connu la meilleure saison de sa carrière avec les Sabres en 1992-1993. En 84 matchs, il a récolté 53 buts et 95 passes pour un total de 148 points, s'élevant au deuxième rang des compteurs derrière Mario Lemieux. Malheureusement, en raison d'une blessure à un genou, LaFontaine n'a disputé que 16 rencontres en 1993-1994, obtenant cinq buts et 13 passes. Une lourde perte pour les Sabres.

Pat LaFontaine avait été le premier choix des Islanders lors du repêchage de 1983, le troisième au total, derrière Brian Lawton choisi par les North Stars et Sylvain Turgeon, sélectionné par les Whalers.

Pat LaFontaine entend répéter ses exploits de la campagne 1992-1993 au cours de la nouvelle saison, alors qu'il avait obtenu 53 buts et 148 passes.

Mis en échec par le défenseur Mathieu Schneider, Pat LaFontaine tente tant bien que mal de déjouer Patrick Roy.

Cette année fut profitable aux équipes de la Ligue nationale puisque plusieurs bons joueurs furent sélectionnés. Parmi ceux-ci, notons Steve Yzerman (quatrième choix, Detroit), Tom Barrasso (cinquième choix, Buffalo), John MacLean (sixième choix, New Jersey), Russ Courtnall (septième choix, Toronto) et Cam Neely (neuvième choix, Vancouver).

L'un des plus rapides et des plus élégants patineurs de la Ligue, LaFontaine a compté au moins 40 buts à six reprises depuis ses débuts et connu deux saisons de 100 points et plus. LaFontaine mettra sûrement tout en œuvre en 1994-1995, avec l'aide des Hawerchuk et Mogilny, pour aider les Sabres de Buffalo à atteindre leur but ultime: la première coupe Stanley de leur histoire.

★ ★ ★ ★ ★	
Équipes	
Islanders de New York, Buffalo	
Saison	
Parties jouées:	687
Buts:	391
Passes:	434
Points:	825
Éliminatoires	
Parties jouées:	64
Buts:	24
Passes:	34
Points:	58

STEVE LARMER

Après avoir connu des saisons de 37, 45 et 55 buts avec les Thunder de Niagara Falls dans la ligue junior de l'Ontario, Steve Larmer a fait ses débuts avec les Black Hawks de Chicago en 1982-1983. L'ailier droit a alors remporté le trophée Calder attribué à la meilleure recrue de l'année, devant Phil Housley des Sabres de Buffalo, grâce à ses 43 buts et 47 passes réussis en 80 matchs. C'était là le début d'une brillante carrière pour ce joueur qui n'a jamais cessé de produire, année après année.

En 12 saisons dans la Ligue, Steve Larmer a réussi neuf saisons de 30 buts et plus et n'a jamais obtenu moins de 60 points. Malgré ses succès dans les rangs juniors, Larmer n'a été que le 11e choix des Black Hawks, le 120e au total, lors du repêchage de 1980. La même année, Chicago fit de Denis Savard son tout premier choix, joueur qui, en compagnie de Steve Larmer, allait former un duo explosif durant les années 1980.

Larmer, compteur naturel, a connu sa meilleure saison en 1990-1991 alors qu'il présentait une fiche de 43 buts et 47 passes. Incroyable, mais depuis ses débuts avec les Black Hawks jusqu'à la fin de la saison 1992-1993, Larmer n'a jamais raté un match, en 11 ans!

Au cours de la saison 1993-1994, Larmer fut échangé aux Rangers de New York. En 68 parties, il a réussi 21 buts et 39 passes, terminant au cinquième rang des compteurs de son équipe. La prochaine étape de la carrière de Larmer sera l'obtention de son 1000e point dans la Ligue nationale.

Steve Larmer a réussi à atteindre le cap des 20 buts pour une 12e année consécutive, cette fois avec les Rangers, après avoir joué à Chicago depuis son entrée dans la Ligue, en 1980-1981.

★ ★ ★ ★ ★

Équipes
Chicago, Rangers de New York

Trophée
Calder (1983)

Saison
Parties jouées:	959
Buts:	427
Passes:	556
Points:	983

Éliminatoires
Parties jouées:	130
Buts:	54
Passes:	73
Points:	127

BRIAN LEETCH

Lorsque Brian Leetch a terminé la saison 1991-1992 avec 22 buts et 80 passes pour un total de 102 points, il est entré du même coup dans un club sélect: celui des rares défenseurs à avoir amassé au moins 100 points en une saison au cours de leur carrière. Leetch est devenu le quatrième arrière à réussir cet exploit, après Bobby Orr, Paul Coffey, Denis Potvin et Al MacInnis.

À sa première saison avec les Rangers, Leetch en a mis plein la vue à son entraîneur Michel Bergeron, obtenant 23 buts et 48 passes. Il a d'ailleurs établi un record de la Ligue pour le plus grand nombre de buts marqués par un défenseur recrue. On lui décerna le trophée Calder, remis à la meilleure recrue (il devança Trevor Linden des Canucks au scrutin). Né au Texas et ex-membre de l'équipe nationale américaine (13 buts et 61 passes en 50 parties en 1987-1988), il n'était pas sans rappeler par son habileté les beaux jours de Brad Park avec la même équipe au début des années 1970.

En 1993-1994, Leetch a égalé sa marque de 23 buts, en plus de récolter 56 passes. Un beau retour pour ce joueur qui, la saison précédente, n'avait disputé que 36 parties en raison de blessures à la cheville, à l'épaule et au cou. Malgré tout, il a récolté en 1992-1993 un total de 36 points en 36 parties. Leetch fut le premier choix des Rangers au repêchage de 1986, le neuvième au total, deux autres défenseurs étant sélectionnés avant lui: Zarley Zalapski par les Penguins de Pittsburgh (quatrième rang) et Shawn Anderson, un choix des Sabres de Buffalo, en cinquième position.

Considéré à juste titre comme l'un des meilleurs défenseurs de la Ligue, Brian Leetch a été le meilleur compteur au cours des éliminatoires de 1994. Sa performance de 11 buts et 23 passes en 23 matchs lui a valu l'obtention du trophée Conn-Smythe, remis au meilleur joueur des éliminatoires. Il a certes été l'un des joueurs clés des Rangers, permettant à cette équipe de remporter la coupe Stanley pour la première fois depuis 1940.

L'un des leaders des Rangers au cours de la saison 1993-1994, et particulièrement lors des éliminatoires, Brian Leetch a ajouté deux autres trophées à sa collection, soit le Conn-Smythe et, bien sûr, la coupe Stanley.

★ ★ ★ ★ ★

Équipe
Rangers de New York

Trophées
Calder (1989)
James-Norris (1992)
Conn-Smythe (1994)

Saison
Parties jouées:	437
Buts:	103
Passes:	343
Points:	446

Éliminatoires
Parties jouées:	46
Buts:	19
Passes:	39
Points:	58

CLAUDE LEMIEUX

En 1985-1986, Claude Lemieux a disputé 10 parties avec les Canadiens, lui qui évoluait avec les Canadiens de Sherbrooke de la Ligue américaine. Dix matchs, un but et deux passes, mais le jeune Lemieux, alors âgé de 20 ans, en faisait déjà voir de toutes les couleurs à ses adversaires. On connaît la suite: Lemieux fut l'un des meilleurs joueurs des Canadiens au cours des éliminatoires et ses 10 buts et six passes en 20 parties aidèrent l'équipe à remporter la 23e coupe Stanley de son histoire.

Tous les partisans des Canadiens ont en mémoire ce but gagnant marqué en prolongation, lors du septième match contre les Whalers de Hartford, lors des séries de fin de saison de 1986. Sans doute l'un des buts les plus importants de sa carrière, sinon le plus important. Les Canadiens accédèrent ainsi à la finale de la Conférence Prince-de-Galles contre les Rangers de New York et… Claude Lemieux marqua à nouveau en prolongation pour procurer une victoire à son équipe.

Claude Lemieux, deuxième choix des Canadiens au repêchage de 1983, avait obtenu 58 buts et 66 passes avec Verdun dans la Ligue de hockey junior majeur du Québec en 1984-1985, sa dernière campagne chez les juniors. Au cours des séries de fin de saison, il marqua 23 buts et récolta 17 passes en seulement 14 matchs, ce qui lui assura le titre de joueur le plus utile lors des éliminatoires.

Sans être un marqueur redoutable — il a tout de même marqué 30 buts et plus à quatre reprises et même réussi 41 buts en 1991-1992 —, ses mises en échec, sa ténacité et son langage sur la glace lui ont valu toute une réputation dans le circuit Bettman. Un peu comme Dale Hunter.

Le 4 septembre 1990, Lemieux était échangé aux Devils du New Jersey en retour de Sylvain Turgeon. Une transaction qui profita avant tout aux Devils, puisque Lemieux a marqué successivement 30, 41, 30 et 18 buts, au cours des quatre saisons suivantes. Aux prises avec des problèmes personnels, Lemieux a éprouvé des difficultés à se concentrer sur son jeu en 1993-1994. Son entraîneur-chef, Jacques Lemaire, l'a d'ailleurs envoyé se reposer en Floride durant quelques jours. Il a finalement terminé la saison avec 44 points, mais au cours des éliminatoires, il a été l'un des meilleurs attaquants des siens.

Claude Lemieux s'est avéré la bougie d'allumage des Devils du New Jersey lors des éliminatoires de 1994. Ce vétéran ailier droit devrait revenir en force en 1994-1995, après avoir marqué seulement 18 buts en 1993-1994 et connu des saisons de 30, 41 et 30 filets avec les Devils.

★ ★ ★ ★ ★

Équipes
Montréal, New Jersey

Saison
Parties jouées:	589
Buts:	216
Passes:	213
Points:	429

Éliminatoires
Parties jouées:	116
Buts:	39
Passes:	37
Points:	76

MARIO LEMIEUX

Avant le début de la saison 1994-1995, si Mario Lemieux avait été en santé et avait pu participer à tous les matchs de la saison depuis son entrée dans la Ligue nationale, il aurait disputé 808 parties. Au lieu de cela, il en a joué 599 qui lui ont permis d'amasser 1211 points, soit une moyenne de deux points par match!

Maux de dos répétés, maladie de Hodgkin — forme de cancer diagnostiquée par les médecins en janvier 1993 —, Mario Lemieux a eu sa part de malchances depuis son entrée dans la Ligue. La saison 1993-1994 a probablement été l'une des plus frustrantes puisqu'il n'a joué que 22 matchs avec les Penguins, accumulant tout de même 17 buts et 20 passes. Mais au cours des séries de fin de saison, les Penguins se sont fait éliminer par les Capitals de Washington dès la première ronde en six parties, Lemieux étant tout de même le meilleur des siens avec quatre buts et trois passes. À l'issue de cette défaite, Mario Lemieux confirmait d'ailleurs qu'il songeait sérieusement à accrocher ses patins.

Il est vrai que lorsqu'on est considéré comme le meilleur joueur de hockey au monde, que l'on a réussi à remporter le championnat des compteurs (1988, 1989, 1992, 1993), le trophée Conn-Smythe (1991, 1992) et plusieurs autres honneurs individuels, sans oublier bien sûr la conquête de la coupe Stanley à deux reprises, et que la maladie vous empêche de donner votre pleine mesure, la situation doit être terriblement frustrante. Personne, sauf peut-être Wayne Gretzky, n'a autant dominé son sport. À sa première saison dans la Ligue, il remportait le trophée Calder avec 43 buts et 57 passes pour un total de 100 points. Il allait par la suite connaître sept autres saisons de 100 points et plus, dont la plus productive en 1988-1989. En 76 parties, il inscrivit 85 buts et 114 passes pour un total de 199 points. Il remporta le championnat des compteurs, 31 points devant Wayne Gretzky, et vint à un point de devenir le deuxième joueur de l'histoire, après Gretzky, à obtenir 200 points au cours d'une saison. Wayne Gretzky a réussi cet exploit à quatre reprises au cours de sa carrière.

Mario Lemieux a accompli des prodiges sur la glace, a ébloui les amateurs de hockey par ses feintes savantes et sa facilité à marquer des buts ou à en préparer pour ses coéquipiers. Le plus dur combat qu'il aura eu à livrer aura par contre été en dehors de la patinoire. On se rappellera sa détermination farouche pour revenir au jeu et poursuivre sa carrière. En août 1994, il annonçait qu'il prenait une année de repos; il tentera de revenir au jeu en 1995-1996.

Reviendra, reviendra pas? Mario Lemieux devra-t-il envisager sérieusement d'accrocher ses patins? Mystère...

★ ★ ★ ★ ★

Équipe
Pittsburgh

Trophées
Calder (1985)
Lester-B.-Pearson (1986, 1988, 1993)
Hart (1988, 1993)
Art-Ross (1988, 1989, 1992, 1993)
Conn-Smythe (1991, 1992)
Bill-Masterton (1993)

Saison

Parties jouées:	599
Buts:	494
Passes:	717
Points:	1211

Éliminatoires

Parties jouées:	66
Buts:	56
Passes:	66
Points:	122

TREVOR LINDEN

Seulement à sa quatrième saison dans la Ligue nationale, en 1991-1992, Trevor Linden était déjà nommé capitaine des Canucks de Vancouver. Une marque de confiance qui démontre bien à quel point on mise beaucoup sur cet ailier droit.

Trevor Linden venait de connaître une saison brillante avec l'équipe de Medecine Hat en 1987-1988 (46 buts, 64 passes) lorsque les Canucks en firent leur premier choix au repêchage de la Ligue nationale en juin 1988. Il fut le deuxième joueur choisi cette année-là, après Mike Modano, recruté par les North Stars du Minnesota.

Dès sa première saison avec les Canucks, Linden rata de peu le trophée Calder accordé à la meilleure recrue (il finit deuxième au scrutin, derrière Brian Leetch des Rangers). Il termina la campagne 1988-1989 avec une fiche de 30 buts et 29 passes.

Depuis son entrée dans la Ligue il y a six ans, Linden a obtenu au moins 30 buts au cours de cinq saisons. Sa meilleure campagne fut celle de 1991-1992, alors qu'il obtint 75 points (31 buts et 44 passes). En 1993-1994, il a amassé 60 points et plus pour une quatrième année consécutive avec ses 32 buts et 29 passes pour un total de 61 points.

Âgé seulement de 24 ans avant le début de la campagne 1994-1995, Trevor Linden demeure, avec Pavel Bure, l'un des meilleurs joueurs d'avenir pour les Canucks. Pour la quatrième saison consécutive en 1993-1994, il a disputé tous les matchs du calendrier régulier. Au cours des éliminatoires de 1994, alors que les Canucks ont tour à tour éliminé les Flames de Calgary, les Stars de Dallas et les Maple Leafs de Toronto avant de s'incliner en sept matchs face aux Rangers de New York, Linden a terminé au deuxième rang des compteurs de son équipe, derrière Pavel Bure, avec une fiche de 12 buts et 13 passes en 24 parties. Les dirigeants des Canucks espèrent de tout cœur que pour la saison 1994-1995, Linden parviendra à devenir un marqueur de plus de 40 buts, cet ailier droit qui peut aussi évoluer au centre, ayant déjà connu une saison de 46 buts et de 64 passes avec Medecine Hat en 1987-1988.

Surveillé de près par Kirk Muller des Canadiens, le capitaine des Canucks s'apprête à recevoir une passe d'un coéquipier.

★ ★ ★ ★ ★

Équipe
Vancouver

Saison
Parties jouées:	481
Buts:	180
Passes:	208
Points:	388

Éliminatoires
Parties jouées:	62
Buts:	24
Passes:	40
Points:	64

AL MACINNIS

Le vétéran défenseur des Flames de Calgary, Al MacInnis, doit beaucoup à la médecine. Le 11 novembre 1992, lors d'un match contre les Whalers de Hartford, MacInnis chuta et alla s'écraser contre la bande, la hanche disloquée. Une blessure grave, très rare, qui n'était pas sans rappeler celle subie par le joueur de baseball et de football, Bo Jackson. Heureusement, les médecins ne découvrirent pas de fracture.

MacInnis fut opéré et après environ trois mois de réhabilitation, il constata avec satisfaction qu'il n'allait pas être forcé de mettre un terme à sa carrière comme il l'avait d'abord cru. MacInnis n'a joué que 50 parties en 1992-1993, récoltant 11 buts et 43 passes, mais il est revenu plus fort en 1993-1994 avec 28 buts et 54 passes pour un total de 82 points, la quatrième fiche de sa carrière.

Al MacInnis n'a jamais remporté le trophée Norris remis au meilleur défenseur de la Ligue, mais plusieurs experts estiment que cette situation aurait été bien différente s'il avait passé sa carrière dans un autre uniforme que celui des Flames. Reconnu pour son lancer frappé dévastateur qui file à plus de 144 km/h (90 m/h), MacInnis a connu sa meilleure saison en 1990-1991, alors qu'il a accumulé 103 points. Il est ainsi devenu le quatrième défenseur de l'histoire, après Bobby Orr, Paul Coffey et Denis Potvin, à établir cette marque.

Excellent patineur et adepte des poids et haltères, ce premier choix des Flames au repêchage de 1981 a remporté le trophée Conn-Smythe en 1989, l'année où les Flames ont gagné la seule coupe Stanley de leur histoire. Il devenait ainsi le quatrième défenseur en 24 ans, après Serge Savard, Bobby Orr (à deux reprises) et Larry Robinson, à remporter ce trophée. MacInnis avait terminé au premier rang des compteurs avec 31 points en 24 matchs. Avec le gardien Mike Vernon qui avait conservé l'excellente moyenne de 2,26 en 22 parties, il fut l'un des grands artisans de cette victoire.

Défenseur étoile chez les Flames de Calgary avec lesquels il a déjà récolté 103 points, Al MacInnis fera doré-navant profiter ses nouveaux coéquipiers des Blues de St. Louis de sa vaste expérience.

★ ★ ★ ★ ★

Équipe
Calgary, St. Louis

Trophée
Conn-Smythe (1989)

Saison
Parties jouées:	803
Buts:	213
Passes:	609
Points:	822

Éliminatoires
Parties jouées:	95
Buts:	25
Passes:	77
Points:	102

JOHN MACLEAN

À la fin des années 1980, l'ailier droit John MacLean était, avec le joueur de centre Kirk Muller, le pilier de l'attaque des Devils du New Jersey. Après une saison de 23 buts en 1987-1988, MacLean marqua successivement 42, 41 et 45 buts avec son équipe… avant de devoir s'absenter du jeu pour une année complète.

C'est en raison de ligaments esquintés au genou droit que MacLean a été contraint au repos. À 27 ans, alors qu'il venait de réussir 45 buts la saison précédente, son plus haut total depuis ses débuts dans la Ligue, il dut se contenter de regarder les autres joueurs.

Après des mois de réhabilitation et d'exercices, MacLean a pu revenir au jeu au début de la saison 1992-1993. En 80 parties, il a réussi 24 buts et 24 passes, et a fait encore mieux en 1993-1994 avec 37 buts et 33 passes. Joueur complet qui excelle autant à l'offensive qu'à la défensive, MacLean a atteint en 1993-1994 le cap des 500 points.

John MacLean évoluait avec les Generals d'Oshawa lorsqu'il a été repêché par les Devils en 1983. Il fut le premier choix de cette équipe, le sixième en tout, après Brian Lawton, Sylvain Turgeon, Pat LaFontaine, Steve Yzerman et Tom Barrasso.

Au cours des éliminatoires de 1994, MacLean a été l'un des leaders des siens, lui qui avait obtenu 18 points en 20 matchs lors des séries de fin de saison de 1988.

John MacLean a terminé au second rang des compteurs de son équipe au cours des éliminatoires de 1994 avec 16 points en 20 matchs. Après avoir été inactif au cours de la saison 1991-1992, il a marqué 24 buts puis 37, en 1993-1994.

★ ★ ★ ★ ★

Équipe
New Jersey

Saison

Parties jouées:	706
Buts:	278
Passes:	281
Points:	559

Éliminatoires

Parties jouées:	58
Buts:	22
Passes:	26
Points:	48

KIRK McLean

Le gardien de but Kirk McLean n'avait que 15 ans lorsque les Canucks de Vancouver accédèrent pour la première fois à la finale de la coupe Stanley, au printemps 1982. Les Canucks furent une proie facile pour les champions défendants des deux dernières années, les Islanders de New York; l'équipe dirigée par Roger Neilson s'inclina en quatre matchs. Du groupe de joueurs, un nom était particulièrement sur toutes les lèvres des partisans des Canucks: celui de Richard Brodeur, surnommé *The King*, qui accomplit des prodiges devant son filet.

Douze ans plus tard, Kirk McLean a joué les héros à son tour et a fait vivre de beaux moments aux partisans de Vancouver, passant bien près de conduire les Canucks à leur première conquête de la coupe Stanley. McLean a été brillant devant le filet, multipliant les arrêts spectaculaires, particulièrement lors de la première ronde des éliminatoires, alors que les joueurs de Pat Quinn tiraient de l'arrière 3-1 face aux Flames de Calgary. Les Canucks remportèrent les trois matchs suivants, en prolongation de surcroît. Au total, McLean a disputé 24 parties au cours des séries de fin de saison de 1994, remportant 15 victoires, réussissant 4 blanchissages et conservant une moyenne de buts alloués de 2,29.

Considéré comme l'un des meilleurs gardiens de la Ligue, McLean a connu sa meilleure campagne en 1991-1992. Il conserva une moyenne de 2,74 et réalisa 5 jeux blancs, un sommet dans la Ligue. Il termina à égalité avec Tim Cheveldae des Red Wings pour le plus grand nombre de victoires, soit 38 en 65 départs.

Sixième choix des Devils du New Jersey lors du repêchage de 1984 — il n'a joué que six matchs dans cet uniforme —, McLean fut échangé aux Canucks le 15 septembre 1987 en compagnie de l'ailier gauche Greg Adams, en retour de Patrik Sundstrom. Une transaction fort profitable aux Canucks.

Surnommé *Captain Kirk* par les partisans des Canucks, McLean a disputé 52 matchs en 1993-1994, remportant 23 victoires et affichant une moyenne de 2,99. C'était la seconde fois de sa carrière qu'il conservait une moyenne inférieure à 3,00.

Après avoir conservé une moyenne de buts alloués de 3,39 lors de la saison 1992-1993, Kirk McLean est revenu en force en 1993-1994 avec une moyenne de 2,99. Ses performances ont valu aux Canucks d'atteindre la finale de la coupe Stanley.

★ ★ ★ ★ ★	
Équipe	
New Jersey, Vancouver	
Saison	
Parties jouées:	364
Victoires:	153
Blanchissages:	16
Moyenne:	3,30
Éliminatoires	
Parties jouées:	56
Victoires:	30
Blanchissages:	6
Moyenne:	2,72

MARK MESSIER

Mark Messier a tenu promesse. Lorsqu'il a été échangé aux Rangers de New York le 4 octobre 1991, en retour de Bernie Nicholls, Steve Rice et Louie De Brusk, l'ex-capitaine des Oilers d'Edmonton avait promis aux partisans des Rangers qu'il réussirait à ramener la coupe Stanley sur Broadway. En 1993-1994, après 54 ans d'attente (les Rangers avaient gagné leur dernière coupe Stanley en 1940 en défaisant les Maple Leafs de Toronto en six matchs lors de la finale), les Rangers mettaient à nouveau la main sur le trophée en disposant des Canucks de Vancouver en sept rencontres.

Messier a terminé au deuxième rang des compteurs de son équipe au cours des éliminatoires, derrière Brian Leetch, avec une fiche de 12 buts et 18 passes. Encore une fois, ce leader, qui comptait déjà cinq bagues de la coupe Stanley gagnées avec les Oilers, a mis à profit son expérience pour mener les siens à la victoire. On se souviendra, entre autres, de ses trois buts marqués contre les Devils du New Jersey, lors du sixième match, alors que les Devils n'étaient qu'à une victoire de la finale de la coupe Stanley. La veille, Messier avait prédit qu'il allait mener les Rangers à la victoire.

Mark Messier a commencé sa carrière chez les professionnels dans l'Association mondiale de hockey, en 1978, avec les Racers d'Indianapolis. En 1979, lors du repêchage de la Ligue nationale et de la fusion de quatre équipes de l'AMH avec la LNH, Messier fut le

Mark Messier demeure l'une des grandes vedettes de la Ligue, un joueur qui ne ménage jamais les efforts lorsqu'il se présente sur la patinoire.

deuxième choix des Oilers, le 48e au total.

C'est en 1989-1990 que Messier connut la meilleure saison de sa carrière, réussissant 45 buts et 84 passes pour 129 points.

Messier, qui a connu six saisons de 100 points et plus et neuf de plus de 30 buts, a toujours été reconnu pour son ardeur au jeu, sa détermination. Un gagnant. Neil Smith, le directeur-gérant des Rangers, a dû payer le prix pour mettre la main sur Messier, mais il savait fort bien qu'il s'agissait là d'un élément clé s'il désirait que son équipe remporte enfin la coupe Stanley. Dès sa première saison avec les Rangers en 1991-1992, Messier compta 35 buts et amassa 72 passes, et les Rangers récoltèrent plus de 100 points pour la première fois depuis 1972-1973. Excellent sous la pression, Messier a connu ses

meilleurs moments lors des éliminatoires de 1987-1988, alors qu'il récoltait 11 buts et 23 passes en seulement 19 matchs.

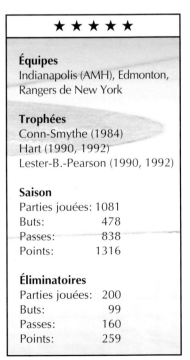

★ ★ ★ ★ ★

Équipes
Indianapolis (AMH), Edmonton, Rangers de New York

Trophées
Conn-Smythe (1984)
Hart (1990, 1992)
Lester-B.-Pearson (1990, 1992)

Saison
Parties jouées: 1081
Buts: 478
Passes: 838
Points: 1316

Éliminatoires
Parties jouées: 200
Buts: 99
Passes: 160
Points: 259

Dans l'uniforme des Oilers d'Edmonton, Mark Messier a réussi à marquer 50 buts pour la seule fois de sa carrière en 1981-1982. Il a gagné la coupe Stanley à cinq reprises avec cette équipe, et une fois avec les Rangers.

MIKE MODANO

En 1993-1994, le joueur de centre Mike Modano en était à sa cinquième saison avec les Stars de Dallas, anciennement les North Stars du Minnesota. Pour la troisième année consécutive, il a été le meilleur compteur des siens, grâce à des saisons de 77, 93 et à nouveau 93 points.

Modano fut le tout premier choix du repêchage de 1988. L'ex-vedette des Raiders de Prince Albert de la ligue junior de l'Ouest venait de connaître une saison de 127 points avec son équipe (47 buts, 80 passes) lorsqu'il fut sélectionné par les Canucks.

Mike Modano s'est joint aux Stars au cours des éliminatoires de 1989, disputant seulement deux parties. La saison suivante, il brilla en obtenant 29 buts et 46 passes, ce qui lui valut d'être choisi au sein de l'équipe des recrues de la Ligue.

En 1990-1991, Modano fut l'un des meilleurs des siens durant les éliminatoires, alors que les North Stars accédèrent à la finale de la coupe Stanley pour la deuxième fois de leur histoire, face aux Penguins de Pittsburgh. Il inscrivit huit buts et 12 passes en 23 matchs, mais l'équipe dirigée par Bob Gainey s'inclina en six parties.

Pour la première fois depuis le début de sa carrière, Mike Modano a marqué 50 buts en 1993-1994, et récolté 43 passes pour un total de 93 points, soit le même que la saison précédente.

Chez les dirigeants des Stars, on demeure persuadé que Mike Modano peut marquer régulièrement 50 buts au cours des prochaines saisons et parvenir à atteindre le cap des 100 points. Il n'avait que 19 ans lorsqu'il a fait ses débuts avec cette équipe et à en juger par ses performances en 1993-1994, particulièrement au cours des éliminatoires (sept buts et trois passes en neuf matchs), Modano est assurément l'une des grandes vedettes de la Ligue en devenir.

Âgé de 24 ans au début de la saison 1994-1995, sa sixième dans la Ligue, Mike Modano pourrait bien connaître sa première campagne de plus de 100 points et terminer parmi les dix meilleurs compteurs de la Ligue. Chez les Stars, Bobby Smith détient toujours le record pour le plus grand nombre de points obtenus par un joueur de centre lors d'une saison, soit 114, une marque que Modano devrait éclipser dans un avenir rapproché. Modano pourrait aussi reléguer aux oubliettes la marque de 55 buts détenue conjointement par Dino Ciccarelli, réussie en 1981-1982 et Brian Bellows, en 1989-1990.

Au cours des prochaines saisons, Mike Modano pourrait devenir l'une des grandes vedettes de la Ligue, et son entraîneur Bob Gainey le considère déjà parmi les meilleurs joueurs de centre de la LNH.

★ ★ ★ ★ ★

Équipe
Minnesota (Dallas depuis la saison 1993-1994)

Saison
Parties jouées:	393
Buts:	173
Passes:	229
Points:	402

Éliminatoires
Parties jouées:	48
Buts:	19
Passes:	18
Points:	37

ALEXANDER MOGILNY

Alexander Mogilny était l'un des joueurs les plus brillants de son équipe, lorsqu'il décida de quitter la Russie pour se joindre au rang des Sabres de Buffalo, qui en avaient fait leur quatrième choix au repêchage de 1988. L'ailier droit eut quelques difficultés à s'adapter à sa nouvelle vie, particulièrement aux voyages en avion dont il avait une peur bleue, mais au-delà de ces tracasseries, il ne tarda pas à prouver qu'il était tout un joueur de hockey.

L'ailier droit a fait ses débuts avec les Sabres en 1989-1990. Sa production de 15 buts et 28 passes n'impressionna pas outre mesure, mais il avait besoin d'un peu de temps, surtout qu'il n'avait que 20 ans. Les deux saisons suivantes, Mogilny a augmenté sa performance offensive en obtenant 30 et 39 buts. Puis, en 1992-1993, ce fut l'explosion!

Aux côtés de Pat LaFontaine, Mogilny fit des ravages en marquant 76 buts. Il mena dans la Ligue à ce chapitre en 1989-1990. Sa production de compagnie de la recrue Teemu Selanne des Jets de Winnipeg. Le joueur russe obtint aussi 51 passes pour un total de 127 points, ce qui lui assura le septième rang des compteurs de la Ligue. Mogilny battit ainsi le record chez les Sabres pour le plus grand nombre de points obtenus par un ailier droit, soit 100 points, marque établie par René Robert en 1974-1975. Rappelons que Pat LaFontaine a lui aussi connu une saison phénoménale, la meilleure de sa carrière, avec 53 buts et 95 passes.

Cette saison de rêve a cependant pris fin sur une triste note alors que Mogilny s'est fracturé la jambe lors d'un match d'éliminatoires. Il n'a joué que 66 parties au cours de la saison 1993-1994, sa cinquième dans la Ligue. Privé de son joueur de centre Pat LaFontaine, mis au rancart en raison d'une blessure à un genou, Mogilny a tout de même obtenu 32 buts et 47 passes, terminant au deuxième rang des compteurs de son équipe, derrière Dale Hawerchuk.

Après avoir marqué 76 buts en 1992-1993, le jeune joueur russe en a inscrit 32 en 1993-1994, terminant au deuxième rang des compteurs de son équipe. Chez les Sabres, on s'attend qu'il connaisse une seconde saison de plus de 100 points.

★ ★ ★ ★ ★

Équipe
Buffalo

Saison
Parties jouées:	337
Buts:	192
Passes:	205
Points:	397

Éliminatoires
Parties jouées:	26
Buts:	11
Passes:	14
Points:	25

KIRK MULLER

L'ailier gauche Kirk Muller était le capitaine des Devils du New Jersey depuis quatre ans lorsqu'il apprit, le 20 septembre 1991, au camp d'entraînement de son équipe, qu'il venait d'être échangé aux Canadiens de Montréal en compagnie du gardien Roland Melanson, en retour de Stéphane Richer et de Tom Chorske. Une surprise. Déjà, les Devils avaient transigé en septembre 1990, en envoyant Sylvain Turgeon à Montréal en retour de Claude Lemieux, mais Muller ne s'attendait pas à partir, après avoir terminé la saison précédente au deuxième rang des compteurs de son équipe.

Avec les Canadiens, en 1992-1993, Muller a égalé sa meilleure production offensive réussie en 1987-1988, en obtenant exactement la même fiche: 37 buts et 57 passes (94 points). Puis, au cours des éliminatoires, il termina deuxième chez les compteurs des Canadiens avec 10 buts et sept passes en 20 matchs, contribuant à la conquête de la coupe Stanley. Il marqua d'ailleurs à trois reprises le but gagnant, dont deux réussis en prolongation.

Kirk Muller est un leader naturel, un joueur qui impose le respect à ses coéquipiers à la fois par son comportement sur la glace et en dehors de la patinoire. Exactement le genre de joueur sur lequel un entraîneur peut compter, match après match. D'ailleurs, l'organisation du club l'a nommé capitaine de l'équipe au mois d'août 1994, après le départ de Guy Carbonneau pour St. Louis.

En 1993-1994, Muller a obtenu 23 buts et 34 passes, terminant au troisième rang des compteurs de son équipe. Lors des éliminatoires, il fut le meilleur des siens dans la série contre les Bruins, obtenant six buts et deux passes en sept matchs.

Premier choix des Devils au repêchage de 1984, sélectionné au deuxième rang après Mario Lemieux, Muller a réussi huit saisons de 20 buts et plus en 10 ans dans la Ligue nationale. Il est l'un des piliers de l'attaque des Canadiens et, à 28 ans avant le début de la saison 1994-1995, on peut espérer qu'il connaîtra une première saison de 100 points.

Kirk Muller tente de faire dévier une rondelle derrière le gardien Rick Tabaracci des Capitals de Washington.

★ ★ ★ ★ ★	
Équipes	
New Jersey, Montréal	
Saison	
Parties jouées:	790
Buts:	281
Passes:	467
Points:	748
Éliminatoires	
Parties jouées:	71
Buts:	25
Passes:	25
Points:	50

CAM NEELY

Même si l'état de ses genoux est précaire, lorsqu'il se présente sur la patinoire, Cam Neely demeure un dangereux marqueur qui a notamment toujours connu du succès face aux Canadiens.

L'histoire de la Ligue nationale est parsemée d'exemples comme Cam Neely. Un excellent joueur, brillant marqueur, qui se retrouve plus souvent qu'autrement sur le carreau en raison de blessures subies au fil des ans. Un destin sous le signe de la malchance. Tout à fait le cas de cet ailier droit des Bruins de Boston, qui n'a jamais pu disputer une saison complète avec son équipe.

Blessé au genou gauche, Neely n'a joué que neuf parties en 1991-1992, marquant tout de même à neuf reprises en plus de récolter trois passes. La saison suivante, retour au jeu pour Neely et tous les

espoirs sont permis pour les Bruins. Après seulement 13 parties au cours desquelles il a marqué 11 buts, il doit déclarer forfait, encore en raison de son genou gauche.

Premier choix des Canucks de Vancouver au repêchage de 1983, Neely a été échangé aux Bruins en juin 1986, en retour de Barry Pederson. Il a connu sa meilleure saison avec l'équipe de Harry Sinden en 1989-1990, alors qu'il obtenait 55 buts et 37 passes en 76 rencontres. Un véritable poison autour du filet, un joueur costaud difficile à déplacer devant les gardiens adverses.

En 1993-1994, sa huitième saison avec les Bruins, Neely semblait s'être remis tant bien que mal de son opération au genou gauche. Même s'il devait s'absenter du jeu de temps à autre, il a terminé troisième compteur chez les Bruins avec une fiche de 50 buts et 24 passes en 49 parties. Tous les regards étaient tournés vers les Bruins à l'aube des éliminatoires. Malheureusement, la malchance frappa encore. Le 19 mars 1994, lors d'une partie opposant les Bruins aux Devils, Neely prit à nouveau le chemin de l'hôpital où les médecins constatèrent qu'il souffrait d'une déchirure complète du ligament. Cette fois, c'était le genou droit qui était atteint. Le verdict: saison terminée et pas question de participer aux éliminatoires. Sans Joé Juneau, échangé aux Capitals de Washington et sans l'as marqueur Neely, les Bruins ne pouvaient espérer aller bien loin au cours des séries de fin de saison.

Reste à savoir maintenant si Cam Neely parviendra à récupérer et si la guigne cessera de le poursuivre. Neely a célébré son 29e anniversaire de naissance le 6 juin 1994 et s'il parvient à conserver la santé, il devrait encore être en mesure d'aider les Bruins pour quelques saisons.

Chez les Bruins, on se croise les doigts pour que Cam Neely reste en bonne santé au cours des prochaines saisons. Si Neely avait pu jouer durant les éliminatoires, qui sait si les Bruins n'auraient pas connu un meilleur sort?

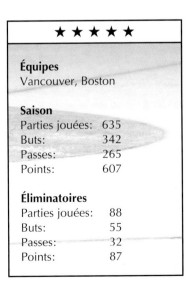

★ ★ ★ ★ ★

Équipes
Vancouver, Boston

Saison
Parties jouées:	635
Buts:	342
Passes:	265
Points:	607

Éliminatoires
Parties jouées:	88
Buts:	55
Passes:	32
Points:	87

BERNIE NICHOLLS

Le 11 juin 1980, lors du repêchage de la Ligue nationale, qui se déroulait au Forum de Montréal, le directeur-gérant, George Maguire des Kings de Los Angeles faisait du joueur de centre Bernie Nicholls le 6e choix de l'équipe, le 73e au total. Nicholls, un gaillard de 1,83 mètre (6 pieds, 1 pouce), avait marqué 36 buts et récolté 43 passes avec la formation de Kingston dans la ligue junior de l'Ontario en 1979-1980, alors qu'il n'avait que 18 ans. Un bel espoir, mais bien malins ceux qui auraient pu prédire qu'il franchirait un jour le cap des 1000 points dans la Ligue nationale!

Nicholls a fait ses débuts avec les Kings en 1981-1982, réussissant 14 buts et 18 passes en 22 rencontres. La saison suivante, il devenait un membre à part entière de l'équipe. Après une campagne de 28 buts, Nicholls explosa en 1983-1984, avec 41 buts et 54 passes. Puis, l'année suivante, il fit encore mieux avec 46 buts et 54 passes.

Joueur agressif, habile fabricant de jeux, Bernie Nicholls a connu la meilleure saison de sa carrière en 1988-1989, avec cette équipe. C'était aussi la première saison de Wayne Gretzky à Los Angeles. Nicholls réussit 70 buts et 80 passes pour un total de 150 points, ce qui lui permit de terminer au quatrième rang des compteurs de la Ligue.

Depuis le 13 janvier 1993, Nicholls évolue avec les Devils du New Jersey, après avoir successivement joué pour les Rangers de New York et les Oilers d'Edmonton. En 1993-1994, il a récolté 19 buts et 27 passes pour un total de 46 points et a été l'un des meilleurs des siens au cours des éliminatoires.

Bernie Nicholls a considérablement ralenti au cours des dernières années, mais il a tout de même obtenu 46 points en 1993-1994 avec les Devils, sa meilleure campagne depuis 1991-1992. Il a par le fait même atteint le cap des 1000 points en carrière.

★ ★ ★ ★ ★

Équipes
Los Angeles, Rangers de New York, Edmonton, New Jersey

Saison
Parties jouées:	885
Buts:	416
Passes:	607
Points:	1023

Éliminatoires
Parties jouées:	86
Buts:	39
Passes:	49
Points:	88

JOE NIEUWENDYK

Le 11 janvier 1989, au Olympic Saddledome de Calgary, le joueur de centre Joe Nieuwendyk reçut la plus belle ovation de sa carrière. Les Flames affrontaient les Jets de Winnipeg et le gardien Daniel Berthiaume. Devant une foule survoltée, Nieuwendyk, à seulement sa deuxième saison complète avec les Flames, marquait non pas un, deux ou trois buts, mais cinq! Il égala un record de la Ligue détenu par huit autres joueurs, notamment Wayne Gretzky, Bryan Trottier et Al Secord, en inscrivant quatre buts au cours d'une même période, soit lors du deuxième tiers temps. Ce soir-là, Nieuwendyk aurait sans doute pu être élu maire de la ville!

À sa première saison avec les Flames, en 1987-1988, Nieuwendyk remporta haut la main le trophée Calder avec ses 51 buts et 41 passes. La saison suivante, il marqua à nouveau 51 buts, devenant le troisième joueur depuis Wayne Gretzky et Mike Bossy à marquer 50 buts au cours de ses deux premières campagnes dans la Ligue nationale.

Deuxième choix des Flames au repêchage de 1985, Nieuwendyk avait été l'un des joueurs vedettes de l'équipe de l'Université Cornell — Ken Dryden avait aussi étudié là et brillé avec cette équipe —, avant de faire le saut directement à la Ligue nationale. En 1993-1994, il a terminé sa septième saison avec les Flames, obtenant, tout comme en 1992-1993, un total de 75 points, dont 36 buts. En sept ans, en plus de deux saisons de 50 buts, il a connu deux campagnes de 45 filets. Lors des éliminatoires de 1989, l'année où les Flames gagnèrent la coupe Stanley, Nieuwendyk contribua aux succès de l'équipe en obtenant 10 buts et quatre passes en 22 matchs.

Après avoir connu deux saisons consécutives de 51 buts avec les Flames en 1988 et 1989, Joe Nieuwendyk n'a pu atteindre à nouveau le cap des 50 buts. Le capitaine des Flames demeure cependant un fabricant de jeux formidable et excelle autour des filets adverses en possession de la rondelle.

★ ★ ★ ★ ★

Équipe
Calgary

Trophée
Calder (1988)

Saison
Parties jouées:	531
Buts:	293
Passes:	273
Points:	566

Éliminatoires
Parties jouées:	61
Buts:	28
Passes:	25
Points:	53

ADAM OATES

Si les dirigeants des Red Wings de Detroit avaient su... Le 15 juin 1989, ils échangeaient le joueur de centre Adam Oates et Paul MacLean, en retour de Bernie Federko et Tony McKegney. Federko, le joueur clé de la transaction pour les Wings, ne joua qu'une saison avec Detroit avant d'accrocher ses patins.

Pendant ce temps, Adam Oates...

Avec les Blues de St. Louis, Adam Oates, auteur de seulement 15, 14 et 16 buts à ses trois premières saisons à Detroit, marqua 23 buts et récolta 79 passes pour un total de 102 points. Oates devint le joueur de centre du marqueur prolifique Brett Hull et la sai-

son suivante, il marqua 25 buts, mais récolta cette fois 115 passes alors que Hull marquait 86 buts. Un passeur et un fabricant de jeux habile, et le mot est faible!

En 1991-1992, Oates avait disputé 54 parties avec les Blues, et réussi 10 buts et 59 passes, lorsqu'il apprit qu'il passait aux Bruins de Boston en retour du joueur de centre Craig Janney et du défenseur Stéphane Quintal. Cette transaction l'étonna, mais il ne tarda pas à s'en remettre en

prouvant cette fois aux Blues qu'ils avaient eu tort de l'échanger.

À la fin de la saison 1992-1993, Oates termina au troisième rang des compteurs de la Ligue, derrière Mario Lemieux et Pat LaFontaine. Il présenta une fiche de 45 buts et 97 passes (le meneur de la Ligue à ce chapitre) pour un total de 142 points... 36 de plus que Craig Janney qui connut tout de même une excellente campagne.

Même s'il dut rater sept parties en raison de blessures mineures, Oates a à nouveau dominé les compteurs des Bruins en 1993-1994 avec 32 buts et 80 passes, soit 112 points. Une fois de plus, il a terminé la saison au troisième rang des compteurs de la Ligue, cette fois derrière Wayne Gretzky (130 points) et Sergei Fedorov (120 points).

Évoluant pour sa troisième équipe en 10 ans dans la Ligue, Oates espère qu'il ne déménagera plus et, surtout, qu'il pourra aider les Bruins, dans un avenir rapproché, à gagner la sixième coupe Stanley de leur histoire. Les Bruins l'ont emportée pour la dernière fois en 1972.

Pour une deuxième année consécutive en 1994, Adam Oates a obtenu plus de 100 points. C'était la quatrième fois de sa carrière qu'il réussissait cet exploit.

★ ★ ★ ★ ★	
Équipes	
Detroit, St. Louis, Boston	
Saison	
Parties jouées:	628
Buts:	199
Passes:	570
Points:	769
Éliminatoires	
Parties jouées:	95
Buts:	29
Passes:	84
Points:	113

BILL RANFORD

Le gardien de but des Oilers d'Edmonton, Bill Ranford, a vécu des moments extraordinaires au cours de sa carrière, des sensations auxquelles rêvent tous les joueurs de hockey. En 1990, il a d'abord remporté la coupe Stanley avec les Oilers pour la seconde fois de sa carrière et en 1991, il menait Équipe Canada à la victoire grâce à ses performances étincelantes lors du tournoi Coupe Canada. Puis, au printemps 1994, il fut à la hauteur de sa réputation et permit au Canada de remporter la médaille d'or, lors du Championnat du monde de hockey en Italie. Des exploits qui font sûrement l'envie de bon nombre de gardiens de la Ligue.

Bill Ranford fut le deuxième choix des Bruins de Boston au repêchage de 1985, mais il n'aura joué que 45 parties avec cette équipe. Le 8 mars 1988, il était échangé aux Oilers en compagnie de Geoff Courtnall, en retour du gardien Andy Moog. Second du gardien numéro un Grant Fuhr au cours de la saison 1988-1989 (il ne joua que 29 parties), Ranford obtint sa chance la saison suivante. Il disputa 56 matchs et conserva l'excellente moyenne de 3,19 buts alloués par match. Au cours des éliminatoires, il remporta 16 victoires en 22 départs (un sommet durant les séries de fin de saison). Il fut si brillant devant le filet des Oilers qu'il remporta le trophée Conn-Smythe à l'issue de la conquête de la coupe Stanley, aux dépens des Bruins de Boston.

Bill Ranford est considéré par les experts comme l'un des meilleurs gardiens de la Ligue. Gardien numéro un des Oilers depuis cinq saisons, il a terminé la campagne 1993-1994 avec une moyenne de 3,48, sa meilleure depuis 1990-1991. Proclamé le joueur le plus utile de son équipe lors du tournoi Coupe Canada, Ranford a aussi inscrit son nom sur la coupe Stanley avec les Oilers en 1988, la dernière remportée par Wayne Gretzky qui avait alors reçu le trophée Conn-Smythe.

À 27 ans, Bill Ranford entreprend en 1994-1995 sa septième saison avec les Oilers.

Le gardien Bill Ranford demeure l'homme de confiance du directeur-gérant Glen Sather devant le filet des Oilers d'Edmonton, puisqu'il a démontré ces dernières années qu'il était l'un des meilleurs de sa profession.

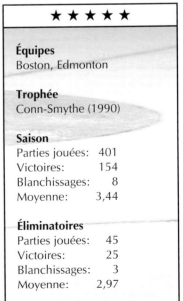

★ ★ ★ ★ ★

Équipes
Boston, Edmonton

Trophée
Conn-Smythe (1990)

Saison
Parties jouées:	401
Victoires:	154
Blanchissages:	8
Moyenne:	3,44

Éliminatoires
Parties jouées:	45
Victoires:	25
Blanchissages:	3
Moyenne:	2,97

MARK RECCHI

Le 25 mai 1991, l'ailier droit Mark Recchi réalisait le plus grand rêve de sa vie: il remportait la coupe Stanley avec les Penguins de Pittsburgh. Recchi, qui avait présenté une fiche de 40 buts et 73 passes à sa deuxième saison complète avec l'équipe — sa première saison de 100 points —, fut l'un des meilleurs des siens pendant les éliminatoires avec 10 buts et 24 passes en 24 rencontres. Il termina d'ailleurs au deuxième rang des compteurs derrière Mario Lemieux.

Malgré sa petite taille, 1,75 mètre (5 pieds, 10 pouces) et ses 84 kilos (185 livres), Recchi n'a jamais eu peur d'aller au cœur de l'action, de se frotter aux défenseurs costauds des équipes adverses. Marqueur de 61 buts à sa dernière saison chez les juniors avec les Blazers de Kamloops, Recchi a toujours eu de la facilité à déjouer les gardiens.

En 1991-1992, Recchi avait déjà marqué 33 buts en 58 rencontres lorsqu'il apprit, le 19 février 1992, qu'il était échangé aux Flyers de Philadelphie, en retour, notamment, de Rick Tocchet. Les Flyers avait décidé de se départir de leur ailier droit vedette de 27 ans pour miser sur la jeunesse de Recchi, âgé de 24 ans. Recchi termina la saison avec une fiche de 43 buts et 54 passes. En 1992-1993, il fut le meilleur des Flyers avec 53 buts et 70 passes, et domina encore les compteurs de son équipe en 1993-1994 avec un dossier de 40 buts, 67 passes et 107 points, sa troisième saison de plus de 100 points.

Membre de l'équipe qui remporta la médaille d'or au Championnat du monde junior en 1988, Recchi eut l'occasion depuis le début de sa carrière d'évoluer avec deux grands joueurs de centre: Mario Lemieux et Eric Lindros. Mais peu importe les joueurs qui sont à ses côtés, Recchi demeure le joueur idéal par son leadership et sa participation au jeu. Nommé capitaine des Flyers en 1991-1992, Recchi, avec les Lindros, Renberg et Brind'Amour, constitue le cœur de son équipe. C'est sur ces joueurs que l'on mise pour rebâtir une formation en quête d'une troisième coupe Stanley.

En 1993-1994, Mark Recchi a réussi pour la troisième fois à franchir le cap des 100 points au cours d'une saison. Un marqueur redoutable qui devrait connaître beaucoup de succès aux côtés de son joueur de centre Eric Lindros.

★ ★ ★ ★ ★

Équipes
Pittsburgh, Philadelphie

Saison

Parties jouées:	415
Buts:	207
Passes:	302
Points:	509

Éliminatoires

Parties jouées:	24
Buts:	10
Passes:	24
Points:	34

STÉPHANE RICHER

En 1994-1995, Stéphane Richer en est à sa 10e saison dans la Ligue nationale, sa quatrième avec les Devils du New Jersey. Ex-joueur vedette des Canadiens, Richer est devenu un leader chez les Devils. C'est un joueur qui peut changer l'allure d'un match en quelques secondes et il l'a prouvé à maintes reprises ces dernières années.

Avec les Canadiens, Stéphane Richer a déjà marqué 50 buts (1987-1988) et 51 filets (1989-1990), mais on a décidé de l'échanger au New Jersey le 20 septembre 1991, en compagnie de l'ailier Tom Chorske, en retour du capitaine des Devils Kirk Muller et du gardien Roland Melanson. Richer, troisième choix de Montréal au repêchage de 1984, a été le meilleur marqueur des Canadiens à trois reprises et a aidé l'équipe à remporter la coupe Stanley en 1986. À ce jour, il a réussi cinq saisons de plus de 30 buts dans la Ligue nationale et a été invité à participer au match des étoiles en 1990.

Depuis son entrée dans la Ligue, Richer est reconnu comme un excellent patineur et surtout pour la force de son lancer frappé. Jacques Lemaire, son entraîneur depuis la saison 1993-1994, a souvent répété que lorsque Stéphane se décidait à jouer du hockey comme il en était capable, il était l'un des

En 1993-1994, pour la deuxième année consécutive, Stéphane Richer a marqué plus de 30 buts.

meilleurs de sa profession. Cet ailier droit de 1,85 mètre (6 pieds, 2 pouces) a été l'un des meilleurs des siens au cours des éliminatoires de 1994. Il a réussi, entre autres, un but de toute beauté en deuxième période de prolongation, sur une échappée, lors du premier match de la finale de la Conférence Est contre les Rangers de New York.

Dans l'uniforme des Canadiens, Stéphane Richer a franchi à deux reprises le cap des 50 buts en une saison. Sur cette photographie, il menace le gardien Grant Fuhr des Oilers d'Edmonton.

★ ★ ★ ★ ★

Équipes
Montréal, New Jersey

Saison

Parties jouées:	645
Buts:	301
Passes:	274
Points:	575

Éliminatoires

Parties jouées:	104
Buts:	46
Passes:	30
Points:	76

MIKE RICHTER

Neuf ans après avoir été repêché par les Rangers de New York (deuxième choix de l'équipe en 1985), le gardien de but Mike Richter a pu réaliser son rêve d'enfance au printemps 1994, en menant les siens à la conquête de la coupe Stanley. Richter s'est avéré un élément clé pour sa formation, multipliant les arrêts, notamment contre les joueurs des Devils du New Jersey et des Canucks de Vancouver.

Mike Richter a connu la meilleure saison de sa carrière en 1993-1994. Lui qui n'avait jamais disputé plus de 45 parties dans la Ligue nationale (45 matchs en 1990-1991), a obtenu sa chance lorsque le gardien John Vanbiesbrouck a été échangé aux Canucks de Vancouver en juin 1993. Dès lors, Richter devenait le gardien numéro un de l'équipe, secondé par Glenn Healy, acquis du Lightning de Tampa Bay lors du repêchage de juin 1993.

En 68 parties, Richter a remporté 42 victoires — le meneur à ce chapitre dans la Ligue —, conservant une moyenne de buts alloués de 2,57. Richter et Healy ont terminé au quatrième rang des meilleurs gardiens de la Ligue, derrière ceux de Buffalo, New Jersey et la Floride, présentant une moyenne cumulative de 2,72. Ex-joueur de l'équipe nationale américaine et de l'équipe olympique, Richter a roulé sa bosse avant de mériter son poste avec les Rangers, jouant notamment pour pas moins de trois équipes dans la ligue de hockey internationale. Dirigés par un nouvel entraîneur à la suite du départ de Mike Keenan pour St. Louis, les Rangers tenteront de rééditer leur exploit au cours de la saison 1994-1995. On espère évidemment que Richter pourra répéter ses prodiges. Fait à signaler, Richter a réussi cinq blanchissages au cours de la saison 1993-1994, lui qui n'en comptait que quatre en carrière en 147 parties dans la Ligue nationale.

Lors d'un match présenté au Forum au cours de la saison 1991-1992, Mike Richter réussit à arrêter la rondelle projetée en direction du filet par Russ Courtnall des Canadiens.

★ ★ ★ ★ ★

Équipe
Rangers de New York

Saison
Parties jouées:	215
Victoires:	111
Blanchissages:	9
Moyenne:	3,06

Éliminatoires
Parties jouées:	43
Victoires:	25
Blanchissages:	6
Moyenne:	2,61

LUC ROBITAILLE

L'ex-numéro 20 des Kings espère maintenant pouvoir remporter la coupe Stanley pour la première fois de sa carrière avec les Penguins de Pittsburgh.

Il est difficile de comprendre aujourd'hui pourquoi, en 1984, 170 joueurs ont été choisis par des équipes de la Ligue nationale, au cours du repêchage, avant que les Kings de Los Angeles décident d'opter pour Luc Robitaille. Lors de la saison qui venait de se terminer, Robitaille avait marqué 32 buts et amassé 53 passes avec les Olympiques de Hull. Les Kings ne regrettèrent pas leur choix lorsqu'ils virent l'ailier gauche marquer 55, puis 68 buts au cours de ses deux autres saisons dans les rangs juniors.

De fait, Robitaille s'est avéré un choix gagnant et plusieurs directeurs-gérants doivent encore s'en mordre les doigts. En huit saisons dans la Ligue, Robitaille n'a jamais marqué moins de 40 buts, connaissant sa meilleure campagne en 1992-1993, récoltant 63 buts et 62 passes pour une fiche cumulative de 125 points. Il a d'ailleurs établi deux nouveaux records de la Ligue, soit pour le plus grand nombre de buts marqués par un ailier gauche (la marque précédente était détenue par Steve Shutt avec 60) et le plus grand nombre de points enregistrés par un ailier gauche (Kevin Stevens en avait obtenu 123 en 1991-1992).

À sa première saison avec les Kings, Robitaille remporta le trophée Calder grâce à une fiche de 45 buts et 39 passes. En huit campagnes dans la Ligue, ce joueur qui a eu 28 ans le 17 février 1994 a atteint à quatre reprises le cap des 100 points.

Pour la première fois de sa carrière, Robitaille n'a pas participé aux éliminatoires en 1994, les Kings ne parvenant pas à se qualifier pour les séries. Il en a profité pour joindre les rangs de l'équipe du Canada aux Championnats du monde. Capitaine de son équipe, Robitaille a directement permis au Canada de remporter sa première médaille d'or depuis 1961 en marquant un but lors de la fusillade contre le gardien de la Finlande, lors du match décisif. Après avoir participé à la finale de la coupe Stanley en 1993, contre les Canadiens, et raté avec les Kings sa chance de mettre la main sur le trophée tant convoité, Robitaille a vécu de grandes sensations en participant activement à cette victoire du Canada lors de ce tournoi qui se déroulait en Italie.

Au cours de l'été 1994, Luc Robitaille a été échangé aux Penguins de Pittsburgh, en retour de l'ailier droit Rick Tocchet. Cette transaction ne fut pas une surprise pour l'ailier gauche puisque depuis plusieurs années, son nom était souvent impliqué lorsqu'il y avait des rumeurs de transactions dans l'entourage des Kings. Avec les Penguins, l'équipe à laquelle il avait demandé aux Kings de l'échanger, Robitaille espère bien avoir la chance de remporter la coupe Stanley une première fois.

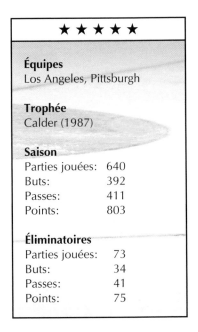

★ ★ ★ ★ ★

Équipes
Los Angeles, Pittsburgh

Trophée
Calder (1987)

Saison
Parties jouées: 640
Buts: 392
Passes: 411
Points: 803

Éliminatoires
Parties jouées: 73
Buts: 34
Passes: 41
Points: 75

JEREMY ROENICK

Si un joueur peut espérer conduire un jour les Black Hawks de Chicago à leur quatrième conquête de la coupe Stanley, c'est bien Jeremy Roenick. Cette équipe, fidèle à sa tradition, a toujours pu compter sur de grands joueurs de centre. Dans les années 1940, Max Bentley remporta à deux reprises le championnat des compteurs; Stan Mikita brilla durant 22 saisons avec Chicago à la fin des années 1950 et les amateurs ont encore en mémoire les exploits de Denis Savard au cours des années 1980. Roenick, âgé seulement de 24 ans avant le début de la saison 1994-1995, a déjà acquis en six ans le statut de supervedette dans la Ligue nationale.

Au cours des trois dernières campagnes, Roenick a dominé les compteurs de son équipe, avec des saisons de 103, 107 et à nouveau 107 points. Ex-vedette des Olympiques de Hull dans la Ligue de hockey junior majeur du Québec (34 buts et 36 passes à sa dernière saison), Roenick a été le tout premier choix des Black Hawks lors du repêchage de 1988, le huitième au total (notons que les Nordiques, qui possédaient deux choix de première ronde, lui avaient préféré Curtis Leschyshyn, troisième choix, et Daniel Doré, cinquième choix).

Jeremy Roenick entend bien devenir la prochaine grande vedette de la Ligue. Excellent patineur, redoutable marqueur, il ne donne pas sa place lorsque le jeu devient plus viril. Un style taillé sur mesure pour les Black Hawks. De fait, depuis son entrée dans la Ligue nationale, Roenick n'a jamais cessé de hausser sa production, et a toujours marqué plus de 41 buts au cours d'une saison.

Au printemps de 1992, les Black Hawks ont réussi à accé-

Jeremy Roenick, le cœur de l'attaque des Black Hawks.

der à la finale de la coupe Stanley pour la première fois depuis 1973. Dirigés par Mike Keenan, les Hawks ont dû s'incliner en quatre parties face aux puissants Penguins de Pittsburgh. En 18 matchs au cours des éliminatoires, Roenick marqua 12 buts et récolta 10 passes. Les Black Hawks sont en cure de rajeunissement depuis la saison 1993-1994 et Roenick se promet bien d'être le meneur de la bande qui réussira à ramener la coupe Stanley dans la «ville des vents».

Au cours des deux dernières saisons, Jeremy Roenick a obtenu un total de 107 points. En 1993-1994, il a terminé au sixième rang des compteurs de la Ligue.

★ ★ ★ ★ ★

Équipe
Chicago

Saison
Parties jouées:	425
Buts:	225
Passes:	270
Points:	495

Éliminatoires
Parties jouées:	64
Buts:	29
Passes:	33
Points:	62

PATRICK ROY

Il est des moments qui surviennent au cours de la carrière d'un athlète qui, immanquablement, marquent les partisans à jamais. Ainsi, longtemps après que Patrick Roy aura accroché ses patins, les partisans des Canadiens se souviendront, entre autres, de ses prouesses devant le filet des Canadiens au cours des éliminatoires de 1986. Personne n'oubliera non plus son fameux clin d'œil à Tomas Sandstrom des Kings de Los Angeles, après avoir fait un arrêt, lors d'une partie de la finale de la coupe Stanley en 1993. Et on parlera encore longtemps de son retour au jeu au cours des éliminatoires de 1994, contre les Bruins de Boston, après avoir été hospitalisé durant deux jours pour un début d'appendicite.

On se souviendra de l'histoire: le samedi 23 avril, Patrick effectuait un retour au

jeu après avoir passé les deux jours précédents au Montreal General Hospital. Il fit face à 41 lancers et les Canadiens gagnèrent le match par la marque de 5-2. Deux jours plus tard, sur la glace du Garden de Boston, Roy réalisait une autre performance éblouissante, repoussant 60 des 61 lancers des joueurs des Bruins, lors de la victoire de son équipe par le pointage de 2-1 en prolongation. Malheureusement, les Canadiens durent s'incliner en sept parties contre les Bruins, envoyant ainsi celui qu'on considère comme le meilleur gardien de but au monde en vacances plus tôt que prévu.

Patrick Roy a débuté sa carrière avec les Canadiens au cours de la saison 1985-1986. Non seulement il aida alors son équipe à remporter la coupe Stanley, mais en plus, il reçut le trophée Conn-Smythe remis au joueur le plus utile

Denis Brodeur a réalisé cette photographie de Patrick Roy alors que le jeune gardien privait encore une fois un adversaire d'un but en effectuant un arrêt avec le gant.

des séries de fin de saison. Comme début de carrière, il ne pouvait demander mieux! Au fil des ans, Roy s'est avéré le meilleur gardien de la Ligue, l'âme et le leader des Canadiens. On ne compte plus les soirées où il a dû faire face à un barrage de lancers des joueurs adverses, stoppant les tirs avec un calme désarmant. Les experts s'accordent déjà pour clamer qu'il est sans l'ombre d'un doute le meilleur gardien de but à avoir porté l'uniforme du Tricolore. Essayez d'imaginer, simplement pour le plaisir, ce que Roy aurait pu accomplir avec les Canadiens s'il avait joué à l'époque du *Big Three...*

En 1993, c'est grâce à son leadership dans le vestiaire et son jeu brillant sur la patinoire que les Canadiens, qui avaient perdu les deux premiers matchs des éliminatoires contre les Nordiques de Québec, purent se ressaisir et vaincre les joueurs dirigés par Pierre

Pagé. Roy devait encore une fois remporter le trophée Conn-Smythe tandis que les Canadiens décrochaient la coupe Stanley pour la 24e fois de leur histoire.

Patrick Roy plonge pour effectuer un arrêt aux dépens d'un attaquant. Le numéro 33 des Canadiens est à juste titre considéré comme l'un des meilleurs de la Ligue, sinon le meilleur, de l'avis des experts.

★ ★ ★ ★ ★

Équipe
Montréal

Trophées
Conn-Smythe (1986, 1993)
Jennings (1987, 1988, 1989 partagé avec Brian Hayward ces trois années), 1992
Vézina (1989, 1990, 1992)

Saison
Parties jouées:	486
Victoires:	260
Blanchissages:	27
Moyenne:	2,75

Éliminatoires
Parties jouées:	114
Victoires:	70
Blanchissages:	5
Moyenne:	2,46

JOE SAKIC

Année après année, même si Québec n'a participé aux séries de fin de saison qu'une seule fois depuis qu'il est avec l'équipe, soit en 1992-1993, Joe Sakic demeure l'un des meilleurs joueurs des Nordiques. En six campagnes, Sakic a maintenu une moyenne de 35 buts par année et il a terminé à quatre reprises au premier rang des compteurs de son équipe.

C'est lors du repêchage de 1987 que les Nordiques ont pu mettre le grappin sur ce joueur de centre des Broncos de Swift Current de la ligue de l'Ouest. Il fut le deuxième choix de Québec — le défenseur Bryan Fogarty avait été le premier joueur —, après avoir connu une saison de 60 buts et 73 passes à sa première année avec les Broncos, à l'âge de 17 ans. Sakic avait d'ailleurs été choisi la recrue de l'année et le joueur de l'année au sein de cette ligue.

Les dirigeants des Nordiques constatèrent qu'ils avaient fait un bon choix lorsqu'à sa dernière année chez les juniors, toujours avec Swift Current, Sakic marqua 78 buts et récolta 82 passes pour terminer au premier rang des compteurs avec 160 points.

Joe Sakic a fait ses débuts avec les Nordiques en 1988-1989. Il a réussi trois saisons de plus de 100 points et connu sa meilleure campagne en 1990-1991 avec 48 buts et 61 passes.

S'il n'a pas encore eu la joie de célébrer la conquête de la coupe Stanley avec les Nordiques, Sakic a vécu de grandes sensations au printemps 1994, alors qu'il a fait partie de l'équipe du Canada qui a remporté la médaille d'or au Championnat mondial de hockey tenu en Italie. Sakic a obtenu cinq buts et trois passes, dont un but marqué au cours de la fusillade lors de l'ultime victoire contre la Finlande.

Le joueur de centre des Nordiques est privé d'un but sur ce jeu, alors que Patrick Roy effectue un bel arrêt. Lyle Odelein assiste à la scène.

★ ★ ★ ★ ★

Équipe
Québec

Saison
Parties jouées: 461
Buts: 215
Passes: 349
Points: 564

Éliminatoires
Parties jouées: 6
Buts: 3
Passes: 3
Points: 6

DENIS SAVARD

Denis Savard a entamé la saison 1993-1994 avec un nouvel uniforme pour la troisième fois de sa carrière, après avoir porté les couleurs des Black Hawks de Chicago et des Canadiens de Montréal. Avec le Lightning de Tampa Bay, le numéro 9 — il avait toujours porté le chandail numéro 18 — a terminé au troisième rang des compteurs de son équipe,

avec une fiche de 18 buts et 28 passes. À 33 ans — il a célébré son anniversaire le 4 février 1994 —, Savard dit avoir encore quelques saisons à jouer, lui qui a signé un contrat à titre d'agent libre avec Tampa Bay en juillet 1993.

Denis Savard a été le premier choix des Black Hawks au repêchage de 1980. Avec le Canadien junior, il avait réussi

des saisons de 46 et 63 buts, et avait été proclamé le joueur le plus utile de la Ligue avant de faire le saut chez les professionnels. Savard, l'un des plus beaux patineurs de la Ligue, un joueur imaginatif qui possède des feintes qui en ont trompé plus d'un, a brillé durant 10 ans avec Chicago avant d'être échangé aux Canadiens en retour de Chris Chelios, en juin 1990. Dans la «ville des vents», Savard a connu cinq saisons de plus de 100 points et il a marqué 30 buts et plus en sept cam-

pagnes. Le joueur de centre s'est particulièrement illustré en 1987-1988, réussissant 44 buts et 87 passes, soit 131 points. Il termina au troisième rang des compteurs de la Ligue, derrière Mario Lemieux (168 points) et Wayne Gretzky (149 points). Encore aujourd'hui, avant le début de la saison 1994-1995, Denis Savard détient le record chez les Black Hawks pour le plus grand nombre de passes obtenues dans une saison (87) ainsi que le total le plus élevé de points réussis au cours d'une année, soit 131.

Denis Savard a joué trois saisons à Montréal, de 1990 à 1993, obtenant 59, 70, puis 50 points. Mais au-delà de ces statistiques, il faut surtout retenir qu'il a réussi à réaliser le rêve qu'il caressait depuis qu'il était tout petit, celui de faire partie de l'équipe championne de la coupe Stanley, alors que les Canadiens défaisaient les Kings de Los Angeles lors de la finale de 1993.

Denis Savard aura porté brièvement l'uniforme des Canadiens, mais suffisamment longtemps pour remporter la coupe Stanley pour la première fois de sa carrière. Sur ce jeu, il réussit à marquer contre le gardien Matt Delguidice des Bruins de Boston.

★ ★ ★ ★ ★

Équipes
Chicago, Montréal, Tampa Bay

Saison

Parties jouées:	1020
Buts:	441
Passes:	797
Points:	1238

Éliminatoires

Parties jouées:	137
Buts:	58
Passes:	94
Points:	152

MATHIEU SCHNEIDER

Lorsque le directeur-gérant des Canadiens de Montréal, Serge Savard, décida d'échanger Chris Chelios à Chicago le 29 juin 1990, en retour de Denis Savard, c'est parce qu'il misait énormément sur le défenseur de 21 ans, Mathieu Schneider. Celui-ci n'avait disputé que 44 parties avec les Canadiens au cours de la saison 1989-1990, mais il avait suffisamment impressionné pour qu'on espère en faire le prochain général à la ligne bleue de l'équipe.

Quatrième choix des Canadiens au repêchage de 1987, le 44e au total, Schneider est né à New York le 12 juin 1969. Il a joué avec les Royals de Cornwall avec lesquels il a connu des saisons successives de 36, 61 et 73 points.

Depuis qu'il évolue avec les Canadiens, Schneider n'a jamais cessé d'augmenter sa production offensive, réussissant 21, puis 30, 32 et 44 points. En 1993-1994, il a connu sa meilleure saison, marquant 20 buts pour la première fois de sa carrière, et obtenant 32 passes pour un total de 52 points. Il termina l'année au quatrième rang des compteurs de son équipe.

Curieusement, Schneider a souvent démontré qu'il avait quelques points en commun avec Chelios... Il possède un excellent coup de patin, est habile à maîtriser la rondelle et ne déteste pas le jeu rude. Ce joueur qui a brillé dans les rangs juniors avec les Royals de Cornwall dans la Ligue de hockey de l'Ontario — en 1988-1989, il a réussi 16 buts et 57 passes en 59 parties — possède assurément le potentiel pour marquer régulièrement plus de 20 buts chaque saison. De plus, grâce notamment aux conseils judicieux de l'assistant-entraîneur Jacques Laperrière qui brilla durant 12 saisons avec les Canadiens — il a remporté le trophée James-Norris en 1966 — Schneider a fait des progrès considérables en défensive. Il demeure l'un des bons défenseurs d'avenir de la Ligue.

Mathieu Schneider, qui fut sélectionné par les Canadiens en 1987, la même année qu'Éric Desjardins, a été le meilleur marqueur chez les défenseurs de l'équipe en 1993-1994.

★ ★ ★ ★ ★

Équipe
Montréal

Saison

Parties jouées:	330
Buts:	58
Passes:	121
Points:	179

Éliminatoires

Parties jouées:	44
Buts:	5
Passes:	16
Points:	21

BRENDAN SHANAHAN

Même si les Blues de St. Louis ont dû se résigner à céder aux Devils du New Jersey l'excellent défenseur Scott Stevens en guise de compensation pour avoir fait signer un contrat à l'agent libre Brendan Shanahan, le coup de dés s'est avéré avantageux pour cette équipe. Au cours des saisons 1992-1993 et 1993-1994, Shanahan, ailier gauche, a marqué respectivement 51 et 52 buts. Mieux, en 1993-1994, il a atteint le cap des 100 points pour la première fois de sa carrière, lui qui entamait sa septième saison dans la Ligue.

Shanahan fut le tout premier choix des Devils lors du repêchage de 1987, le deuxième choix après Pierre Turgeon, réclamé par les Sabres de Buffalo. À sa dernière saison chez les juniors, Shanahan avait obtenu 39 buts et 53 passes avec les Knights de London, ce qui était suffisant pour que les dirigeants des Devils le préfèrent, entre autres, à des attaquants comme Dave Archibald, Joe Sakic et Andrew Cassels.

Brendan Shanahan a joué quatre saisons avec les Devils, connaissant ses meilleurs moments en 1989-1990 (30 buts et 42 passes) avant de signer avec les Blues. En trois saisons avec cette équipe, il a déjà marqué 136 buts! Avec Brett Hull et Craig Janney, il représente le noyau offensif des Blues qui s'inclinèrent en quatre parties contre les Stars de Dallas lors de la première ronde des éliminatoires de 1994.

Fait à noter, Shanahan se dévoue depuis déjà quelques années afin d'amasser des fonds pour lutter contre la maladie d'Alzheimer, mal dont souffrait son père, décédé en 1990.

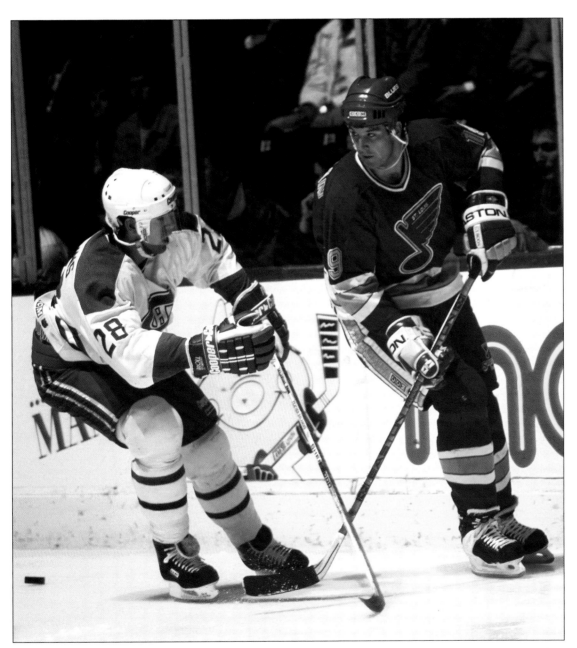

Pour une deuxième année consécutive en 1994, Brendan Shanahan a réussi à marquer plus de 50 buts avec les Blues de St. Louis. Sur notre photo, il effectue une passe à un coéquipier alors qu'Éric Desjardins des Canadiens fonce pour le mettre en échec.

★ ★ ★ ★ ★

Équipes
New Jersey, St. Louis

Saison

Parties jouées:	513
Buts:	224
Passes:	255
Points:	479

Éliminatoires

Parties jouées:	46
Buts:	16
Passes:	20
Points:	36

PETER STASTNY

Lorsque les dirigeants des Nordiques de Québec sont allés chercher derrière le rideau de fer les frères Peter et Anton Stastny, c'est qu'ils étaient persuadés que les deux joueurs possédaient tous les atouts pour percer en sol nord-américain. Particulièrement Peter, vedette de l'équipe nationale de son pays, un joueur de centre âgé de 23 ans. En 1979-1980, il avait obtenu 26 buts et 26 passes en 41 matchs avec la formation de Bratislava, en Tchécoslovaquie.

À sa première saison dans la Ligue nationale, en 1980-1981, Stastny devint aussitôt l'un des préférés des partisans des Nordiques, d'autant plus qu'il s'empressa d'apprendre le français. Il remporta le trophée Calder remis au meilleur joueur recrue et établit deux records de la Ligue: celui du plus grand nombre de passes (70) et le plus de points (109) réussis par une recrue. La saison suivante, il connut la meilleure campagne de sa carrière avec 46 buts et 93 passes pour un total de 139 points.

Peter Stastny a joué 10 saisons avec les Nordiques, franchissant à sept reprises le cap des 100 points. Lors des éliminatoires, il ne négligea pas les efforts pour tenter de mener les Nordiques à la con-

Même s'il n'est plus une jeunesse, Peter Stastny a démontré aux dirigeants des Blues de St. Louis, à la fin de la saison 1993-1994, qu'il savait encore tenir son bout dans la LNH. On le voit ici dans l'uniforme des Devils du New Jersey avec lesquels il a disputé trois saisons complètes.

quête de la coupe Stanley, obtenant 24 buts et 57 passes, soit 81 points en 64 parties.

Stastny fut échangé aux Devils du New Jersey le 6 mars 1990, en retour de Craig Wolanin et de Randy Velischek. Il termina la saison avec cette équipe et joua trois autres années avec les Devils avant de joindre les rangs de l'équipe nationale de la Slovaquie. Il vécut de grands moments en portant le drapeau de son pays lors des jeux Olympiques de Lillehammer à l'hiver 1994 et fut sans l'ombre d'un doute le meilleur joueur de son équipe. Ses performances impressionnèrent à ce point Ronald Caron, directeur-gérant des Blues de St. Louis, qu'il décida, malgré les 37 ans de Stastny, de lui faire signer un contrat de 180 000 $ US pour les 17 derniers matchs de la saison et... de 1 million

pour les deux prochaines années. Stastny a terminé la saison avec cinq buts et 11 passes en 17 matchs. Un joueur qui sera sûrement élu au Temple de la Renommée du hockey à la fin de sa carrière.

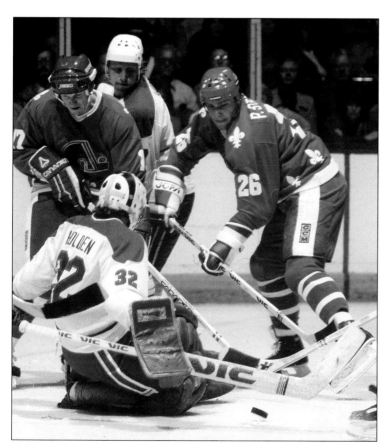

L'ex-numéro 26 des Nordiques a donné bien du fil à retordre aux joueurs des Canadiens dans les années 1980. Il détient le record chez les Nordiques pour le plus grand nombre de points obtenus en carrière, soit 1048.

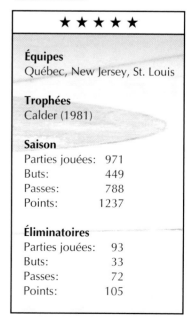

★ ★ ★ ★ ★

Équipes
Québec, New Jersey, St. Louis

Trophées
Calder (1981)

Saison
Parties jouées: 971
Buts: 449
Passes: 788
Points: 1237

Éliminatoires
Parties jouées: 93
Buts: 33
Passes: 72
Points: 105

KEVIN STEVENS

Vous connaissez Anders Hakansson? C'est en retour de cet ailier gauche suédois que les Penguins de Pittsburgh obtinrent les droits sur l'ailier gauche Kevin Stevens, le 9 septembre 1983. Ce joueur, né dans le Massachusetts, avait été le sixième choix des Kings au repêchage de 1983, le 108e joueur à être réclamé.

Kevin Stevens a dû attendre à l'automne 1989 pour pouvoir enfin faire partie à part entière des Penguins. De 1984 à 1987, il a joué pour le Collège de Boston avant de joindre les rangs de l'équipe nationale. Puis, en 1987-1988, après les jeux Olympiques de Calgary, il joua 16 parties avec les Penguins, marquant cinq buts et amassant deux passes.

La saison suivante, Stevens passa la majeure partie de l'année avec les Lumberjacks de Muskegon, dans la Ligue internationale, où il marqua 24 buts en 45 matchs. Les Penguins lui accordèrent un essai de 24 parties au cours desquelles il marqua 12 buts, parvenant à convaincre Tony Esposito, le directeur-gérant, de lui faire faire le grand saut la saison suivante.

Stevens a remporté la coupe Stanley à deux reprises avec les Penguins, en 1991 et en 1992. Depuis ses débuts avec l'équipe, il a marqué successivement 29, 40, 54 et 55 buts, et obtenant 41 buts et 47 passes lors de la saison 1993-1994.

Il a réussi sa meilleure saison en 1991-1992, obtenant en plus de ses 54 buts, 69 passes pour un total de 123 points. Il éclipsa ainsi le record de la Ligue, détenu par Michel Goulet, pour le plus grand nombre de points obtenus lors d'une saison par un ailier gauche, soit 121, et termina au deuxième rang des compteurs de la Ligue, derrière Mario Lemieux qui remporta le trophée Art-Ross avec 131 points.

Kevin Stevens, prolifique compteur des Penguins, parvient à distancer Mathieu Schneider en conservant la rondelle sur son bâton, à l'arrière du filet des Canadiens.

★ ★ ★ ★ ★	
Équipe	
Pittsburgh	
Saison	
Parties jouées:	431
Buts:	236
Passes:	264
Points:	500
Éliminatoires	
Parties jouées:	74
Buts:	39
Passes:	50
Points:	89

SCOTT STEVENS

Le cheminement du défenseur Scott Stevens dans la Ligue nationale est bien particulier. Premier choix des Capitals de Washington au repêchage de 1982, il a joué durant huit saisons avec cette équipe avant de signer un contrat à titre d'agent libre avec les Blues de St. Louis. Puis, la saison suivante, en 1991-1992, c'est au New Jersey qu'il poursuivit sa carrière en raison de la décision d'un juge!

Avec les Capitals, Stevens a connu quatre saisons de 60 points et plus, et a dépassé le cap des 20 buts (21 en 1984-1985) pour la seule fois de sa carrière. Après avoir accepté les conditions d'un contrat avec les Blues, Stevens marqua cinq buts et récolta 44 passes avec cette équipe avant d'être impliqué dans un imbroglio.

Les Blues avaient fait signer un contrat à l'ailier gauche Brendan Shanahan, devenu agent libre après avoir joué quatre saisons avec les Devils du New Jersey. Mais selon les règlements de la Ligue, les Blues devaient verser une compensation aux Devils pour la perte de Shanahan. Le directeur-gérant Ron Caron offrit Rob Brind'Amour et le gardien Curtis Joseph aux Devils qui refusèrent l'offre, désirant absolument obtenir les services de Scott Stevens. C'est donc un juge qui trancha et Stevens, d'abord bouleversé de changer à nouveau d'équipe, décida de se rapporter aux Devils.

Depuis la saison 1991-1992, Stevens a connu des campagnes de 59, 57 et 78 points. En 1993-1994, il a terminé au premier rang des compteurs de son équipe et s'est avéré un joueur dominant au cours des éliminatoires, autant par ses aptitudes à la défensive et à l'offensive que par ses retentissantes mises en échec. Il fut nommé capitaine de son équipe en 1992-1993, lui qui occupait la même fonction avec les Blues.

Sous la tutelle de l'entraîneur-adjoint Larry Robinson, Stevens a beaucoup appris et est devenu un meilleur défenseur. Lorsqu'on peut jouir des services d'un professeur qui a joué 20 ans dans la Ligue, gagné deux trophées Norris et six coupes Stanley, pourquoi ne pas en profiter?

Stevens a été nommé sur la première équipe d'étoiles de la Ligue nationale en 1993-1994 pour la seconde fois de sa carrière, aux côtés de Raymond Bourque. Sur cette photo, on l'aperçoit devant le filet des Canadiens, aux côtés de Patrick Roy et du défenseur Éric Desjardins.

★ ★ ★ ★ ★

Équipes
Washington, St. Louis, New Jersey

Saison

Parties jouées:	911
Buts:	150
Passes:	522
Points:	672

Éliminatoires

Parties jouées:	112
Buts:	15
Passes:	59
Points:	74

ESA TIKKANEN

Le Finlandais Esa Tikkanen a remporté la coupe Stanley à quatre reprises avec les Oilers d'Edmonton. Alors que les Gretzky et Messier faisaient des miracles à l'offensive, Tikkanen s'avérait un joueur clé pour contrer les attaquants adverses.

L'ailier gauche Tikkanen fut le quatrième choix des Oilers lors du repêchage de 1983. Cet attaquant défensif se joignit aux Oilers au cours des élimi-natoires de 1985, disputant trois matchs, assez pour que son nom soit inscrit sur la coupe Stanley une première fois. Un beau début de carrière!

Expert dans l'art de décon-centrer ses adversaires, Tikkanen a joué sept saisons complètes avec les Oilers. Il s'est particulièrement illustré au cours des éliminatoires de 1988, obtenant 10 buts et 17 passes en 19 parties. Les Oilers devaient alors remporter la coupe Stanley, défaisant en finale les Bruins de Boston.

Le 17 mars 1993, le direc-teur-gérant Glen Sather décidait de l'échanger aux Rangers de New York, en retour du jeune joueur de centre Doug Weight. Tikkanen ne s'est pas retrouvé en terrain inconnu, car il renouait avec ses ex-coéquipiers Mark Messier et Kevin Lowe. Puis, à la fin de la saison 1993-1994, Glenn Anderson et Craig MacTavish, deux autres ex-Oilers, se sont joints aux Rangers, faisant dire aux journa-listes de New York que l'équipe devrait dorénavant être appelée les Oilers de New York…

Esa Tikkanen n'a jamais remporté le trophée Frank-J.-Selke, remis au meilleur atta-quant défensif — il a terminé deux fois deuxième au scru-tin —, mais il est tout à fait le genre de joueur sur lequel un entraîneur aime compter pour provoquer des choses sur la patinoire. En 1993-1994, il a réussi 22 buts et 32 passes, soit sa meilleure fiche depuis 1990-1991. Depuis le début de sa carrière, il a connu cinq sai-sons de 60 points et plus et, un sommet dans sa carrière, deux campagnes de 78 points.

Avec les Blues de St. Louis, Esa Tikkanen sera à nouveau dirigé par Mike Keenan et il retrouvera celui qui l'a devancé au scrutin pour l'obtention du trophée Frank-J.-Selke en 1989, Guy Carbonneau! Ces deux vétérans devraient donner du fil à retordre aux attaquants adverses.

★ ★ ★ ★ ★

Équipes
Edmonton,
Rangers de New York, St. Louis

Saison
Parties jouées:	620
Buts:	202
Passes:	295
Points:	497

Éliminatoires
Parties jouées:	137
Buts:	55
Passes:	50
Points:	105

RICK TOCCHET

En 1993-1994, l'ailier droit Rick Tocchet terminait sa 10e saison dans la Ligue nationale. Une saison frustrante, car il rata 33 matchs en raison de blessures, lui qui avait réussi 48 buts et 61 passes, sa meilleure campagne, en 1992-1993.

Depuis son entrée dans la Ligue, Rick Tocchet a toujours joué de la même façon, avec agressivité. À ses premières saisons, il était souvent impliqué dans des bagarres et a

même reçu 301 minutes de punition en 1987-1988. Au cours de la campagne suivante, Tocchet a compris qu'il était plus utile à son équipe sur la patinoire qu'au banc des punitions. Il n'écopa que de 183 minutes au cachot et présenta une fiche de 45 buts et 36 passes, comparativement à 31 buts et 33 passes la saison précédente.

Après sept saisons complètes avec les Flyers, dont il avait été le cinquième choix

au repêchage de 1983, Tocchet fut échangé aux Penguins de Pittsburgh le 19 février 1992 avec Kjell Samuelsson et le gardien Ken Wregget, en retour de Mark Recchi et Brian Benning. Il quittait ainsi les Flyers, qui n'avaient pas participé aux éliminatoires au cours des deux dernières saisons, pour se joindre aux champions en titre de la coupe Stanley. Tocchet ne tarda pas à se faire remarquer avec sa nouvelle équipe: il réussit 14 buts et 16 passes en 19 rencontres. Puis, lors des éliminatoires, il marqua six buts et récolta 13 passes en 14 matchs. Après avoir

perdu en finale de la coupe Stanley à deux reprises avec les Flyers (contre Edmonton en 1985 et en 1987), Tocchet réalisait enfin son rêve le plus cher: gagner la coupe Stanley.

En 1992-1993, avec ses 109 points, il fut l'un des quatre joueurs des Penguins à atteindre le cap des 100 points (Mario Lemieux, 160; Kevin Stevens, 111; Ron Francis, 100).

Respecté pour son jeu viril — il a toujours eu la réputation d'être un joueur intense et de frapper tout ce qui bouge sur la patinoire! — et pour ses talents de marqueur, Tocchet a été échangé au cours de l'été 1994 aux Kings de Los Angeles, en retour de l'ailier gauche Luc Robitaille. Avec sa nouvelle équipe, inspiré par Wayne Gretzky, Tocchet réussira peut-être à atteindre le cap des 40 buts pour la quatrième fois de sa carrière si ses maux de dos peuvent s'estomper. Un nouveau départ pour ce fougueux ailier droit.

Rick Tocchet a fait partie de l'équipe des Penguins, gagnante de la coupe Stanley en 1992. En éliminatoires, il contribua à la victoire des siens, obtenant 6 buts et 13 passes en 14 parties.

★ ★ ★ ★ ★

Équipes
Philadelphie, Pittsburgh, Los Angeles

Saison

Parties jouées:	681
Buts:	291
Passes:	350
Points:	641

Éliminatoires

Parties jouées:	103
Buts:	37
Passes:	48
Points:	85

PIERRE TURGEON

Lorsque les Sabres de Buffalo firent de Pierre Turgeon, des Bisons de Granby, le tout premier choix du repêchage de 1987, ils entendaient reconstruire leur équipe autour de ce brillant joueur de centre. Cependant, depuis la saison 1991-1992, c'est avec les Islanders de New York que Turgeon déploie son talent et espère un jour pouvoir remporter la coupe Stanley.

Pierre Turgeon a joué quatre saisons complètes avec les Sabres. À sa première année en 1987-1988, il réussit 14 buts et 28 passes, soit 42 points, une production qui grimpa de 46 points la saison suivante. En 1989-1990, Turgeon marqua cette fois 40 buts et récolta 66 passes pour un total de 106 points, sa meilleure saison. L'année suivante, en juin 1990, les Sabres firent l'acquisition du joueur de centre vedette

des Jets de Winnipeg, Dale Hawerchuk. Le temps de glace de Turgeon diminua au cours de la campagne 1990-1991, de même que sa production. Il termina l'année avec 32 buts et 47 passes.

Pendant ce temps, à Long Island, le joueur de centre Pat LaFontaine éprouvait des problèmes contractuels avec la direction des Islanders et demandait même à Bill Torrey de l'échanger à l'automne 1991. C'est ainsi que deux joueurs qui étaient malheureux pour différentes raisons changèrent de camp. Turgeon prit le chemin de Long Island avec Uwe Krupp, Benoit Hogue et Dave McLlwain, tandis que LaFontaine, Randy Hillier et Randy Wood se dirigeaient à Buffalo le 25 octobre.

Turgeon excelle dans l'art de manier le bâton. Excellent passeur, il possède un lancer

Pierre Turgeon est rapidement devenu une vedette avec les Islanders de New York, particulièrement en 1992-1993 alors qu'il a connu sa deuxième saison en carrière de plus de 100 points.

Pierre Turgeon, alors avec les Sabres de Buffalo, pose en compagnie de son frère Sylvain des Canadiens, à la demande du photographe Denis Brodeur.

du poignet précis qui lui a permis de s'imposer rapidement chez les Islanders. À sa première saison, en 1991-1992, il marqua 38 buts, puis 58 la saison suivante, en plus de récolter 74 passes pour un total de 132 points. L'ailier gauche Derek King a grandement profité des jeux brillants de son joueur de centre, lui qui n'avait marqué que neuf buts en 1990-1991. Aux côtés de Turgeon, il connut des saisons successives de 40, 38 et 30 buts.

En 1993-1994, Turgeon a encore une fois terminé au premier rang des compteurs de son équipe avec une fiche de 38 buts et 56 passes. Le joueur originaire de Rouyn a célébré en août 1994 son 25e anniversaire de naissance et

en est déjà à sa huitième saison dans la Ligue.

★ ★ ★ ★ ★
Équipes
Buffalo, Islanders de New York
Trophée
Lady-Byng (1993)
Saison
Parties jouées: 543
Buts: 256
Passes: 380
Points: 636
Éliminatoires
Parties jouées: 38
Buts: 18
Passes: 21
Points: 39

JOHN VANBIESBROUCK

Gardien de but des Rangers de New York durant neuf saisons, John Vanbiesbrouck a quitté les lumières de Broadway pour les palmiers de la Floride, à l'été 1993. Alors qu'on le croyait sur son déclin, à 30 ans, il a connu une saison extraordinaire avec les Panthers de la Floride, l'une des deux nouvelles formations de la Ligue nationale en 1993-1994.

Le 20 juin 1993, Vanbiesbrouck fut échangé aux Canucks de Vancouver par les Rangers en retour du défenseur Doug Lidster et quatre jours plus tard, il était réclamé par les Panthers lors du repêchage de l'expansion. Avec sa nouvelle équipe, Vanbiesbrouck a partagé le boulot devant le filet avec Mark Fitzpatrick, l'ex-gardien des Islanders de New York. En 57 parties, il a remporté 21 victoires et terminé la saison avec une moyenne de 2,53, la quatrième de la Ligue. Les gardiens des Panthers ont incidemment terminé troisièmes de la Ligue avec une moyenne cumulative de 2,72, derrière ceux des Sabres et des Devils. Les Panthers ont raté les éliminatoires de peu, les Islanders de New York les devançant par un point en huitième position (depuis la saison 1993-1994, ce sont les huit équipes de la Ligue ayant accumulé le plus de points qui participent aux séries de fin de saison).

En fait, en 1993-1994, Vanbiesbrouck a si bien fait qu'il a été nommé au sein de la seconde équipe d'étoiles de la Ligue pour la première fois de sa carrière, après avoir fait partie de la première équipe d'étoiles en 1986.

John Vanbiesbrouck fut le cinquième choix des Rangers au repêchage de 1981, le 72e joueur sélectionné. Après avoir passé la saison 1983-1984 avec l'équipe de Tulsa dans la Ligue centrale, où il a remporté la victoire à 20 reprises en 37 départs (moyenne de buts alloués de 3,46), il a rejoint les Rangers au début de la saison suivante.

Vanbiesbrouck a connu sa meilleure campagne avec cette équipe en 1985-1986. Le gardien originaire de Detroit avait disputé 61 parties, remporté 31 victoires, un sommet dans la Ligue, et conservé une moyenne de 3,32. En éliminatoires, il avait fait encore mieux, conservant une moyenne de 3,27 en 16 rencontres. Ses performances devant le filet des Rangers, dirigés alors par Ted Sator, lui avaient permis de mettre la main sur le trophée Vézina pour la première et seule fois de sa carrière à ce jour.

John Vanbiesbrouck a été brillant devant le filet des Panthers, une équipe qui a connu une première saison surprenante en 1993-1994. En 1994-1995, Vanbiesbrouck espère pouvoir permettre à son équipe de participer aux éliminatoires.

★ ★ ★ ★ ★

Équipes
Rangers de New York, Floride

Trophée
Vézina (1986)

Saison

Parties jouées:	506
Victoires:	221
Blanchissages:	17
Moyenne:	3,34

Éliminatoires

Parties jouées:	38
Victoires:	13
Blanchissages:	2
Moyenne:	3,25

PAT VERBEEK

Le leader des Whalers, Pat Verbeek en est déjà, en 1994-1995, à sa 13e saison dans la LNH.

Pat Verbeek, l'ailier droit des Whalers de Hartford, est tout à fait le genre de joueur qui fait le bonheur de ses entraîneurs. Bon an mal an, il accomplit son boulot, un joueur régulier comme l'horloge en terme de productivité. En 1993-1994, il a obtenu un total de 75 points, franchissant ce cap pour la quatrième fois en cinq saisons avec les Whalers.

Pat Verbeek fut le troisième choix des Devils du New Jersey au repêchage de 1982. Brillant attaquant chez les juniors à Sudbury, dans la ligue de l'Ontario (il a marqué 37 et 40 buts et récolté 88 et 107 points), Verbeek a fait ses débuts dans la LNH en 1982-1983. Son séjour de six parties avec les Devils s'avéra un succès: il marqua trois buts et récolta deux passes. En 1983-1984, il entamait sa première véritable saison avec l'équipe.

Verbeek a joué six saisons avec les Devils, sa meilleure campagne survenant en 1987-1988 (46 buts et 31 passes). Costaud malgré sa petite taille (1,75 m [5 pieds, 9 pouces], 86 kilos [190 livres]), il ne déteste pas le jeu rude et totalise déjà en carrière plus de 2000 minutes de punition.

Le 17 juin 1989, les Devils l'échangeaient aux Whalers de Hartford, en retour de l'ailier gauche Sylvain Turgeon. Sans l'ombre d'un doute l'une des meilleures transactions conclues par l'état-major des Whalers.

Dès la saison suivante, Verbeek s'illustra avec sa nouvelle équipe. Il connut sa meilleure campagne en carrière en 1989-1990, totalisant 44 buts et 45 passes. En cinq saisons avec les Whalers, Verbeek a déjà inscrit 185 buts. Nommé capitaine de son équipe en 1992-1993, il a marqué 30 buts et plus à six reprises depuis le début de sa carrière et a eu l'occasion de participer au match des étoiles en 1991.

Meilleur compteur des Whalers en 1993-1994 avec ses 37 buts et 38 passes, Verbeek demeure le pilier de l'offensive des Whalers qui n'ont toutefois pas participé aux éliminatoires au cours des deux dernières campagnes. Toutefois, entouré de jeunes joueurs talentueux tels Geoff Sanderson, Robert Kron et Chris Pronger, les Whalers pourraient être promis à un avenir prometteur.

Pour une deuxième année de suite en 1993-1994, Verbeek a pu disputer tous les matchs de son équipe. Rapide, excellent passeur, il a rarement été blessé depuis le début de sa carrière. Ce joueur âgé de 30 ans avant le début de la saison 1994-1995 devrait réussir en 1995, ou en 1996, à atteindre le cap des 400 buts en carrière.

★ ★ ★ ★ ★	
Équipes	
New Jersey, Hartford	
Saison	
Parties jouées:	867
Buts:	355
Passes:	351
Points:	706
Éliminatoires	
Parties jouées:	40
Buts:	9
Passes:	14
Points:	23

4

Les joueurs
de l'avenir

Si des joueurs tels Wayne Gretzky et Mario Lemieux commencent à ressentir le poids des années, le joueur de centre des Penguins étant même forcé de prendre une année de repos pour la saison 1994-1995, les amateurs de hockey apprennent à découvrir de jeunes joueurs. Parmi eux, on retrouve plusieurs grandes vedettes, certains d'entre eux étant déjà parvenus à s'imposer parmi l'élite de la Ligue nationale. Denis Brodeur a fait une sélection parmi les nombreux jeunes espoirs que les amateurs de hockey auront le plaisir d'apprécier au cours des prochaines années.

La jeune filière des gardiens de but québécois

Le Québec a donné de nombreux joueurs talentueux à la Ligue nationale, notamment plusieurs gardiens de but, dont évidemment Patrick Roy des Canadiens, mais aussi Jacques Plante, Lorne Worsley, Bernard Parent et plusieurs autres. Aujourd'hui, dans la Ligue nationale, on retrouve plusieurs jeunes excellents gardiens originaires du Québec. Félix Potvin brille avec les Maple Leafs de Toronto, alors que Stéphane Fiset est devenu le gardien numéro un des Nordiques. Jocelyn Thibault est promis à un brillant avenir tandis que Dominic Roussel connaîtra sûrement de bons moments dans l'uniforme des Flyers de Philadelphie. Enfin, et non le moindre, le jeune Martin Brodeur, gagnant du trophée Calder en 1994, qui a fait sensation en 1993-1994 avec les Devils du New Jersey.

TONY AMONTE

Troisième choix des Rangers de New York lors du repêchage de 1988, l'ailier droit Tony Amonte a brillé avec l'équipe de l'Université de Boston avant de se joindre aux *Blue Shirts*. Il a connu des saisons de 58 et de 68 points (25 et 31 buts) avant de faire ses débuts avec les Rangers au cours des éliminatoires de 1991, durant lesquelles il ne disputa que deux matchs.

En deux saisons avec les Rangers, Amonte a marqué 33 buts lors de chaque campagne, terminant au deuxième rang des compteurs de l'équipe en 1992-1993, derrière Mark Messier, avec un total de 76 points. Au cours de la saison 1993-1994, il a été échangé aux Black Hawks de Chicago. C'est un joueur très rapide, qui devrait être un atout indispensable pour les Black Hawks au cours des prochaines années.

★ ★ ★ ★ ★

Équipes
Rangers de New York, Chicago

Saison 1993-1994
Parties jouées:	79
Buts:	17
Passes:	25
Points:	42

Fiche globale
Parties jouées:	241
Buts:	85
Passes:	102
Points:	187

Au cours des éliminatoires de 1994, Tony Amonte a marqué quatre buts au cours d'un même match contre les Maple Leafs de Toronto. Les Black Hawks misent énormément sur cet ailier droit.

JASON ARNOTT

À sa première saison dans la Ligue nationale en 1993-1994, le joueur de centre Jason Arnott s'est fait bien des amis parmi les partisans des Oilers d'Edmonton. Il a été le meilleur marqueur de l'équipe avec 33 buts, et a terminé au deuxième rang des pointeurs des Oilers derrière Doug Weight, avec 68 points.

Premier choix des Oilers lors du repêchage de 1993, Arnott avait réussi 41 buts et 57 passes en 56 parties, à sa dernière saison avec les Generals d'Oshawa. Patineur rapide, fort de son 1,88 mètre (6 pieds, 3 pouces), Arnott ne craint pas de s'impliquer physiquement et a su démontrer qu'il était un habile marqueur.

★ ★ ★ ★ ★

Équipe
Edmonton

Saison 1993-1994
Parties jouées:	78
Buts:	33
Passes:	35
Points:	68

Jason Arnott a terminé au troisième rang des meilleurs compteurs chez les recrues de la LNH en 1993-1994, derrière Mikael Renberg et Alexei Yashin.

DONALD AUDETTE

Ex-vedette du Titan de Laval dans la Ligue de hockey junior majeur du Québec — il a marqué 76 buts et récolté 85 passes à sa dernière année dans les rangs juniors —, Donald Audette fut le huitième choix des Sabres de Buffalo lors du repêchage de 1989. En 1990, il remporta le titre de la meilleure recrue dans la Ligue américaine avec Rochester (42 buts et 6 passes en 70 parties), et joua finalement sa première saison complète avec les Sabres en 1991-1992, marquant 31 buts. Blessé à une jambe au cours de la campagne suivante, Donald est revenu en force en 1993-1994, terminant au troisième rang des compteurs de son équipe.

★ ★ ★ ★ ★	
Équipe	
Buffalo	
Saison 1993-1994	
Parties jouées:	77
Buts:	29
Passes:	30
Points:	59
Fiche globale	
Parties jouées:	192
Buts:	76
Passes:	57
Points:	133

Donald Audette a été le troisième meilleur franc tireur des Sabres en 1993-1994.

PATRICE BRISEBOIS

Le directeur-gérant des Canadiens, Serge Savard, mise énormément sur le jeune défenseur Patrice Brisebois au cours des années à venir. Brillant joueur dans la Ligue de hockey junior majeur du Québec avec Laval (18 buts et 70 passes en 1989-1990) puis avec Drummondville, Brisebois fut le deuxième choix des Canadiens au repêchage de la Ligue nationale en 1989. En 1991, il fut proclamé le meilleur défenseur de la Ligue de hockey junior majeur avant de se joindre la saison suivante aux Canadiens de Fredericton. C'est en 1992-1993 que Brisebois a disputé sa première saison complète avec les Canadiens. Excellent patineur possédant un lancer puissant, Brisebois constitue l'un des plus beaux espoirs de l'organisation.

★ ★ ★ ★ ★	
Équipe	
Montréal	
Saison 1993-1994	
Parties jouées:	53
Buts:	2
Passes:	21
Points:	23
Fiche globale	
Parties jouées:	159
Buts:	14
Passes:	52
Points:	66

Patrice Brisebois surveille de près l'attaquant des Bruins de Boston Adam Oates.

MARTIN BRODEUR

«Ça a été une année extraordinaire pour Martin, je suis bien fier de lui.» C'est Denis Brodeur qui parlait ainsi de son fils, quelques jours après son retour de Toronto où il avait assisté à la remise des trophées de la Ligue nationale. Martin, grâce à sa fiche de 27 victoires en 47 matchs, une moyenne de 2,40 (la deuxième de la Ligue après Dominik Hasek des Sabres), y avait reçu le trophée Calder, remis au meilleur joueur recrue de l'année, le premier Québécois francophone à recevoir cet honneur.

«Il me semble que c'était hier; je revois Martin, jouant au hockey dans la rue en avant de la maison, avec son frère Denis et ses amis. Il a d'abord joué chez les novices, comme attaquant, puis à sa deuxième année, il a décidé de devenir gardien», raconte le photographe.

C'est à Saint-Léonard que Martin Brodeur a fait ses premiers pas sur la glace. Puis il a joué avec le Montréal Bourassa, catégorie midget AAA, avant d'être repêché par... Jacques Lemaire, du Canadien junior de Verdun. Quelques semaines plus tard, le club était vendu au Laser de Saint-Hyacinthe.

Il a eu le privilège de bénéficier des conseils de Vladislav Tretiak durant deux ans, à son école du complexe sportif Les 4 Glaces.

En 1990, lors du repêchage de la Ligue nationale, Martin fut le premier choix des Devils du New Jersey, le 20e au total. Il fit ses débuts avec cette équipe en 1991 contre les Bruins de Boston, gagnant le match par la marque de 5-2. Il mérita la première étoile. Martin ne joua que quatre matchs avec les Devils, terminant sa dernière année chez les juniors avec Saint-Hyacinthe.

En 1992-1993, le gardien fut assigné aux Devils de Utica, dans la Ligue américaine, puis fut appelé pour commencer la campagne avec New Jersey au début de la saison 1993-1994.

Martin Brodeur est voué à une brillante carrière dans la Ligue nationale.

★★★★★	
Équipe	
New Jersey	
Trophée	
Calder (1994)	
Saison 1993-1994	
Parties jouées:	47
Victoires:	27
Blanchissages:	3
Moyenne:	2,40
Fiche globale	
Parties jouées:	51
Victoires:	29
Blanchissages:	3
Moyenne:	2,46

L'entraîneur-chef des Devils, Jacques Lemaire, a mis toute sa confiance en Martin Brodeur au cours des éliminatoires de 1994 et son équipe a bien failli accéder à la finale de la coupe Stanley. Sur ce cliché, Martin prive la vedette des Jets de Winnipeg, Teemu Selanne, d'un but certain.

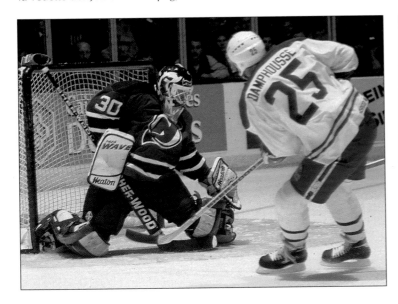

Le numéro 30 des Devils effectue un bel arrêt face à Vincent Damphousse, sur la glace du Forum. Son père, Denis Brodeur, éprouve évidemment beaucoup de fierté à voir évoluer son fils et à le photographier.

Martin Brodeur a su profiter de la chance qui lui a été offerte de faire ses preuves, au cours de la saison 1993-1994.

«Sa plus grande qualité est sans doute sa force de concentration. Il est très calme et manie bien la rondelle. L'entraîneur des gardiens des Devils, Jacques Caron, l'a considérablement aidé à corriger ses défauts et lui a appris à bien se concentrer», ajoute son père.

Non seulement Martin a brillé devant le filet des Devils au cours de la saison 1993-1994, partageant la tâche avec Chris Terreri, mais il a de plus été choisi recrue de l'année chez les Devils et a établi une nouvelle marque d'équipe en réussissant trois jeux blancs. Au cours des

éliminatoires, l'entraîneur-chef Jacques Lemaire a décidé de faire confiance à son jeune gardien. Martin a disputé 17 matchs, conservant une moyenne de buts alloués de 1,95. Il a d'ailleurs été le seul cerbère, au cours des éliminatoires, à avoir disputé au moins

15 rencontres et conservé une moyenne inférieure à 2,00. Martin Brodeur a été l'un des éléments clés du succès des Devils au cours des séries de fin de saison, et sera assurément l'une des grandes vedettes de son équipe au cours des prochaines années.

PAVEL BURE

En trois saisons avec les Canucks de Vancouver, le jeune joueur russe Pavel Bure a clairement démontré qu'il était un très grand joueur de hockey qui n'a certes pas fini de terroriser les gardiens adverses.

Pavel Bure, qui a eu 23 ans le 31 mars 1994, a démontré à sa troisième saison dans la Ligue nationale qu'il allait définitivement être l'une des grandes vedettes de la Ligue au cours des prochaines années. Il est déjà l'attraction principale des Canucks de Vancouver, un joueur électrisant, une idole. Dès sa première campagne dans la Ligue nationale en 1991-1992, Bure s'illustra en remportant le trophée Calder grâce à une fiche de 34 buts et de 26 passes en 65 matchs. Puis, la saison suivante, il obtenait cette fois 60 buts et 50 passes, pour finalement marquer à nouveau 60 buts en 1993-1994. Lors des éliminatoires de 1994, Bure a terminé au deuxième rang des compteurs derrière Brian Leetch, avec 16 buts et 14 passes en 24 rencontres. De plus, il a failli permettre aux Canucks de gagner la coupe Stanley pour la première fois de leur histoire. Sans doute l'un des patineurs les plus rapides du circuit Bettman, l'ailier droit Pavel Bure contribuera sûrement par ses exploits à la popularité du hockey en Amérique du Nord au cours des prochaines années.

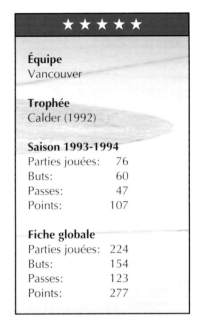

★ ★ ★ ★ ★

Équipe
Vancouver

Trophée
Calder (1992)

Saison 1993-1994

Parties jouées:	76
Buts:	60
Passes:	47
Points:	107

Fiche globale

Parties jouées:	224
Buts:	154
Passes:	123
Points:	277

ALEXANDRE DAIGLE

L'avenir des Sénateurs d'Ottawa passe par le joueur de centre Alexandre Daigle. Premier choix au repêchage de cette équipe et tout premier choix de la Ligue en 1993, Daigle a terminé au sixième rang des compteurs chez les recrues en 1993-1994. Qualifié d'espoir le plus prometteur de la Ligue de hockey junior majeur du Québec depuis Mario Lemieux, Daigle a marqué 80 buts et amassé 167 passes en deux saisons avec les Tigres de Victoriaville. Il fut d'ailleurs choisi recrue de l'année en 1992, à la fin de sa première saison avec les Tigres. Alexandre Daigle possède tous les atouts pour devenir l'une des grandes vedettes de la Ligue nationale au cours des prochaines saisons. Il est un excellent patineur et passeur, en plus d'être un habile marqueur. Avec, entre autres, le jeune Alexei Yashin, Daigle aura la tâche de faire des Sénateurs une équipe gagnante.

★ ★ ★ ★ ★

Équipe
Ottawa

Saison 1993-1994

Parties jouées:	84
Buts:	20
Passes:	31
Points:	51

La pression était forte sur les épaules d'Alexandre Daigle, au cours de la saison 1993-1994, alors qu'il en était à ses débuts dans la LNH. Même si les amateurs espéraient qu'il inscrive plus de buts, les experts savent qu'il devrait devenir tout un joueur de hockey.

GILBERT DIONNE

Aujourd'hui, Gilbert Dionne n'est plus considéré uniquement comme le frère de l'illustre joueur de centre Marcel Dionne. Depuis ses débuts dans la Ligue nationale en 1991-1992, alors qu'en 39 parties il marquait 21 buts, il est perçu comme un habile marqueur, un joueur rapide capable de changer le cours d'un match lorsqu'il a le cœur à l'ouvrage. Dionne a joué avec les Rangers de Kitchener dans les rangs juniors, avant que, en 1990, les Canadiens n'en fassent leur cinquième choix au repêchage de la Ligue nationale. Lors des éliminatoires de 1993, Dionne a marqué six buts et récolté six passes en 20 matchs, con-

tribuant ainsi à la conquête de la coupe Stanley. En 1993-1994, Dionne a marqué 19 buts et amassé 26 passes pour un total de 45 points, trois de moins qu'en 1992-1993.

★ ★ ★ ★ ★	
Équipe	
Montréal	
Saison 1993-1994	
Parties jouées:	74
Buts:	19
Passes:	26
Points:	45
Fiche globale	
Parties jouées:	190
Buts:	60
Passes:	67
Points:	127

Gilbert Dionne s'apprête à effectuer un lancer du revers en direction du gardien des Canucks de Vancouver.

PAT FALLOON

S'il était clair, lors du repêchage de 1991, que les Nordiques allaient sélectionner au premier rang le joueur de centre Eric Lindros, il était tout aussi évident que les Sharks de San Jose allaient mettre la main sur l'ailier droit Pat Falloon, des Chiefs de Spokane. À sa dernière saison dans la Ligue de hockey de l'Ouest, non seulement Falloon avait marqué 64 buts, mais il avait de plus été élu le joueur le plus utile du tournoi de la coupe Memorial, en obtenant 10 buts et 14 passes en 15 matchs. Dès sa première saison dans la Ligue nationale en 1991-1992, Falloon domina les compteurs de son équipe avec une fiche de 25 buts et 34 passes. Blessé la saison sui-

vante, sa production chutait à 14 buts. En 1993-1994, Falloon a quelque peu déçu avec ses 22 buts, particulièrement au cours des éliminatoires, obtenant seulement un but et deux passes en 14 rencontres. Un tel marqueur naturel ne pourra cependant longtemps être réduit au silence et les observateurs croient que Falloon devrait bientôt en mettre plein la vue aux amateurs de hockey.

★ ★ ★ ★ ★	
Équipe	
San Jose	
Saison 1993-1994	
Parties jouées:	83
Buts:	22
Passes:	31
Points:	53
Fiche globale	
Parties jouées:	203
Buts:	61
Passes:	79
Points:	140

La direction des Sharks de San Jose s'attend à de grandes performances de Pat Falloon au cours des prochaines saisons, lui qui a déjà amassé 138 points au cours d'une saison dans les rangs junior.

STÉPHANE FISET

Lorsque les Nordiques de Québec ont décidé, à la fin de la saison 1992-1993, de se départir du gardien Ron Hextall, acquis lors de la transaction majeure envoyant Eric Lindros à Philadelphie, ils posaient ainsi un geste de confiance envers le jeune gardien Stéphane Fiset. Troisième choix de Québec au repêchage de 1988, membre de la première équipe d'étoiles de la Ligue de hockey junior majeur du Québec en 1989, Fiset a fait ses débuts dans l'uniforme des Nordiques lors de la saison 1989-1990. Il avait disputé six matchs, en perdant cinq et soutirant un match nul. C'est finalement au cours de la campagne 1993-1994 que Fiset a connu l'action, jouant 50 parties, comparativement à 37 la saison précédente. Joueur promis à un brillant avenir, il célébrait le 17 juin 1994 son 24e anniversaire de naissance.

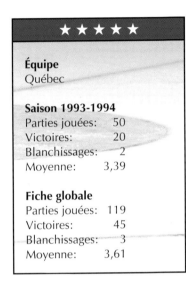

★ ★ ★ ★ ★

Équipe
Québec

Saison 1993-1994

Parties jouées:	50
Victoires:	20
Blanchissages:	2
Moyenne:	3,39

Fiche globale

Parties jouées:	119
Victoires:	45
Blanchissages:	3
Moyenne:	3,61

Le gardien de but Stéphane Fiset a signé, au cours de l'été 1994, un nouveau contrat de trois ans avec les Nordiques de Québec. Il est considéré comme le gardien numéro un de l'équipe.

CHRIS GRATTON

Chris Gratton est un solide joueur de centre qui a été le premier choix du Lightning de Tampa Bay lors du repêchage de 1993. Seuls Alexandre Daigle (Ottawa) et Chris Pronger (Hartford) furent choisis avant lui. Joueur vedette des Frontenacs de Kingston dans la Ligue de l'Ontario, Gratton a marqué 55 buts et récolté 54 passes lors de sa dernière saison chez les juniors. À ses débuts dans la Ligue nationale, Gratton a terminé en cinquième position chez les compteurs du Lightning, en plus d'être premier chez les recrues.

★ ★ ★ ★ ★

Équipe
Tampa Bay

Saison 1993-1994

Parties jouées:	84
Buts:	13
Passes:	29
Points:	42

Originaire de Brantford en Ontario, tout comme Wayne Gretzky, Chris Gratton a récolté 29 points en 16 parties en éliminatoires, en 1992-1993, avec les Frontenacs de Kingston.

JAROMIR JAGR

Jaromir Jagr n'est plus tout à fait une recrue puisqu'il a entamé sa cinquième saison dans la Ligue nationale à l'automne 1994. Jagr est cependant encore bien jeune, il a célébré son 22e anniversaire de naissance le 15 février 1994. Jagr, natif de la Tchécoslovaquie, a connu des saisons de 27, 32, 34 et 32 buts depuis ses débuts chez les professionnels. Il a été de la formation des Penguins lors de leurs deux conquêtes de la coupe Stanley et a particulièrement contribué à la victoire en 1992, obtenant 11 buts et 13 passes en 21 matchs lors des éliminatoires.

Premier choix des Penguins au repêchage de 1990, le cin-

quième au total, Jagr a été le meilleur marqueur de son équipe en 1993-1994. Cet ailier droit aux feintes magiques n'a certes pas fini d'étourdir les gardiens adverses.

En l'absence de Mario Lemieux, les dirigeants des Penguins s'attendent à une forte production de Jaromir Jagr.

★ ★ ★ ★ ★

Équipe
Pittsburgh

Saison 1993-1994

Parties jouées:	80
Buts:	32
Passes:	67
Points:	99

Fiche globale

Parties jouées:	311
Buts:	125
Passes:	194
Points:	319

JOÉ JUNEAU

Jusqu'à ce qu'il participe aux jeux Olympiques d'Albertville en 1992 dans l'uniforme de l'équipe du Canada, Joé Juneau était pratiquement inconnu des amateurs de hockey. Il fut la grande vedette des siens et le meilleur joueur du tournoi: en huit matchs, il marqua six buts et récolta neuf passes, permettant à l'équipe de remporter la médaille d'argent. Sélectionné au 81e rang par Boston lors du repêchage de 1988, Juneau fut rappelé par les Bruins et joua 14 parties au cours de la saison 1991-1992, réussissant cinq buts et 14 passes. Les Bruins venaient de mettre la main sur un jeune joueur de centre fort prometteur.

Joé Juneau a signé un contrat de quatre saisons avec Washington au cours de l'été 1994. Le joueur de centre apportera du punch à l'attaque des Capitals.

Juneau, natif de Pont-Rouge, a joué durant quatre saisons pour l'équipe de son collège, dans l'Association athlétique collégiale de l'Est, aux États-Unis, où il a obtenu son diplôme en aéronautique. À sa première saison avec les Bruins, il a marqué 32 buts et récolté 70 passes pour un total de 102 points. Il termina au deuxième rang des compteurs de son équipe derrière Adam Oates et termina deuxième au scrutin, derrière Teemu Selanne des Jets, pour le titre de recrue de l'année.

Lors de la saison 1993-1994, Juneau marqua 14 buts et récolta 57 passes en 63 matchs, avant d'être échangé le 21 mars 1994 aux Capitals de Washington, en retour du

défenseur Al Iafrate. Juneau a terminé au premier rang des compteurs de sa nouvelle équipe avec 85 points.

★ ★ ★ ★ ★

Équipes
Boston, Washington

Saison 1993-1994

Parties jouées:	74
Buts:	19
Passes:	66
Points:	85

Fiche globale

Parties jouées:	172
Buts:	56
Passes:	150
Points:	206

DARIUS KASPARAITIS

Après deux saisons dans la Ligue nationale, Darius Kasparaitis s'imposait déjà comme l'un des meilleurs défenseurs à caractère défensif de son équipe. Robuste malgré son 1,78 mètre (5 pieds, 11 pouces) et ses 86 kilos (190 livres), Kasparaitis, né en Russie le 16 octobre 1972, a récolté 166 minutes de punition avec les Islanders en 1992-1993. Disons qu'il n'est pas du genre à fuir les coins de patinoires! Il fut le premier choix de cette équipe au repêchage de 1992 et constitue l'un des beaux espoirs des Islanders.

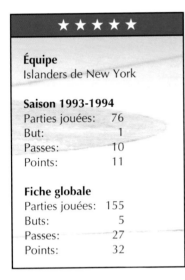

★ ★ ★ ★ ★	
Équipe	
Islanders de New York	
Saison 1993-1994	
Parties jouées:	76
But:	1
Passes:	10
Points:	11
Fiche globale	
Parties jouées:	155
Buts:	5
Passes:	27
Points:	32

Kasparaitis s'est avéré un joueur fiable, solide en défensive, depuis ses débuts avec les Islanders de New York.

TREVOR KIDD

Avec le départ du gardien Mike Vernon pour Detroit à l'été 1994, le jeune gardien Trevor Kidd aura peut-être enfin la chance de démontrer tout son potentiel dans la Ligue nationale. Premier choix des Flames de Calgary au repêchage de 1990, Kidd a mené les Chiefs de Spokane au championnat en 1991, alors qu'il jouait 15 parties lors des éliminatoires, remportant 14 victoires et conservant l'excellente moyenne de 2,07. Il avait alors comme coéquipiers Pat Falloon et Ray Whitney.

Kidd a obtenu sa chance au cours de la saison 1993-1994, alors qu'il a été appelé à partager le travail avec Mike Vernon devant le filet. Selon les observateurs, il pourrait être l'un des meilleurs gardiens de la Ligue au cours des prochaines saisons.

★ ★ ★ ★ ★	
Équipe	
Calgary	
Saison 1993-1994	
Parties jouées:	31
Victoires:	13
Blanchissage:	0
Moyenne:	3,16
Fiche globale	
Parties jouées:	33
Victoires:	14
Blanchissage:	0
Moyenne:	3,22

Le jeune gardien Trevor Kidd devrait rapidement faire oublier Mike Vernon aux partisans des Flames si les espoirs fondés en lui se matérialisent.

ALEXEI KOVALEV

Au printemps de 1994, l'ailier droit Alexei Kovalev est devenu l'un des trois premiers joueurs russes à vivre la conquête de la coupe Stanley, avec les Rangers de New York. Il a de plus contribué à cette victoire tant attendue. À sa deuxième saison avec les Rangers, Kovalev a inscrit 18 points de plus qu'à sa première campagne avec l'équipe, en 1992-1993. Qui plus est, au cours des éliminatoires, il a terminé au troisième rang des compteurs de son équipe, avec une fiche de neuf buts et 12 passes en 23 matchs. Seuls Brian Leetch et Mark Messier firent mieux que lui.

Kovalev a été le premier choix des Rangers au repêchage de 1991. Lors de la saison 1992-1993, il a disputé 13 matchs avec Binghamton dans la Ligue américaine, réussissant 13 buts et 11 passes. Les Rangers furent alors convaincus qu'il était définitivement prêt à jouer de façon régulière dans la Ligue nationale.

★ ★ ★ ★ ★	
Équipe	
Rangers de New York	
Saison 1993-1994	
Parties jouées:	76
Buts:	23
Passes:	33
Points:	56
Fiche globale	
Parties jouées:	141
Buts:	43
Passes:	51
Points:	94

Alexei Kovalev est l'un des brillants joueurs russes à évoluer avec les Rangers de New York. En 1994-1995, il en est à sa troisième saison dans la LNH.

VYACHESLAV KOZLOV

Le numéro 13 Vyacheslav Kozlov a démontré de belles aptitudes au cours de la saison 1993-1994.

Les dirigeants des Red Wings de Detroit ont depuis quelques années décidé de miser sur des joueurs russes, une décision qui leur a été fort profitable jusqu'à maintenant. Au repêchage de 1989, ils sélectionnaient Sergei Fedorov et l'année suivante, c'était au tour de Vyacheslav Kozlov, un autre joueur de centre très talentueux. Deuxième choix des Red Wings en 1990, Kozlov a passé la majeure partie de la saison 1992-1993 avec Adirondack dans la Ligue américaine. Avec cette équipe, il marqua 23 buts et récolta 36 passes en 45 matchs. Une performance concluante qui lui permit de commencer la saison 1993-1994 avec le grand club.

Kozlov n'a pas déçu, marquant 34 buts à sa première campagne. Pas superstitieux, à l'instar de ses compatriotes Yuri Khmylev (Buffalo), German Titov (Calgary) et Sergei Nemchinov (Rangers), Kozlov porte le numéro 13 avec les Red Wings. Un numéro qui semble lui porter chance jusqu'à maintenant.

★ ★ ★ ★ ★	
Équipe	
Detroit	
Saison 1993-1994	
Parties jouées:	77
Buts:	34
Passes:	39
Points:	73
Fiche globale	
Parties jouées:	101
Buts:	38
Passes:	42
Points:	80

MARTIN LAPOINTE

Ex-vedette de l'équipe de Laval dans la Ligue de hockey junior majeur du Québec, avec laquelle il marqua 86 buts en deux saisons (1989-1990 et 1990-1991), l'ailier droit Martin Lapointe a été le premier choix des Red Wings de Detroit au repêchage de 1991, le 10e au total. Membre de l'équipe d'étoiles de la coupe Memorial en 1993, Lapointe n'avait disputé que sept matchs avec les Red Wings avant le début de la campagne 1993-1994. Lapointe n'a marqué que huit buts en 50 matchs, mais ce joueur natif de Lachine, qui célébrait son 21e anniversaire de naissance le 12 septembre 1994, figure parmi les plus beaux espoirs de la Ligue.

★ ★ ★ ★ ★

Équipe
Detroit

Saison 1993-1994
Parties jouées: 50
Buts: 8
Passes: 8
Points: 16

Fiche globale
Parties jouées: 57
Buts: 8
Passes: 9
Points: 17

L'année 1994-1995 sera importante pour Martin Lapointe, qui pourrait s'avérer l'une des belles surprises chez les Red Wings.

NICKLAS LIDSTROM

À sa première saison dans la Ligue nationale en 1991-1992, Nicklas Lidstrom termina deuxième au scrutin pour la recrue de l'année, titre qui fut attribué à Pavel Bure, des Canucks de Vancouver. En 80 matchs, ce Suédois obtint 11 buts et 49 passes, termina au sixième rang des compteurs de son équipe et domina chez les recrues de la Ligue pour les passes obtenues. Troisième choix des Red Wings au repêchage de 1989, 53e au total, ce solide défenseur de 1,85 mètre (6 pieds, 2 pouces) est certes l'un des beaux joueurs d'avenir sur lesquels les Red Wings peuvent compter.

★ ★ ★ ★ ★

Équipe
Detroit

Saison 1993-1994
Parties jouées: 84
Buts: 10
Passes: 46
Points: 56

Fiche globale
Parties jouées: 248
Buts: 28
Passes: 129
Points: 157

Le défenseur Nicklas Lidstrom a connu, en 1993-1994, une troisième saison de plus de 40 points depuis ses débuts avec les Red Wings.

ERIC LINDROS

Voilà un joueur qui a fait couler beaucoup d'encre avant même d'avoir posé les patins sur une patinoire de la Ligue nationale. Premier choix au repêchage de 1991, sélectionné par les Nordiques de Québec, le joueur de centre vedette des Generals d'Oshawa refusa de se rapporter à l'équipe du directeur-gérant Pierre Pagé et exigea d'être échangé. Il joua pour Oshawa, pour l'équipe nationale canadienne junior et pour l'équipe canadienne olympique au cours de la saison 1991-1992, avant de finalement passer aux Flyers de Philadelphie le 30 juin 1992. Ce jour-là, l'une des plus grosses transactions de la Ligue eut lieu alors que les Flyers cédèrent aux Nordiques le jeune Peter Forsberg, Mike Ricci, Ron

Hextall, Steve Duchesne, Kerry Huffman, Chris Simon, en plus des premiers choix aux repêchages de 1993 et de 1994 et 15 millions de dollars, pour obtenir le gaillard de 1,90 mètre (6 pieds, 4 pouces) et de 107

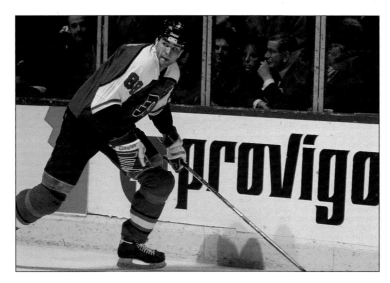

À sa deuxième saison dans la LNH en 1993-1994, Eric Lindros a de nouveau été blessé et a raté 19 matchs. Malgré tout, il est venu bien près de franchir le plateau des 100 points.

kilos (235 livres). À sa première saison dans la Ligue, Lindros marqua 41 buts et récolta 34 passes, en seulement 61 matchs. Il a fait encore mieux en 1993-1994 et, comme prévu, il devrait devenir l'une des grandes étoiles de la Ligue, s'il parvient à éviter les blessures, lui qui a malheureusement dû rater 42 matchs en deux ans.

★ ★ ★ ★ ★

Équipe
Philadelphie

Saison 1993-1994
Parties jouées:	65
Buts:	44
Passes:	53
Points:	97

Fiche globale
Parties jouées:	126
Buts:	85
Passes:	87
Points:	172

PETR NEDVED

La nouvelle acquisition des Rangers de New York devrait franchir la marque des 200 points en carrière au cours de la campagne 1994-1995.

En 1993-1994, Petr Nedved en était à sa quatrième saison dans la Ligue nationale, une campagne à oublier pour les fans du joueur de centre. En effet, après des saisons de 10, 15 et 38 buts avec les Canucks, Nedved a fait la grève au cours de la campagne 1993-1994, et a finalement été échangé aux Blues de St. Louis. Il terminait la saison avec une fiche de 20 points en 19 matchs. Nedved avait été le premier choix des Canucks au repêchage de 1990, deuxième derrière Owen Nolan des Nordiques de Québec. Les Canucks avaient décidé de choisir ce jeune joueur de centre tchèque après qu'il eut connu une saison de 65 buts et de 80 passes en 71 matchs avec les Thunderbirds de Seattle, dans la Ligue de hockey de l'Ouest. Il aura passé peu de temps dans l'uni-

forme des Blues puisqu'en juillet 1994, il était cédé aux Rangers de New York dans le cadre de l'entente entre les Blues et les Rangers, permettant à Mike Keenan de devenir le nouveau directeur-gérant et entraîneur des Blues.

★ ★ ★ ★ ★

Équipes
Vancouver, St. Louis, Rangers de New York

Saison 1993-1994
Parties jouées:	19
Buts:	6
Passes:	14
Points:	20

Fiche globale
Parties jouées:	241
Buts:	69
Passes:	75
Points:	144

SERGEI NEMCHINOV

Sergei Nemchinov a connu des débuts tardifs dans la Ligue nationale, puisqu'il était âgé de 27 ans à son premier match avec les Rangers de New York, au début de la saison 1991-1992. Ex-vedette des Ailes du Soviet durant six saisons, Nemchinov a impressionné, marquant 30 buts et amassant 28 passes à sa première campagne chez les professionnels. Quatorzième choix des Rangers en 1990, 244e au total, Nemchinov a vécu un grand moment en participant à la conquête de la coupe Stanley par les Rangers en 1994, la quatrième de l'histoire de l'équipe.

★ ★ ★ ★ ★

Équipe
Rangers de New York

Saison 1993-1994
Parties jouées: 76
Buts: 22
Passes: 27
Points: 49

Fiche globale
Parties jouées: 230
Buts: 75
Passes: 86
Points: 161

Sergei Nemchinov a marqué deux buts et amassé cinq passes au cours des éliminatoires de 1994, alors que les Rangers ont remporté la coupe Stanley.

SCOTT NIEDERMAYER

À sa deuxième saison avec les Blazers de Kamloops dans la Ligue de hockey de l'Ouest, le défenseur Scott Niedermayer marqua 26 buts et récolta 56 passes. Ces statistiques incitèrent les dirigeants des Devils du New Jersey à en faire leur premier choix au repêchage de 1991, le troisième au total. En 1991-1992, Niedermayer fut nommé au sein de l'équipe d'étoiles de la coupe Memorial et proclamé le joueur le plus utile, grâce à ses neuf buts et 14 passes en 17 matchs.

Niedermayer a disputé sa première saison avec les Devils en 1992-1993, obtenant 11 buts et 29 passes. Il a fait encore mieux en 1993-1994, obtenant six points de plus. Un défenseur promis à un brillant avenir.

★ ★ ★ ★ ★

Équipe
New Jersey

Saison 1993-1994
Parties jouées: 81
Buts: 10
Passes: 36
Points: 46

Fiche globale
Parties jouées: 165
Buts: 21
Passes: 66
Points: 87

Après une saison de 40 points en 1992-1993, Scott Niedermayer a continué sa progression en 1993-1994, et les dirigeants des Devils sont persuadés qu'il deviendra l'un des meilleurs défenseurs de la Ligue.

OWEN NOLAN

Forcé de rater presque toute la saison 1993-1994 en raison d'une blessure à l'épaule, Owen Nolan avait connu des saisons de 13, 73 et 77 points avec les Nordiques avant d'être forcé à l'inactivité. En 1991-1992, ce premier choix au repêchage de 1990 a même marqué 42 buts, dominant ainsi les marqueurs de son équipe. Cet ailier droit agressif qui a reçu 485 minutes de punition depuis ses débuts chez les professionnels, a participé pour la première fois de sa carrière au match des étoiles en 1992, à Philadelphie. Le nouveau directeur-gérant des Nordiques, Pierre Lacroix, mise beaucoup sur cet ailier droit pour permettre aux Nordiques d'atteindre les plus hauts sommets au cours des prochaines années.

★ ★ ★ ★ ★

Équipe
Québec

Saison 1993-1994

Parties jouées:	6
Buts:	2
Passes:	2
Points:	4

Fiche globale

Parties jouées:	213
Buts:	83
Passes:	84
Points:	167

En 1994-1995, Owen Nolan devrait revenir en force avec les Nordiques sous la direction de Marc Crawford qui a été son entraîneur chez les juniors.

CHRIS OSGOOD

Le gardien de but Chris Osgood a joué pour quatre formations avant de faire ses débuts avec les Red Wings de Detroit en 1993-1994. Il a partagé le travail avec Tim Cheveldae, conservant une excellente moyenne de 2,86, la meilleure de sa carrière. Osgood a joué successivement pour Medecine Hat, Brandon et Seattle dans la Ligue de hockey junior de l'Ouest, avant de joindre les rangs des Red Wings d'Adirondack dans la Ligue américaine en 1992-1993. Ce troisième choix de Detroit au repêchage de 1991 pourrait devenir l'un des joueurs clés de son équipe au cours des prochaines saisons.

Chris Osgood a impressionné à sa première saison chez les professionnels et l'entraîneur-chef Scotty Bowman, des Red Wings, devrait lui faire voir beaucoup d'action en 1994-1995.

★ ★ ★ ★ ★

Équipe
Detroit

Saison 1993-1994

Parties jouées:	41
Victoires:	23
Blanchissages:	2
Moyenne:	2,86

OLEG PETROV

C'est au cours de la saison 1992-1993 que les Canadiens de Montréal ont rappelé de leur club école de Fredericton, dans la Ligue américaine, le jeune ailier droit Oleg Petrov. En neuf matchs, Petrov a démontré énormément de rapidité et d'habileté en plus d'inscrire deux buts et une passe. Avec Fredericton, il termina la saison avec une fiche de 26 buts et 29 passes en 55 rencontres, soit un point par match. Pas mal pour un joueur de 1,73 mètre (5 pieds, 9 pouces) et de 73 kilos (160 livres), qui prouvait ainsi que son gabarit ne constituait pas un handicap.

En 1993-1994, ce joueur, qui a été le sixième choix des Canadiens au repêchage de 1991, a marqué 12 buts et surtout, a mérité la sympathie des fans par son dynamisme sur la glace.

★ ★ ★ ★ ★	
Équipe	
Montréal	
Saison 1993-1994	
Parties jouées:	55
Buts:	12
Passes:	15
Points:	27

Le jeune Oleg Petrov, le nouveau marchand de vitesse des Canadiens, a démontré qu'il était un excellent marqueur et qu'il était définitivement prêt pour la Ligue nationale.

DEREK PLANTE

Le joueur de centre Derek Plante a été choisi au 161e rang lors du repêchage de la Ligue nationale en 1989 (septième choix de Buffalo), et il lui a fallu attendre à la saison 1993-1994 avant d'obtenir sa chance avec les Sabres. Avec l'équipe du collège Minnesota-Duluth, Plante a marqué 96 buts en quatre saisons. À sa dernière campagne avec cette équipe, il a dominé la Ligue pour le plus grand nombre de buts (36), de passes (56) et de points (92), et ce, en seulement 37 matchs. Ses premiers pas dans la Ligue nationale ont été couronnés de succès puisqu'il a été le meilleur joueur recrue des Sabres et a terminé au cinquième rang des compteurs de son équipe.

★ ★ ★ ★ ★	
Équipe	
Buffalo	
Saison 1993-1994	
Parties jouées:	77
Buts:	21
Passes:	35
Points:	56

À sa première saison dans la LNH, le joueur de centre Derek Plante a été la révélation chez les recrues des Sabres en 1993-1994.

FÉLIX POTVIN

Félix Potvin, ex-joueur vedette dans les rangs junior avec Chicoutimi, est l'un des jeunes et talentueux gardiens de la LNH susceptibles de remporter le trophée Vézina au cours des prochaines années.

Ex-vedette des Saguenéens de Chicoutimi dans la Ligue de hockey junior majeur du Québec, le gardien de but Félix Potvin a fait sensation à sa première saison dans la Ligue nationale. Deuxième choix des Maple Leafs de Toronto au repêchage de 1990, Potvin a été le gardien ayant conservé la meilleure moyenne de buts alloués en 1992-1993 avec 2,50. Après avoir remporté 25 victoires en 48 départs, il a failli conduire son équipe à la finale de la coupe Stanley, Toronto s'inclinant en sept matchs devant les Kings de Los Angeles. En 21 matchs de séries de fin de saison, (un sommet dans la Ligue), Potvin a conservé l'excellente moyenne de 2,84.

Membre de l'équipe d'étoiles de la coupe Memorial en 1991, élu recrue de l'année dans la Ligue américaine en 1992, Potvin est véritablement devenu le gardien numéro un de l'équipe en 1993-1994; il avait dû partager le travail avec Grant Fuhr la saison précédente. Et encore une fois, il a été l'un des éléments clés des succès de l'équipe dirigée par Pat Burns.

★ ★ ★ ★ ★

Équipe
Toronto

Saison 1993-1994

Parties jouées:	66
Victoires:	34
Blanchissages:	3
Moyenne:	2,89

Fiche globale

Parties jouées:	118
Victoires:	59
Blanchissages:	5
Moyenne:	2,71

PATRICK POULIN

Ancienne vedette du Laser de Saint-Hyacinthe dans la Ligue de hockey junior majeur du Québec — il a marqué 52 buts et récolté 86 passes à sa dernière saison en 1991-1992 —, Patrick Poulin a fait le saut directement chez les professionnels, ne disputant qu'une partie avec les Indians de Springfield lors des éliminatoires dans la Ligue américaine. À sa première saison avec les Whalers de Hartford en 1992-1993, Poulin a marqué 20 buts et amassé 31 passes. Cet ailier gauche, premier choix des Whalers au repêchage de 1991, a été échangé aux Black Hawks de Chicago au cours de la saison 1993-1994 et, à l'instar de plusieurs autres joueurs, a connu quelques difficultés à sa deuxième saison chez les professionnels, n'amassant que 28 points. Il devrait rebondir.

★ ★ ★ ★ ★

Équipes
Hartford, Chicago

Saison 1993-1994

Parties jouées:	67
Buts:	14
Passes:	14
Points:	28

Fiche globale

Parties jouées:	149
Buts:	34
Passes:	45
Points:	79

C'est en quelque sorte un nouveau départ pour Patrick Poulin qui, en 1994-1995, jouera une première saison complète avec Chicago. Il a été échangé à cette équipe le 2 novembre 1993.

KEITH PRIMEAU

Après avoir marqué 57 buts et récolté 70 passes avec le Thunder de Niagara Falls dans la Ligue junior de l'Ontario, le joueur de centre Keith Primeau a été le premier choix de Detroit au repêchage de 1990, le troisième joueur sélectionné. Dès la saison suivante, les Red Wings le faisaient accéder à la Ligue nationale. Une erreur, car le jeune joueur n'était visiblement pas prêt: il ne marqua que trois buts en 58 matchs. La saison suivante, en 42 matchs avec les Red Wings d'Adirondack de la Ligue américaine, il marquait 21 buts et amassait 24 passes. Ce n'est qu'en 1993-1994 que le talent de Primeau se concrétise, alors qu'il marque 31 buts, 16 de plus que la saison précé-

dente. À Detroit, on espère que ce colosse de 1,90 mètre (6 pieds, 4 pouces) et de 100 kilos (220 livres) étalera enfin tout son talent au cours des prochaines saisons.

★ ★ ★ ★ ★	
Équipe	
Detroit	
Saison 1993-1994	
Parties jouées:	78
Buts:	31
Passes:	42
Points:	73
Fiche globale	
Parties jouées:	244
Buts:	55
Passes:	81
Points:	136

En 1993-1994, le centre Keith Primeau a enfin commencé à produire, réussissant sa première saison de plus de 30 buts. Les Red Wings lui prédisent un bel avenir.

CHRIS PRONGER

Reconnu dans les rangs juniors comme un solide arrière excellent autant à la défensive qu'à l'offensive, Chris Pronger a été le premier choix des Whalers de Hartford au repêchage de 1993, le deuxième joueur sélectionné après Alexandre Daigle. Avec les Petes de Peterborough, il a connu des saisons successives de 62 et 77 points avant de faire le saut directement chez les professionnels. Avec une taille imposante de 1,93 mètre (6 pieds, 5 pouces), Pronger ne craint pas le jeu viril. Il a déjà démontré en 1993-1994 qu'il était l'un des plus beaux espoirs chez les défenseurs de la Ligue, lui qui a eu 20 ans en 1994. Il a d'ailleurs été le

meilleur défenseur à caractère offensif de son équipe et a terminé au cinquième rang des compteurs des Whalers lors de sa première saison dans la LNH.

★ ★ ★ ★ ★	
Équipe	
Hartford	
Saison 1993-1994	
Parties jouées:	81
Buts:	5
Passes:	25
Points:	30

Malgré la piètre saison des Whalers de Hartford en 1993-1994 qui ont raté les éliminatoires pour une deuxième saison consécutive, Pronger a su tirer son épingle du jeu, à sa première campagne.

MIKAEL RENBERG

Une recrue sortie de nulle part! Personne ne s'attendait que Mikael Renberg, parfait inconnu, devienne en une saison l'une des coqueluches des partisans des Flyers de Philadelphie. Cet ailier droit originaire de la Suède, troisième choix des Flyers au repêchage de 1990 (le 242e joueur sélec-tionné), a été le meilleur compteur chez les recrues au cours de la saison 1993-1994, devançant par trois points Alexei Yashin des Sénateurs d'Ottawa.

Excellent patineur possédant un lancer redoutable, Renberg a terminé au quatrième rang des compteurs des Flyers. Son nom a aussi été retenu comme recrue de l'année, mais cet honneur a finalement été octroyé au gardien de but Martin Brodeur.

Le jeune joueur des Flyers a terminé troisième lors du scrutin visant à élire la recrue de l'année en 1994 dans la LNH, derrière Martin Brodeur et Jason Arnott. Une première saison fort promet-teuse.

⭐ ⭐ ⭐ ⭐ ⭐

Équipe
Philadelphie

Saison 1993-1994
Parties jouées:	83
Buts:	38
Passes:	44
Points:	82

MIKE RICCI

Depuis ses débuts dans la Ligue nationale, le joueur de centre Mike Ricci n'a jamais cessé de s'améliorer et de hausser la qualité de son jeu. Avec les Flyers de Philadelphie — il avait été le premier choix de cette équipe au repêchage de 1990, le quatrième au total —, Ricci a marqué deux et 20 buts avant de passer aux Nordiques de Québec lors de la méga-transaction qui a envoyé Eric Lindros aux Flyers.

Avec les Nordiques, il a marqué 27 buts et récolté 51 passes en 1992-1993, puis a atteint le cap des 30 buts pour la première fois chez les professionnels en 1993-1994.

Vedette des Petes de Peterborough dans les rangs juniors, Ricci avait connu sa meilleure saison avec cette équipe en 1989-1990, amassant 52 buts et 64 passes.

⭐ ⭐ ⭐ ⭐ ⭐

Équipes
Philadelphie, Québec

Saison 1993-1994
Parties jouées:	83
Buts:	30
Passes:	21
Points:	51

Fiche globale
Parties jouées:	306
Buts:	98
Passes:	128
Points:	226

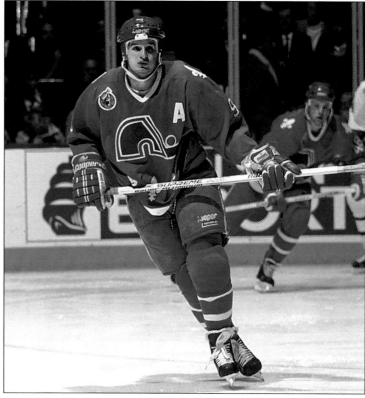

Mike Ricci demeure l'un des éléments clés de l'attaque des Nordiques. En 1993-1994, il a marqué 30 buts pour la première fois de sa carrière.

DOMINIC ROUSSEL

Ce gardien de but originaire de Hull est un autre jeune qui devrait s'illustrer au cours des prochaines saisons. Quatrième choix des Flyers au repêchage de 1988, Roussel a joué pour Shawinigan dans la LHJMQ, puis avec les Bears de Hershey dans la Ligue américaine, avant de faire le saut chez les professionnels. En 1992-1993, il a disputé 34 parties avec les Flyers, conservant une moyenne de buts alloués de 3,76, partageant le travail avec Tommy Soderstrom. Au cours de la saison 1993-1994, l'entraîneur-chef Terry Simpson en fit son gardien numéro un: il disputa 60 matchs. Il a offert de belles performances avec cette équipe relativement faible qui ratait les éliminatoires pour une cinquième année consécutive en 1994.

★ ★ ★ ★ ★

Équipe
Philadelphie

Saison 1993-1994
Parties jouées:	60
Victoires:	29
Blanchissage:	1
Moyenne:	3,34

Fiche globale
Parties jouées:	111
Victoires:	49
Blanchissages:	3
Moyenne:	3,35

En 1993-1994, Dominic Roussel a été l'homme de confiance des Flyers devant le filet. Le nouvel entraîneur-chef Terry Murray, qui a dirigé les Capitals, mise sur son jeune gardien pour aider l'équipe à participer aux éliminatoires.

GEOFF SANDERSON

L'avenir des Whalers de Hartford passe par le jeune joueur de centre Geoff Sanderson qui, en trois saisons, a clairement démontré par ses performances qu'il serait l'une des grandes vedettes de la Ligue au cours des prochaines années. Sanderson, deuxième choix des Whalers au repêchage de 1990, a connu des saisons de 94 points (32 buts) et 112 points (62 buts) avec les Broncos de Swift Current, de la Ligue de hockey de l'Ouest, avant de faire ses débuts avec les Whalers en 1991-1992. Il se contenta de marquer 13 buts et d'amasser 18 passes, avant d'en mettre plein la vue aux amateurs de hockey en 1992-1993, marquant 46 buts et récoltant 43 passes. En 1993-1994, sa production offensive diminuait légèrement, mais Sanderson a définitivement tous les atouts pour devenir une grande vedette.

★ ★ ★ ★ ★

Équipe
Hartford

Saison 1993-1994
Parties jouées:	82
Buts:	41
Passes:	26
Points:	67

Fiche globale
Parties jouées:	230
Buts:	101
Passes:	87
Points:	188

Geoff Sanderson n'a raté que deux parties au cours de la saison 1993-1994, et il a obtenu 67 points. Les dirigeants des Whalers sont confiants de le voir atteindre le cap des 100 points.

TEEMU SELANNE

Au cours de la campagne 1992-1993, Teemu Selanne a surpris tout le monde en parvenant, à sa première saison dans la LNH, à éclipser le record détenu depuis 12 ans par Peter Stastny: le plus grand nombre de points, 109, obtenus par un joueur recrue. Selanne a connu une saison extraordinaire, marquant 76 buts (le meneur de la Ligue à ce chapitre avec Alexander Mogilny) et amassant 56 passes pour un total de 132 points. Premier choix des Jets en 1988, cet ailier droit finlandais a été ralenti par les blessures au cours de la saison 1993-1994. À Winnipeg, on s'attend qu'il revienne plus fort pour la saison 1994-1995. Selanne, numéro 13 des Jets, a célébré son 24e anniversaire de naissance le 3 juillet 1994.

★ ★ ★ ★ ★

Équipe
Winnipeg

Trophée
Calder (1993)

Saison 1993-1994
Parties jouées:	51
Buts:	25
Passes:	29
Points:	54

Fiche globale
Parties jouées:	135
Buts:	101
Passes:	85
Points:	186

Teemu Selanne a raté 33 matchs au cours de la saison 1993-1994, et il a dû se contenter de 25 buts. On s'attend qu'il revienne en force en 1994-1995.

BRYAN SMOLINSKI

Ce jeune joueur de centre a démontré de si belles aptitudes au cours de la saison 1993-1994 avec les Bruins de Boston que ses performances ont incité la direction de l'équipe à se départir du centre Joé Juneau. À ses deux dernières saisons avec le collège de Michigan State, Smolinski a marqué 28 et 31 buts avant de faire ses débuts avec les Bruins. Smolinski est l'un des trois joueurs des Bruins qui ont atteint le cap des 30 buts en 1993-1994 (Cam Neely, 50 buts et Adam Oates, 31 buts, ont fait mieux). Il a évidemment été la meilleure recrue de l'équipe et a terminé au cinquième rang chez les compteurs recrues de la Ligue nationale.

★ ★ ★ ★ ★

Équipe
Boston

Saison 1993-1994
Parties jouées:	83
Buts:	31
Passes:	20
Points:	51

Fiche globale
Parties jouées:	92
Buts:	32
Passes:	23
Points:	55

Joé Juneau parti à Washington, Bryan Smolinski pourrait bien devenir la nouvelle coqueluche des partisans des Bruins, après s'être illustré à sa première saison complète dans la Ligue.

MATS SUNDIN

Premier choix des Nordiques et tout premier joueur sélectionné lors du repêchage de 1989, l'ailier droit suédois Mats Sundin a été échangé aux Maple Leafs de Toronto après avoir passé quatre ans à Québec. Sundin a présenté une fiche décevante de 32 buts et 53 passes en 1993-1994, après avoir connu une saison de 114 points en 1992-1993. Il a pris le chemin de Toronto en compagnie de Garth Butcher et Todd Warriner, en retour du capitaine des Leafs, Wendel Clark, du défenseur Sylvain Lefebvre et du jeune ailier droit de 19 ans Landon Wilson, lors d'une transaction complétée au repêchage de la Ligue nationale en juin 1994.

Avec les Nordiques, Sundin a connu des saisons successives de 23, 33, 47 et 32 buts et a conservé, en quatre saisons, une moyenne d'environ un point par match. Excellant sous pression, le numéro 13 des Nordiques avait été le meilleur joueur de l'équipe suédoise lors du championnat mondial de hockey au printemps 1994. Mats Sundin possède un excellent coup de patin, des feintes étourdissantes pour les gardiens adverses, et il devrait rapidement devenir l'un des favoris des partisans des Maple Leafs et un pilier de cette équipe.

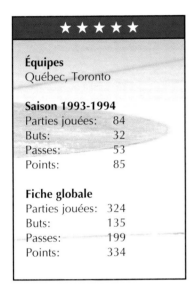

Mats Sundin, heureux dans un nouvel environnement, à Toronto, devrait devenir la nouvelle coqueluche des partisans des Leafs.

★ ★ ★ ★ ★	
Équipes	
Québec, Toronto	
Saison 1993-1994	
Parties jouées:	84
Buts:	32
Passes:	53
Points:	85
Fiche globale	
Parties jouées:	324
Buts:	135
Passes:	199
Points:	334

DARRYL SYDOR

Avec Darryl Sydor, les Kings de Los Angeles peuvent compter sur un jeune et brillant défenseur qui présente de belles aptitudes offensives.

En fait, avec Alexei Zhitnik et Rob Blake, les Kings peuvent être optimistes quant à l'avenir de leur défensive. Sydor, premier choix de l'équipe en 1990, a connu une saison de 105 points (27 buts et 78 passes) en 1990-1991 avec les Blazers de Kamloops, dans la Ligue de hockey de l'Ouest. Au cours des éliminatoires, il fut le meilleur des siens, obtenant trois buts et 22 passes en seulement 12 matchs. Sydor a d'ailleurs été nommé au sein de la première équipe d'étoiles de cette ligue en 1990, 1991 et 1992. Après une première saison prometteuse en 1992-1993 (six buts et 23 passes) avec les Kings, Sydor a fait encore mieux en 1993-1994 avec huit buts et 27 passes. Un avenir prometteur pour ce jeune défenseur natif d'Edmonton.

★ ★ ★ ★ ★	
Équipe	
Los Angeles	
Saison 1993-1994	
Parties jouées:	84
Buts:	8
Passes:	27
Points:	35
Fiche globale	
Parties jouées:	182
Buts:	14
Passes:	50
Points:	64

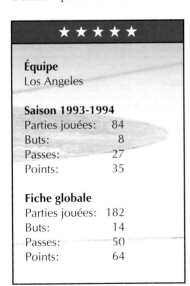

Darryl Sydor a prouvé au cours qu'il excellait autant en défensive qu'à l'offensive. Avant le début de la saison 1994-1995, il n'était âgé que de 22 ans.

JOCELYN THIBAULT

Originaire de Montréal, le jeune gardien Jocelyn Thibault a fait ses premiers pas dans la Ligue nationale au cours de la saison 1993-1994, alors qu'il a disputé 29 matchs avec les Nordiques. Premier choix de Québec au repêchage de 1993, seul cerbère repêché en première ronde, Thibault fut proclamé le meilleur gardien de but du hockey junior canadien en 1993. Avec Sherbrooke, il avait conservé une moyenne de buts alloués de 3,09 et remporté 34 victoires en 56 départs. Ce jeune joueur, adepte du style papillon, pourrait bien connaître une belle carrière dans l'uniforme des Nordiques.

★ ★ ★ ★ ★

Équipe
Québec

Saison 1993-1994
Parties jouées:	29
Victoires:	8
Blanchissage:	0
Moyenne:	3,31

Jocelyn Thibault possède tous les atouts pour devenir l'un des meilleurs gardiens de la Ligue nationale mais on sera patient avec ce joueur qui n'aura que 20 ans en janvier 1995.

ALEXEI YASHIN

On s'attendait que Alexandre Daigle soit la grande vedette des Sénateurs d'Ottawa dès sa première saison dans la Ligue. C'est plutôt le joueur de centre Alexei Yashin qui a fait tourner toutes les têtes. Yashin, premier choix d'Ottawa au repêchage de 1992, est devenu le premier marqueur de 30 buts de l'histoire de l'équipe, et récoltait en plus 49 passes. Lui et Alexandre Daigle ont été les bougies d'allumage des Sénateurs, amassant respectivement 79 et 51 points à leur première saison dans la LNH.

Deuxième compteur et meneur chez les recrues au chapitre des lancers avec 232 tirs en 83 parties, Alexei Yashin a demandé à la direction des Sénateurs, au cours de la saison estivale 1994, de renégocier son contrat, voulant être payé à sa juste valeur.

★ ★ ★ ★ ★

Équipe
Ottawa

Saison 1993-1994
Parties jouées:	83
Buts:	30
Passes:	49
Points:	79

Alexei Yashin a été la grande vedette des Sénateurs d'Ottawa au cours de la saison 1993-1994, dominant les compteurs de son équipe avec 79 points.

ALEXEI ZHITNIK

Alexei Zhitnik est un autre de ces nombreux joueurs russes qui se sont illustrés dans la Ligue nationale au cours de la saison 1993-1994. Zhitnik a quitté la Russie en 1992 et a fait ses débuts avec les Kings de Los Angeles au cours de la saison 1992-1993, marquant 12 buts et récoltant 36 passes. Il a même été le meneur pour les points obtenus chez les défenseurs des Kings au cours des éliminatoires de 1993, avec 12 points en 24 parties.

Zhitnik a connu une deuxième saison dans la Ligue nationale à la hauteur des attentes des dirigeants des Kings, amassant quatre points de plus que la saison précédente. Les Kings misent beaucoup sur Zhitnik et Rob Blake, deux arrières qui adorent se porter à l'attaque tout en excellant à la défensive. Ces deux joueurs devraient améliorer les performances de l'équipe au cours des prochaines saisons.

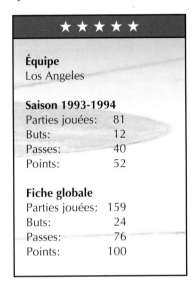

★ ★ ★ ★ ★

Équipe
Los Angeles

Saison 1993-1994
Parties jouées:	81
Buts:	12
Passes:	40
Points:	52

Fiche globale
Parties jouées:	159
Buts:	24
Passes:	76
Points:	100

Contrairement à plusieurs autres recrues, Zhitnik n'a pas connu d'ennuis à sa deuxième saison dans la Ligue, obtenant même quatre points de plus qu'en 1992-1993.

SERGEI ZUBOV

De tous les défenseurs recrues de la Ligue nationale en 1993-1994, Sergei Zubov est sans doute celui qui a le plus impressionné les dirigeants de son équipe, les Rangers de New York. Après avoir disputé 49 parties avec les Rangers en 1992-1993 (huit buts et 23 passes), Zubov a connu une première saison complète extraordinaire avec les champions de la coupe Stanley. Il a terminé au premier rang des compteurs de son équipe avec une fiche de 12 buts et 77 passes, devançant Mark Messier par cinq points. Au cours des éliminatoires, il n'a pas ralenti, obtenant cinq buts et 14 passes en 22 matchs. Une révélation pour les Rangers que ce défenseur russe de 1,83 mètre (6 pieds, 1 pouce) et de 91 kilos (200 livres), qui fut le sixième choix de l'équipe au repêchage de 1990.

★ ★ ★ ★ ★

Équipe
Rangers de New York

Saison 1993-1994
Parties jouées:	78
Buts:	12
Passes:	77
Points:	89

Fiche globale
Parties jouées:	127
Buts:	20
Passes:	100
Points:	120

Sergei Zubov en a étonné plusieurs par ses performances, à sa première saison complète avec les Rangers. L'un des brillants jeunes joueurs d'avenir de l'équipe.

5

Les cerveaux derrière le banc

L es entraîneurs-chef. Ce sont eux qui élaborent les stratégies employées par leurs hommes, ce sont eux qui dirigent l'équipe, prennent les décisions qui peuvent les mener à la victoire... ou à la défaite. Toe Blake, Scotty Bowman, Al Arbour, Harry Sinden, Punch Imlach, Jacques Demers, tous des hommes qui ont écrit des pages d'histoire derrière le banc. Denis Brodeur a eu l'occasion de photographier une multitude d'entraîneurs-chef depuis ses débuts à titre de photographe. Découvrez dans les pages qui suivent des photographies qui rappelleront sans doute plusieurs souvenirs aux amateurs de hockey.

Hector Toe Blake a été entraîneur-chef des Canadiens de Montréal de 1955 à 1968. Il a conduit les Canadiens à la victoire en finale de la coupe Stanley en huit occasions, après avoir lui-même joué durant 15 saisons avec le Tricolore. De l'avis général, il fut le meilleur entraîneur de son époque, un homme à la poigne de fer qui savait tirer le maximum de ses joueurs.

Après une victoire de l'équipe, Toe Blake accorde quelques entrevues. Blake a dirigé les Canadiens pour un total de 914 parties et a remporté 500 victoires.

Le directeur-gérant des Canadiens, Sam Pollock, offre un gâteau d'anniversaire à son entraîneur.

Lors de leur retour dans l'avion, après que les Canadiens eurent remporté la coupe Stanley à Boston, Denis Brodeur a photographié Serge Savard en compagnie de Toe Blake.

Toe Blake, une figure légendaire chez les Canadiens de Montréal.

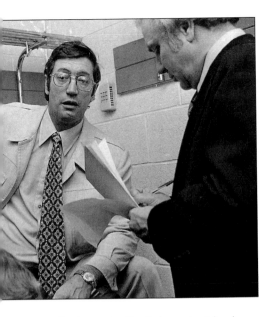

Al Arbour, derrière le banc des Islanders, a mené son équipe à la conquête de la coupe Stanley au cours de quatre saisons consécutives, de 1980 à 1983. Il est l'entraîneur-chef qui a été derrière le banc pour le plus grand nombre de matchs dans l'histoire de la Ligue nationale.

Bob Pulford a dirigé durant quelques saisons les Black Hawks de Chicago, notamment en 1977-1978 et 1978-1979, puis en 1985-1986 et 1986-1987.

Harry Sinden, directeur-gérant des Bruins de Boston depuis la saison 1972-1973, a été entraîneur de l'équipe durant plusieurs années. Il a entre autres remporté la coupe Stanley en 1969-1970.

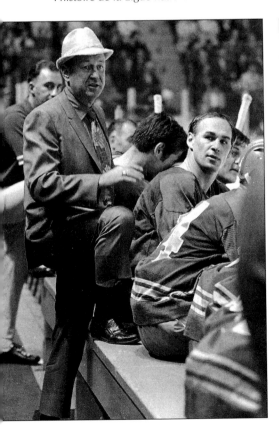

Punch Imlach a été le tout premier entraîneur-chef des Sabres de Buffalo, et il occupait aussi le poste de directeur-gérant de l'équipe lorsqu'elle a fait son entrée dans la Ligue, en 1970-1971.

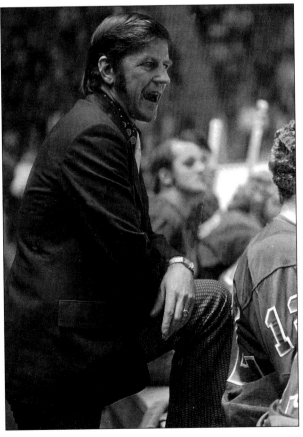

L'ex-joueur des Canadiens, des Rangers, des Blues et des Sabres, Phil Goyette, derrière le banc des Blues de St. Louis.

Tom Johnson a été l'un des nombreux entraîneurs des Bruins, avec lesquels il a remporté la coupe Stanley en 1971-1972.

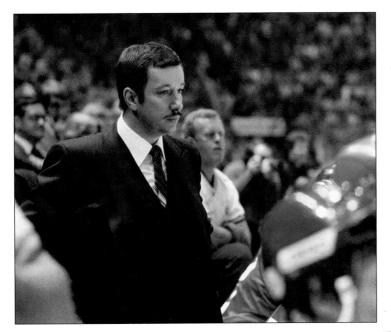

Joe Crozier a dirigé les Sabres de Buffalo de 1971-1972 jusqu'à 1973-1974.

King Clancy, qui a joué durant 16 saisons dans la Ligue nationale, a dirigé les Maple Leafs de 1953 à 1956.

Au cours d'un exercice au Forum, Denis Brodeur a photographié l'entraîneur Bernard Geoffrion, durant la saison 1979-1980, en compagnie de Claude Ruel.

Fred Shero, gagnant de deux coupes Stanley avec les Flyers, derrière le banc de son équipe.

C'est avec les Flames d'Atlanta, en 1972, que Bernard Geoffrion a fait ses premières armes à titre d'entraîneur-chef.

Jacques Demers, qui a fait ses débuts comme entraîneur dans l'AMH, avec les Cougars de Chicago durant la campagne de 1972-1973, photographié derrière le banc des Nordiques, en 1979. Il a dirigé cette équipe durant deux ans.

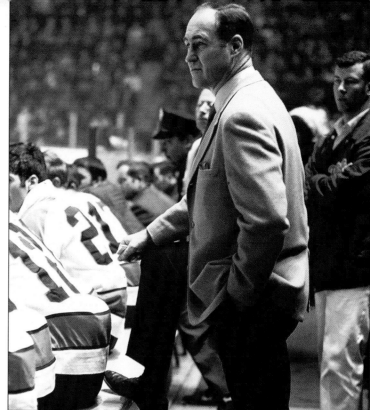

Bob Berry a eu l'occasion de diriger les Canadiens, durant les saisons de 1981-1982 et 1983-1984.

Red Kelly, qui a joué durant 20 saisons dans la LNH, à l'époque où il était entraîneur des Penguins de Pittsburgh, en 1969.

Marcel Pronovost fut entraîneur des Sabres de Buffalo au milieu des années 1970. Pronovost a joué durant 21 saisons dans la LNH et remporté la coupe Stanley à cinq reprises.

Billy Reay, entraîneur-chef des Black Hawks de Chicago de 1963 à 1977.

L'ex-numéro 25 des Canadiens, Jacques Lemaire, derrière le banc du Tricolore. Il a dirigé l'équipe durant deux saisons.

L'entraîneur Jacques Lemaire, gagnant du trophée Jack Adams en 1994 avec les Devils, en compagnie de son adjoint Larry Robinson, lors d'un exercice de l'équipe au New Jersey.

En 1994, Mike Keenan a remporté la coupe Stanley pour la première fois de sa carrière, avec les Rangers de New York.

Jean Perron a mené les Canadiens à la victoire en finale de la coupe Stanley en 1986, aux dépens des Flames de Calgary. Il a été entraîneur de l'équipe durant trois saisons.

Le volubile Michel Bergeron, surnommé *Le Tigre*, a été entraîneur des Nordiques de la saison 1980-1981 à 1986-1987, puis est revenu diriger l'équipe, après un séjour à New York, lors de la saison 1989-1990.

Michel Bergeron regarde attentivement ce qui se passe sur la glace, lors d'un match disputé au Forum entre les Nordiques et les Canadiens.

Michel Bergeron donne ses directives au défenseur Randy Moller.

Michel Bergeron, photographié par Denis Brodeur au Forum de Montréal, lorsque les Nordiques ont éliminé les Canadiens, en 1985, au Forum.

Après avoir dirigé les Canadiens durant quatre saisons, Pat Burns a été nommé entraîneur-chef des Maple Leafs de Toronto et a fait ses débuts avec cette équipe lors de la saison 1992-1993.

Avec les Canadiens, Pat Burns a remporté le trophée Jack-Adams remis au meilleur entraîneur de la Ligue, en 1989, après avoir conduit les Canadiens à la finale de la coupe Stanley contre les Flames de Calgary. Il s'agissait de sa première saison à titre d'entraîneur.

Jacques Demers, en compagnie de l'entraîneur-adjoint Charles Thiffault. Ce dernier a fait ses débuts à ce poste en 1980, aux côtés de Michel Bergeron, avec les Nordiques de Québec.

L'ex-gardien de but Eddie Johnston, qui a joué durant 16 saisons dans la LNH, dont 11 avec les Bruins, a dirigé les Penguins de Pittsburgh à plusieurs reprises depuis la saison 1980-1981.

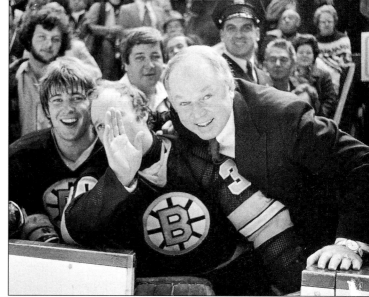

Al McNeil a occupé le poste d'entraîneur des Canadiens au cours de la saison 1970-1971, après avoir succédé à Claude Ruel. Cette année-là, Montréal a vaincu Chicago en finale de la coupe Stanley et a remporté sa 17e coupe Stanley de son histoire.

Après une victoire des Bruins, l'entraîneur Don Cherry, en compagnie de Gerry Cheevers et de Peter McNab.

Pierre Pagé a abandonné ses fonctions d'entraîneur-chef et de directeur-gérant des Nordiques en juin 1994. Pierre Lacroix a été nommé directeur-gérant alors que Marc Crawford est devenu le nouvel entraîneur-chef de l'équipe. Devant Pierre Pagé, on reconnaît Joe Sakic et Owen Nolan.

Don Cherry, aussi attentif que son défenseur, Brad Park. Il a dirigé cette équipe de 1974 à 1979.

Le sympathique Claude Ruel a remporté la coupe Stanley en 1969 avec les Canadiens, à sa première saison derrière le banc, après avoir succédé à Toe Blake. Il a aussi gagné cinq fois la coupe Stanley à titre d'entraîneur-adjoint de Scotty Bowman.

Scotty Bowman, entraîneur-chef d'Équipe Canada. Il a dirigé les Canadiens durant huit saisons.

Sous la direction de Scotty Bowman, Guy Lafleur a connu ses plus belles années dans la Ligue nationale.

Au cours d'un exercice sur la glace du Forum, Scotty Bowman donne ses instructions à ses joueurs.

Après la saison 1978-1979, Scotty Bowman est devenu directeur-gérant et entraîneur-chef des Sabres de Buffalo. Il a été derrière le banc de cette équipe durant sept saisons avant d'être embauché par les Penguins de Pittsburgh.

Scotty Bowman a été nommé entraîneur-chef des Red Wings de Detroit avant le début de la saison 1993-1994. Celui qui figure au deuxième rang chez les entraîneurs qui ont dirigé le plus de matchs dans la LNH, derrière Al Arbour, a été admis au Temple de la Renommée en 1991, à titre de bâtisseur.

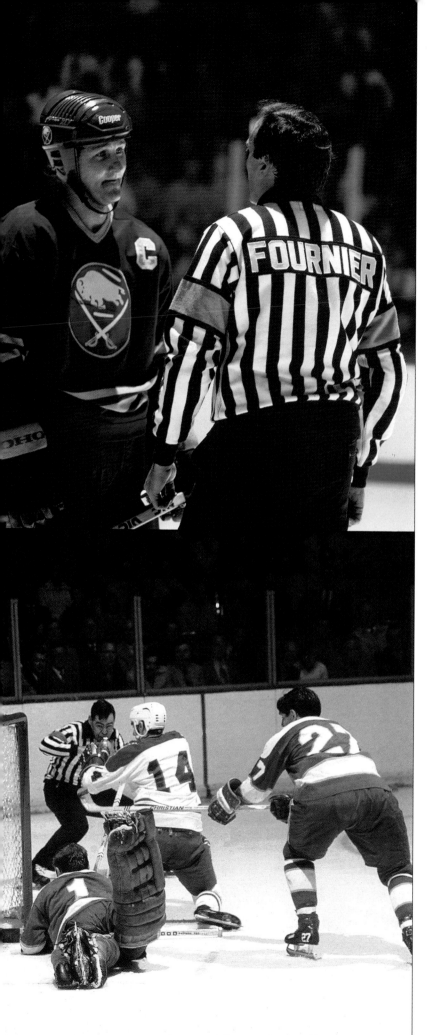

6

Pas facile d'être arbitre, c'est officiel!

Souvent critiqués, jamais applaudis, les arbitres ont souvent un rôle ingrat à jouer sur la glace. Denis Brodeur a su capter sur pellicule d'excellentes photographies de ces hommes au travail. Certaines sont cocasses alors que d'autres nous démontrent bien à quel point le métier d'arbitre et de juge de ligne n'est pas toujours de tout repos.

Roy Alvin *Red* Storey fut sans aucun doute l'un des arbitres les plus populaires auprès des joueurs et du public au cours de sa carrière. Sympathique, un véritable comédien qui, encore aujourd'hui, est très en demande pour animer des soirées et divertir les gens, il continue d'exercer son métier d'arbitre à l'occasion de parties d'anciens joueurs. Il a été admis au Temple de la Renommée du hockey en 1967.

Ron Fournier serait-il en train de sermonner le joueur de centre Gilbert Perreault des Sabres?...

L'arbitre Bill Friday est témoin du but de Réjean Houle aux dépens du gardien des North Stars, Lorne Worsley.

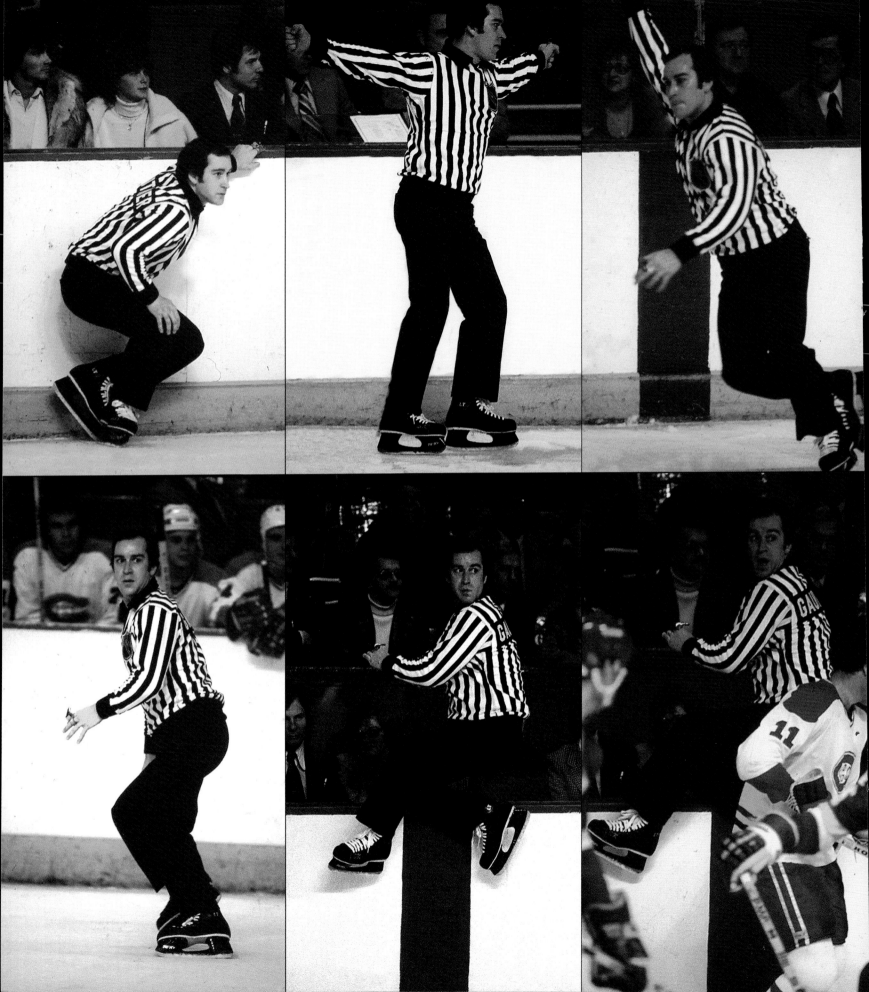

Quand on dit que le métier d'arbitre n'est pas reposant...

Le 16 octobre 1971, le juge de ligne Gérard Gauthier faisait ses débuts dans la Ligue nationale. Depuis, il a officié dans plus de 1600 matchs et est encore actif aujourd'hui. Ces photographies nous le montrent à l'œuvre, à l'occasion d'un match disputé au Forum de Montréal.

Le juge de ligne John D'Amico indique clairement qu'il n'y a pas hors jeu sur cette séquence.

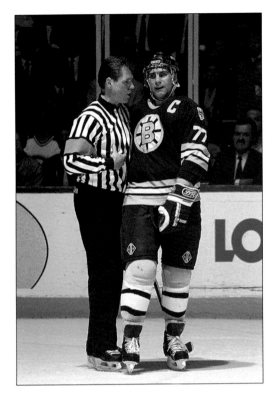

L'arbitre Dan Marouelli donne quelques précisions au capitaine des Bruins de Boston, Raymond Bourque, lors d'un arrêt du jeu.

Le juge de ligne Wayne Bonney met la rondelle en jeu entre Mario Lemieux et Guy Carbonneau.

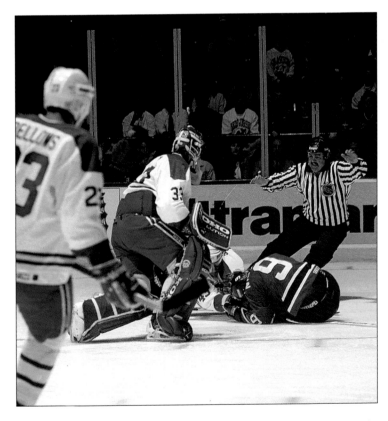

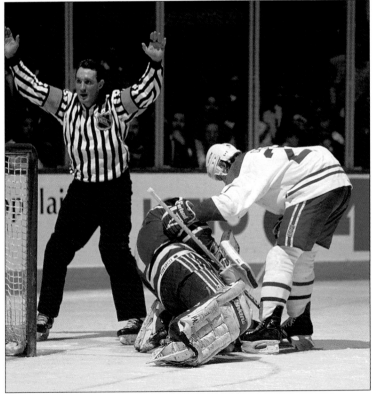

Le juge de ligne Ron Asselstine signale un arrêt du jeu après que Bernie Nicholls des Devils a immobilisé la rondelle sous lui.

L'arbitre Paul Stewart arrête le jeu lorsque le gardien des Devils effectue un arrêt aux dépens d'un joueur des Canadiens.

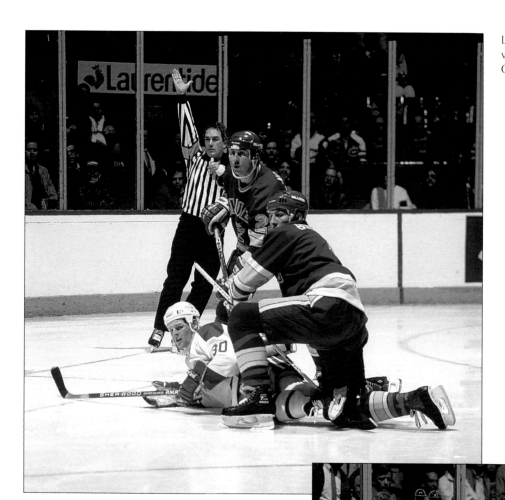

L'arbitre Bryan Lewis indique qu'un joueur des Blues vient d'écoper d'une punition pour avoir accroché Chris Nilan des Canadiens.

Le juge de ligne Wayne Bonney intervient alors que Dale Hunter des Nordiques veut s'en prendre à Claude Lemieux. Craig Ludwig, Chris Chelios et Mats Naslund prêtent main-forte à leur coéquipier.

Le juge de ligne tente de séparer le bouillant John Ferguson et Ted Green des Bruins de Boston. Fred Stanfield des Bruins regarde la scène avec Réjean Houle et Pierre Bouchard des Canadiens.

Le vétéran arbitre Bruce Hood intervient tant bien que mal entre Louis Sleigher des Nordiques et Mark Hunter des Canadiens.

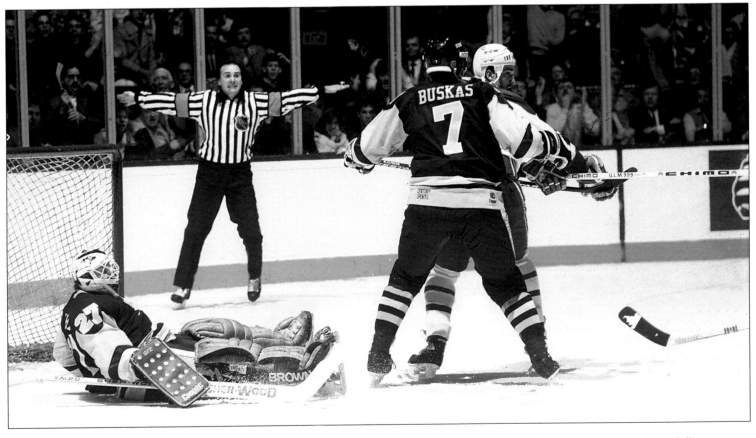

Ron Fournier indique qu'il n'y a pas but alors que le gardien des Penguins de Pittsburgh a réussi de justesse à stopper la rondelle.

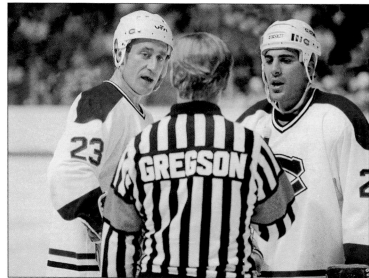

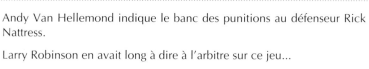

Andy Van Hellemond indique le banc des punitions au défenseur Rick Nattress.

Larry Robinson en avait long à dire à l'arbitre sur ce jeu...

Deux juges de ligne, dont Ron Finn, s'interposent pour séparer Chris Nilan et un joueur des Nordiques.

Après un arrêt du jeu, l'arbitre Terry Gregson donne quelques explications à Bob Gainey et à Chris Chelios des Canadiens.

Voici un cliché pris lors d'un match d'anciens. Ron Fournier était l'arbitre du match, flanqué des juges de ligne Claude Béchard et Neil Armstrong.

L'arbitre Ron Hicks explique son point de vue au capitaine des Canadiens, Bob Gainey, qui proteste contre l'une de ses décisions.

Le juge de ligne Ron Finn intervient pour empêcher Tim Hunter des Canucks et Lyle Odelein des Canadiens d'engager le combat.

Larry Robinson ne semble pas priser la décision de l'arbitre Bill McCreary alors qu'il prend le chemin du banc des punitions.

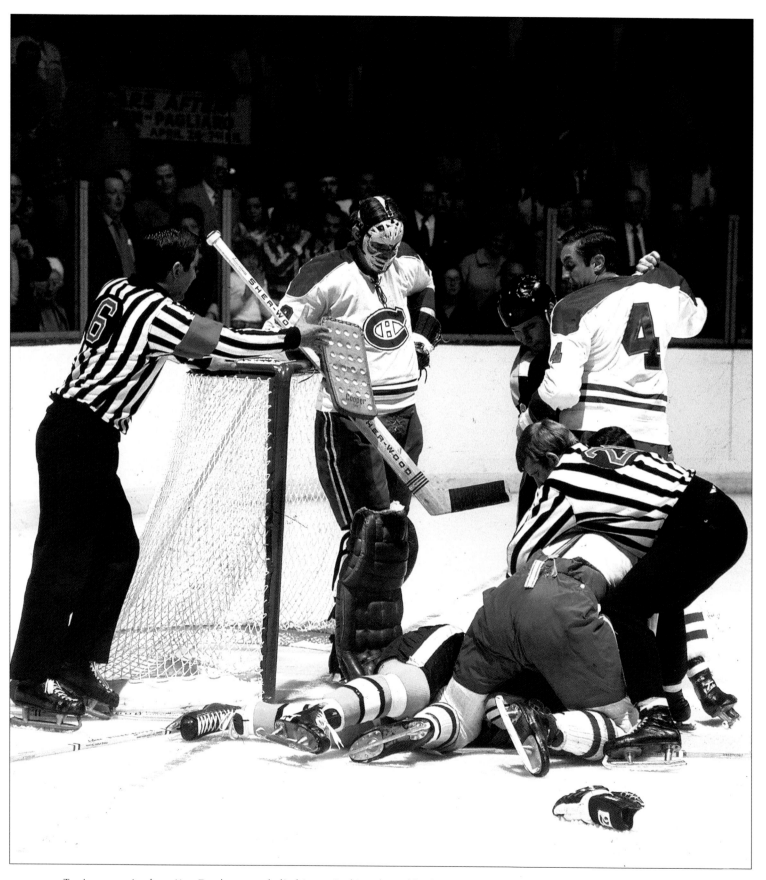

Toujours aussi calme, Ken Dryden regarde l'arbitre qui a bien du mal à séparer un joueur des Canadiens et un autre des Bruins.
On reconnaît Jean Béliveau sur la photo.

Les deux juges de ligne essaient d'éloigner un joueur des Canadiens d'un autre des Devils, lors d'une mêlée à l'occasion d'un match au Forum.

S'il n'en tient qu'au juge de ligne Pierre Champoux, il n'y aura qu'une discussion entre Guy Carbonneau et le joueur des Rangers de New York, après que ce dernier eut bousculé le capitaine des Canadiens.

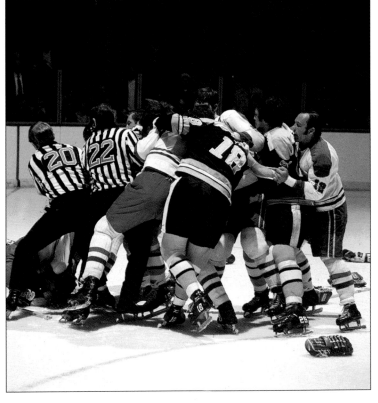

Non, les joueurs ne se mettaient pas en rang pour danser le «Bunny Up»...

L'arbitre Paul Stewart lève le bras pour annoncer une punition à Chris Chelios des Canadiens.

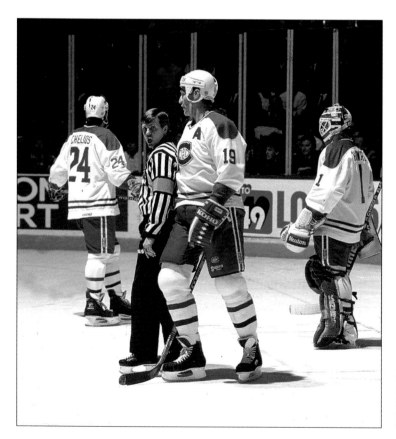

L'arbitre Kerry Fraser semble confier un secret à Larry Robinson des Canadiens, lors d'un arrêt du jeu…

Mise en jeu entre Murray Wilson des Canadiens et Butch Goring des Kings de Los Angeles.

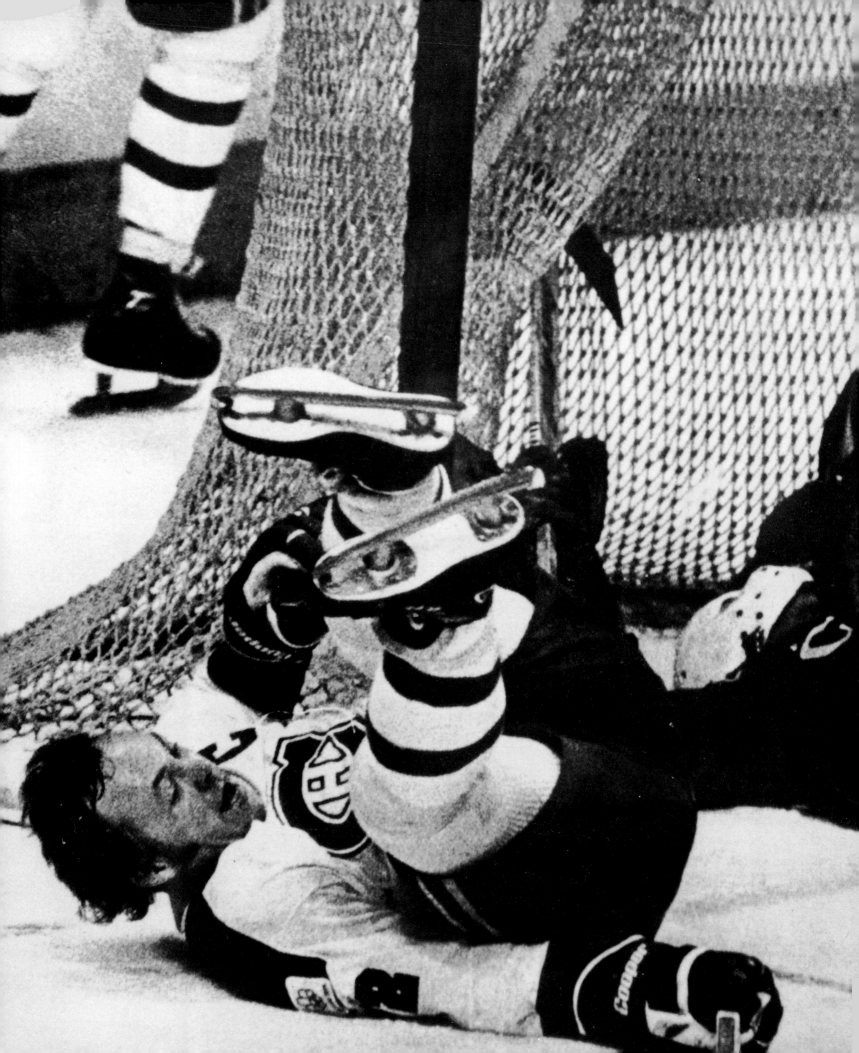

7

Au cœur de l'action

L e hockey est sans aucun doute le sport d'équipe le plus rapide du monde. Les amateurs qui assistent à des matchs de la Ligue nationale, ou qui en sont témoins par le biais de la télévision, savent bien qu'il n'est pas toujours possible de voir tout ce qui se déroule sur la glace. Il s'agit parfois d'une simple fraction de seconde, et d'un moment d'inattention, pour qu'un joueur expédie la rondelle au fond du filet, qu'un gardien tende le gant et capte le disque *in extremis...* et que l'on rate le jeu. Depuis le début de sa carrière, Denis Brodeur s'est fait un devoir, avec l'aide de ses nombreux appareils photographiques et lentilles de toutes sortes, de se trouver au cœur de l'action. Au fil des ans, étant lui-même un ancien joueur de hockey, il a développé cet instinct, ces réflexes qui lui ont permis tant de fois d'anticiper des jeux et de réussir à immortaliser sur pellicule des scènes d'action qui lui ont donné l'occasion de devenir l'un des grands de la photographie sportive en Amérique.

Yvan Cournoyer s'est retrouvé dans une position peu avantageuse pour réussir à marquer un but, après être entré en collision avec le gardien de but adverse.

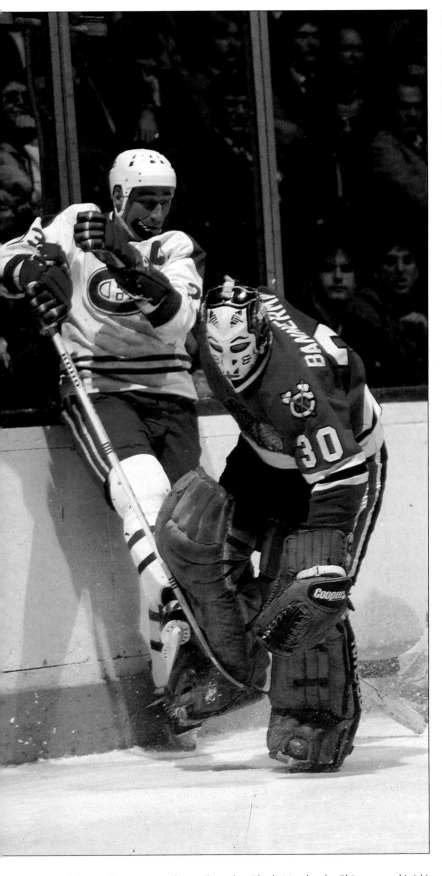

Murray Bannerman, le gardien des Black Hawks de Chicago, a décidé d'aider ses défenseurs en se chargeant de mettre en échec Bob Gainey.

Patrick Roy résiste à la poussée de son ex-coéquipier, Chris Nilan, après avoir effectué un arrêt.

Murray Wilson, qui a joué avec les Canadiens de 1972 à 1978, ne ménage pas les efforts pour se rendre au filet des Sabres de Buffalo. À l'arrière-plan, on reconnaît Jacques Lemaire.

Avant que Rick Tocchet n'intervienne, Guy Carbonneau tente de lancer la rondelle derrière le gardien des Penguins de Pittsburg, Tom Barrasso.

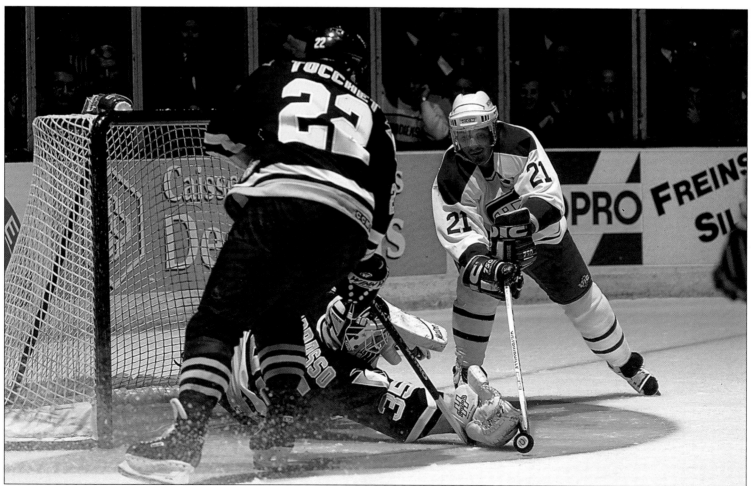

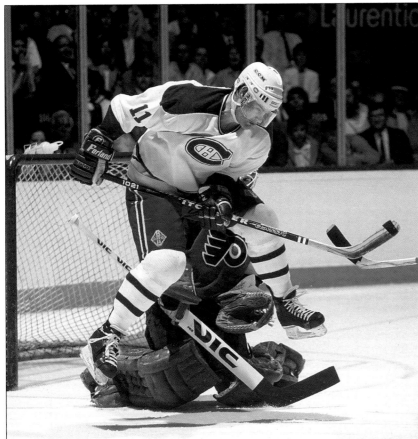

Ryan Walter a joué neuf saisons avec les Canadiens. Il excellait dans l'art de nuire au travail des gardiens adverses en leur masquant la vue.

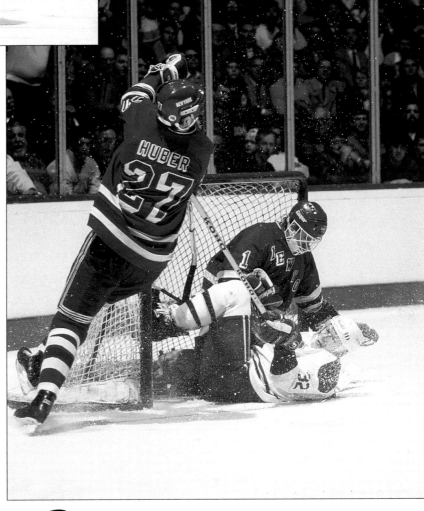

C'est un Claude Lemieux partiellement enneigé (!) qui s'est retrouvé aux pieds du gardien des Rangers de New York après une attaque du Tricolore.

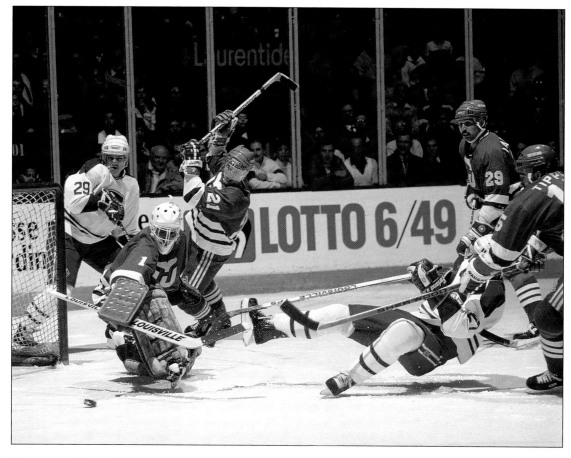

Même mis en échec, ce joueur des Canadiens est parvenu à effectuer un lancer repoussé par le gardien Sean Burke des Whalers.

Ray Ferraro des Whalers de Hartford a eu la preuve que le filet des Canadiens pouvait se soulever facilement, après avoir été mis en échec par Bob Gainey des Canadiens...

Pierre Mondou ne ménage pas les efforts pour tenter de mettre en échec le gardien des Kings de Los Angeles.

Le combatif ailier Chris Nilan ne ménageait pas les efforts pour neutraliser ses adversaires. Sur ce jeu, il a réussi à empêcher ce joueur des Flyers de poursuivre sa route avec la rondelle.

Au tour de Chris Nilan d'être mis en échec, cette fois par Normand Rochefort des Nordiques de Québec.

Le défenseur Raymond Bourque n'est pas allé bien loin, car Chris Nilan des Canadiens s'est solidement cramponné à son bâton...

L'ailier gauche Shayne Corson a vu la glace de près après avoir été poussé légèrement... par le gardien Ron Hextall des Flyers.

Alors que Pierre Sévigny, emporté par son élan, déplace le filet, Patrick Roy conserve précieusement la rondelle dans son gant, sous l'œil attentif du défenseur Mathieu Schneider.

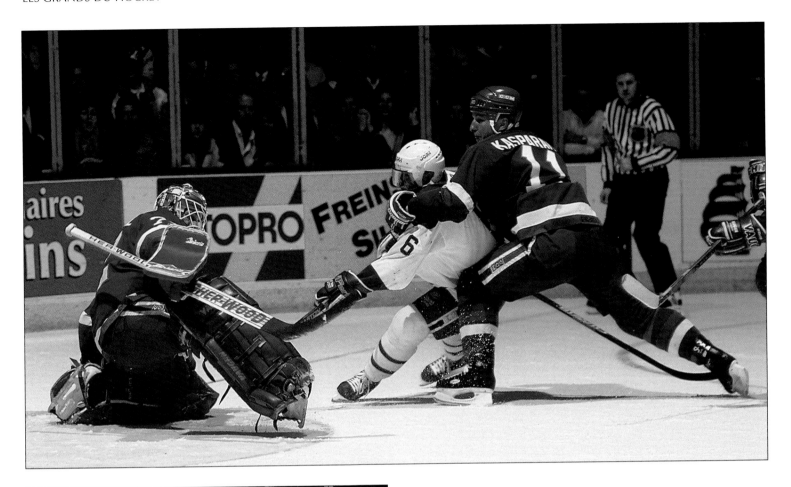

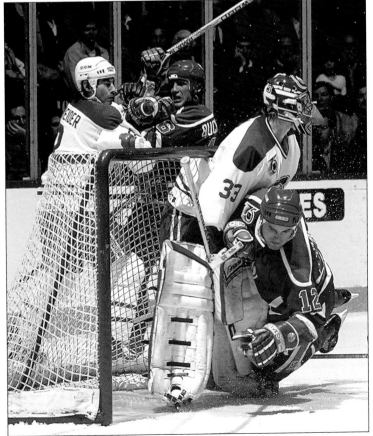

Le rapide Oleg Petrov est arrêté de justesse par le défenseur Darius Kasparaitis et le gardien Glenn Healy des Islanders de New York.

Même avec la présence de David Maley des Oilers à ses genoux, Patrick Roy demeure calme et observe le jeu qui se déroule devant lui.

Gracieuseté de ce joueur des Red Wings et de son capitaine Henri Richard, Réjean Houle effectue un superbe vol plané...

John LeClair met en échec le gardien Dominik Hasek des Sabres, en attendant que l'un de ses coéquipiers lance au filet. En 1993-1994, Hasek a conservé la meilleure moyenne de la Ligue, 1,95, en 58 matchs.

Guy Carbonneau des Canadiens essaie de se dégager, alors que le gardien Daren Puppa est aux aguets, pour tenter d'aller cueillir la rondelle qui se trouve entre les patins de Rick Vaive des Sabres de Buffalo.

Se faufilant entre les jambes de son défenseur Lyle Odelein, le gardien Patrick Roy cherche à cueillir la rondelle avant le joueur des Bruins.

Paul DiPietro se fait bousculer par le défenseur Ulf Samuelsson alors que le gardien Tom Barrasso tente de conserver la rondelle dans son gant.

Bobby Smith grimace après avoir été atteint par une rondelle dirigée par l'un de ses coéquipiers en direction du filet de Clint Malarchuk des Nordiques. Smith a connu sa meilleure saison avec les Canadiens en 1987-1988, réussissant 27 buts et 66 passes.

Patrick Roy effectue un saut pour éviter Zarley Zalapski des Whalers de Hartford, qui s'amène en glissant au filet…

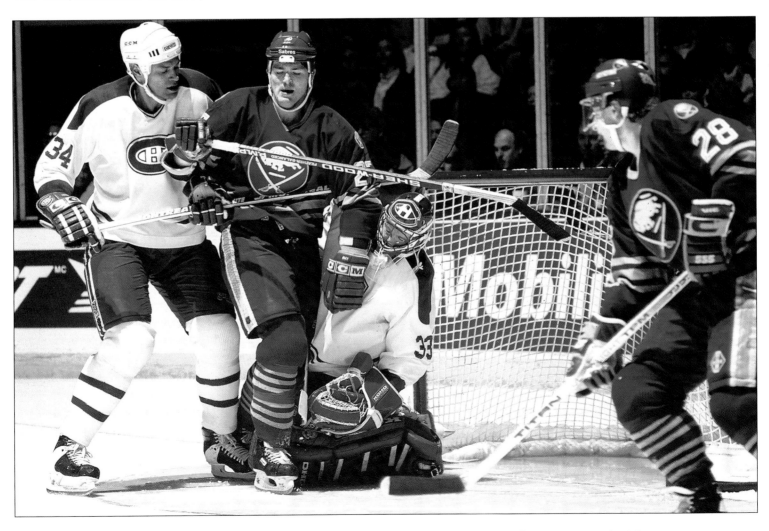

Le défenseur Peter Popovic vient en aide à son gardien de but Patrick Roy, bousculé par un joueur des Sabres.

Oleg Petrov des Canadiens a pris tous les moyens pour tenter de déranger Martin Brodeur des Devils du New Jersey.

Shayne Corson des Canadiens semble demander à ce joueur des Islanders de l'aider à se relever! En s'accrochant au bâton, ça devrait aller!

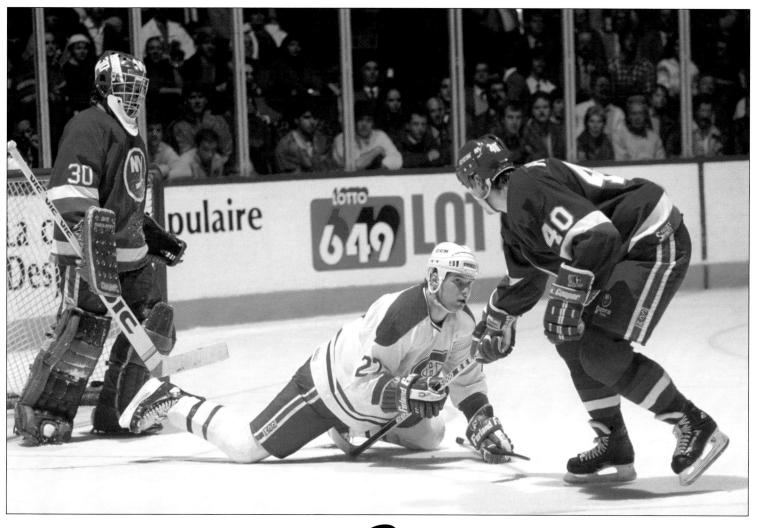

Non, Ken Dryden des Canadiens et Bob Nystrom des Islanders de New York ne jouaient pas à cache-cache. Nystrom a participé aux quatre conquêtes de la coupe Stanley par les Islanders et a joué 14 ans avec cette équipe.

Pas facile d'être gardien de but lorsque Chris Chelios et même votre propre défenseur décident de s'installer dans votre filet, n'est-ce pas, Mike Vernon?

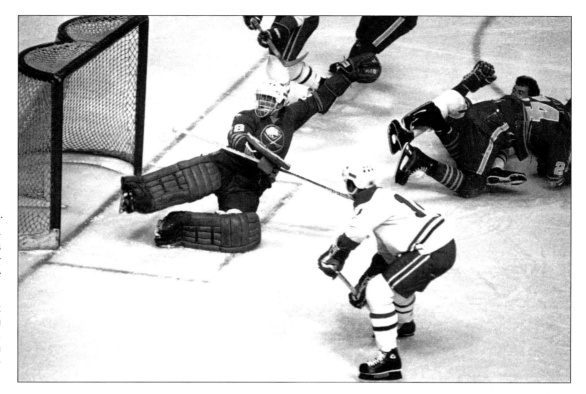

Denis Brodeur a réussi cette photographie alors qu'un joueur des Canadiens est parvenu à déjouer le gardien de but des Sabres de Buffalo.

Alors que son coéquipier Kirk Muller nuit au travail du gardien Ron Hextall des Nordiques, Vincent Damphousse lance en direction du filet. Où est la rondelle? Mystère...

Avec son bâton, Patrick Roy essaie de faire perdre la rondelle à Joe Mullen des Penguins de Pittsburgh avant que celui-ci ne le déjoue.

Patrick Roy résiste à une attaque de Peter Stastny des Devils du New Jersey. Stastny détient conjointement avec Joé Juneau le record pour le plus grand nombre de passes obtenues par une recrue à sa première saison dans la LNH, soit 70. C'est en 1980-1981, avec les Nordiques, qu'il a établi cette marque.

Retenu par un joueur des Kings, John LeClair réussit à faire preuve d'agilité derrière le filet.

Stéphane Richer vient de faire dévier une rondelle qui ratera de peu la cage défendue par le gardien des Whalers de Hartford.

Le défenseur Rob Zettler des North Stars a réalisé qu'il était difficile de mettre en échec Mike McPhee des Canadiens, surtout lorsqu'il ne tient pas en place!

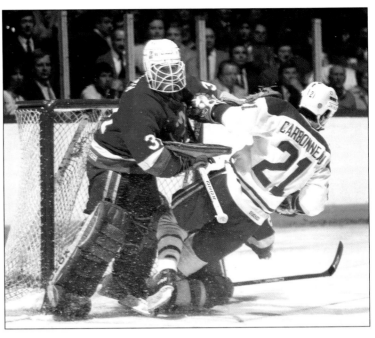

Guy Carbonneau se fait donner une leçon par le gardien des Islanders de New York, mécontent d'être déconcentré par cet intrus.

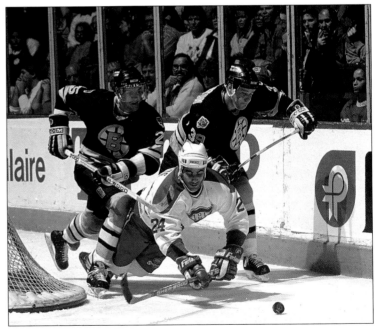

Chris Chelios tente d'empêcher les joueurs des Bruins de mettre la main sur la rondelle derrière le filet des Canadiens. Chelios a joué six saisons complètes avec Montréal et remporté le trophée Norris pour la première fois en 1989 dans l'uniforme bleu-blanc-rouge.

Patrick Roy en a plein les bras alors qu'il arrête à la fois la rondelle et l'attaquant Doug Brown des Devils.

Ryan Walter s'élance par-dessus le défenseur des Bruins, question sans doute de vérifier si la rondelle est bel et bien dans le but...

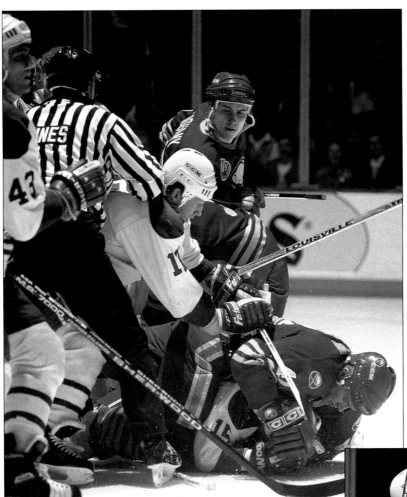

Le juge de ligne Mark Vines intervient alors que Paul DiPietro immobilise la rondelle sous lui, au grand mécontentement du joueur des Sabres. Mike Keane et Patrice Brisebois essaient de le tirer de ce mauvais pas.

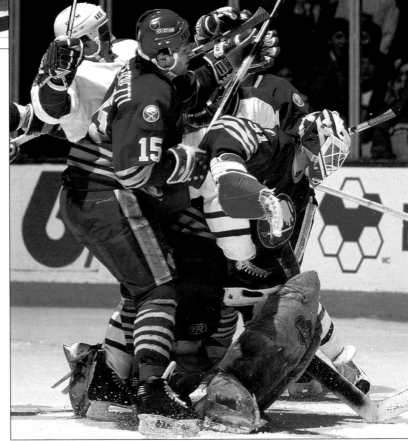

Une joyeuse mêlée devant le gardien des Sabres, qui vient de constater que la rondelle a pénétré dans le filet.

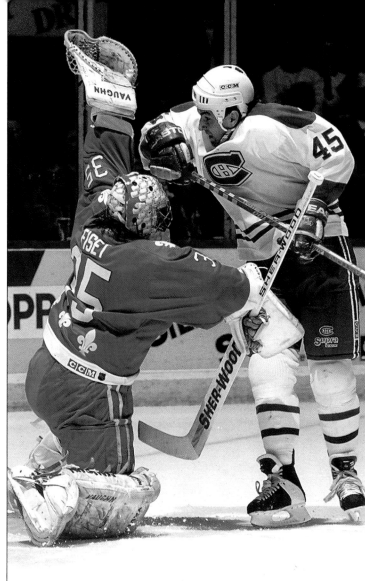

Le défenseur Jamie Macoun des Maple Leafs de Toronto effectue une prise de tête à Mike Keane des Canadiens pour l'empêcher d'aller plus loin.

Le gardien des Nordiques, Stéphane Fiset, effectue un bel arrêt aux dépens de Gilbert Dionne des Canadiens, qui tente de lui faire échapper la rondelle.

Une bonne façon de neutraliser un joueur adverse, en l'occurrence Doug Jarvis des Canadiens, comme le démontre ce défenseur des Black Hawks de Chicago.

Même en mauvaise posture, Guy Lafleur essaie de lancer la rondelle
derrière le gardien des Bruins de Boston.

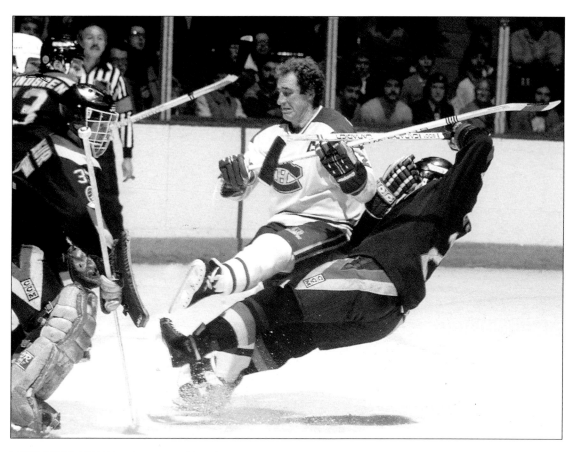

Bob Gainey se débarrasse d'un défenseur adverse lors d'une attaque contre les Canucks de Vancouver.

Le gardien Roland Melanson, qui a terminé sa carrière avec les Canadiens, a quitté son filet sur ce jeu pour contrer Craig Simpson des Oilers d'Edmonton. Melanson a joué 11 saisons dans la LNH.

Malgré son air féroce, Bob Gainey n'avait pas l'intention de s'en prendre au gardien des Rangers...

Patrick Roy repousse un tir d'un attaquant des Bruins, alors que Jean-Jacques Daigneault vient à la rescousse de son gardien.

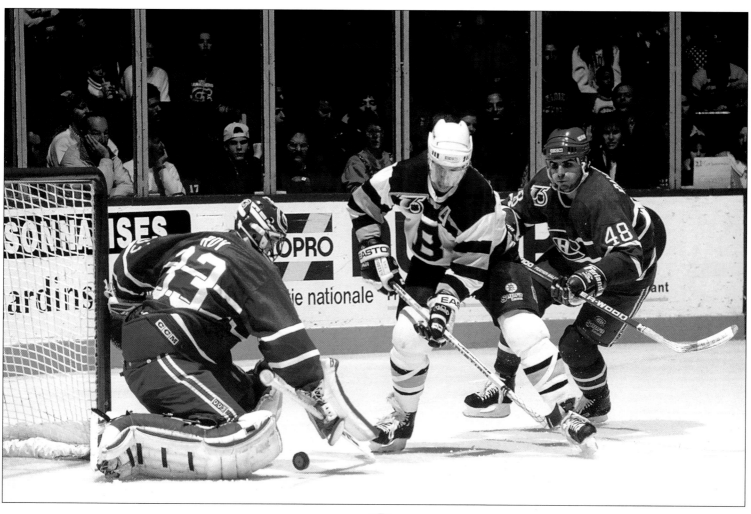

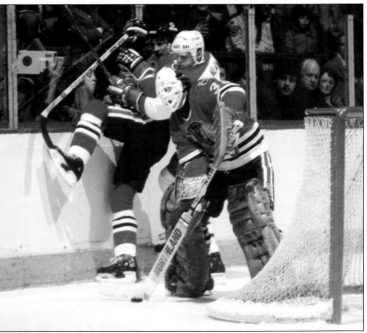

Laissé seul devant le gardien Roger Crozier des Sabres de Buffalo, Réjean Houle parvient à déjouer son adversaire, impuissant à stopper la rondelle.

Le défenseur Mike O'Connell des Bruins s'est cramponné à Chris Nilan des Canadiens dans l'espoir de l'arrêter.

Denis Savard des Black Hawks est mis en échec par Chris Nilan, tandis que le gardien Tony Esposito effectue une passe à un coéquipier.

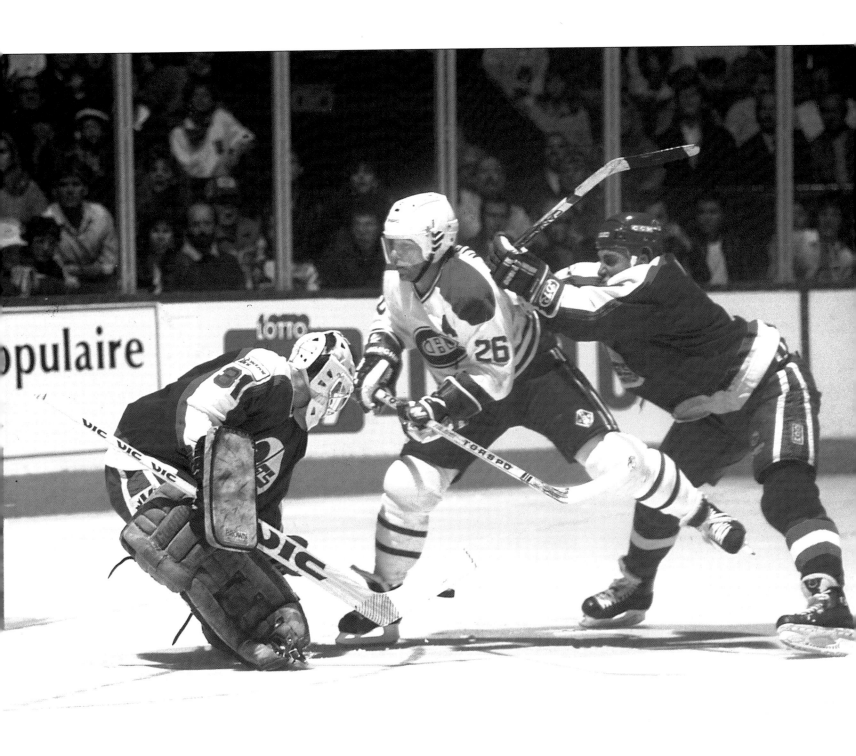

Le rapide ailier gauche des Canadiens, Mats Naslund, force le gardien des Jets de Winnipeg à se surpasser, alors qu'il est mis en échec par un défenseur. Naslund a joué durant huit saisons dans la LNH, toutes avec les Canadiens, au cours desquelles il a réussi 612 points en 617 matchs.

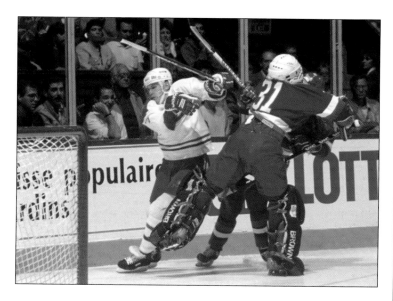

Billy Smith des Islanders de New York n'hésitait pas à sortir de son filet pour mettre en échec les attaquants adverses, comme l'a constaté ce joueur des Canadiens. Smith a gagné la coupe Stanley à quatre reprises et a été admis au Temple de la Renommée en 1993.

Le gardien Jean-Claude Bergeron a trouvé un bon moyen pour contrer ce joueur des Sénateurs d'Ottawa...

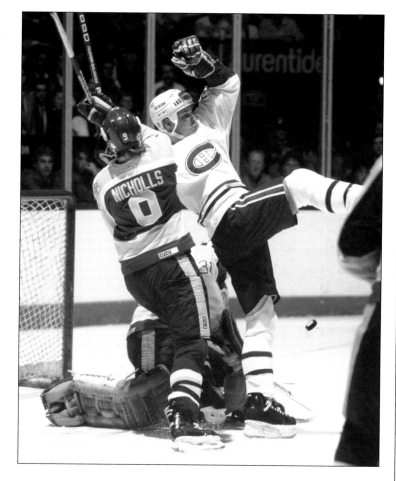

Bernie Nicholls des Kings de Los Angeles utilise les grands moyens pour venir en aide à son gardien de but. Nicholls a connu la meilleure saison de sa carrière avec les Kings en 1988-1989, marquant 70 buts et récoltant 80 passes.

Ken Dryden effectue un arrêt miraculeux avec son gant, en faisant dévier le tir de Richard Martin des Sabres de Buffalo.

Stéphane Richer s'avance et... c'est le but! Le gardien Glenn Healy des Islanders a été impuissant à arrêter l'ailier droit des Canadiens. Richer a joué six saisons à Montréal et a atteint à deux reprises le cap des 50 buts.

Pas toujours reposant de se poster devant le gardien de but adverse, comme l'a constaté Claude Lemieux, aux prises avec Billy Smith des Islanders.

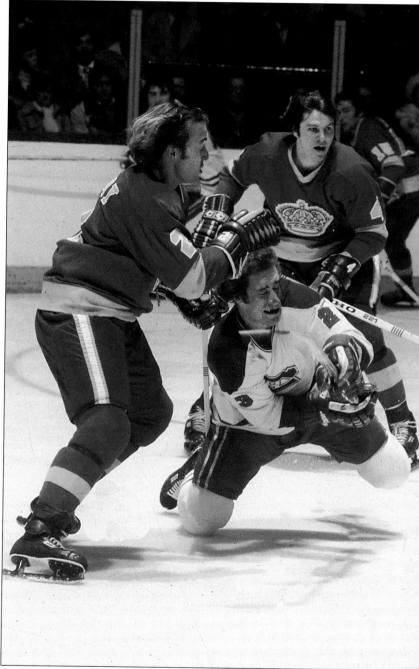

Bob Gainey menace la forteresse de Grant Fuhr, le gardien des Oilers. Fuhr a remporté le trophée Vézina avec les Oilers en 1987-1988, et le trophée Jennings en 1993-1994, en compagnie de Dominik Hasek, avec Buffalo.

Bob Gainey grimace après avoir été mis en échec par un joueur des Kings. Gainey a joué 16 ans avec les Canadiens et a inscrit son nom sur la coupe Stanley à cinq reprises.

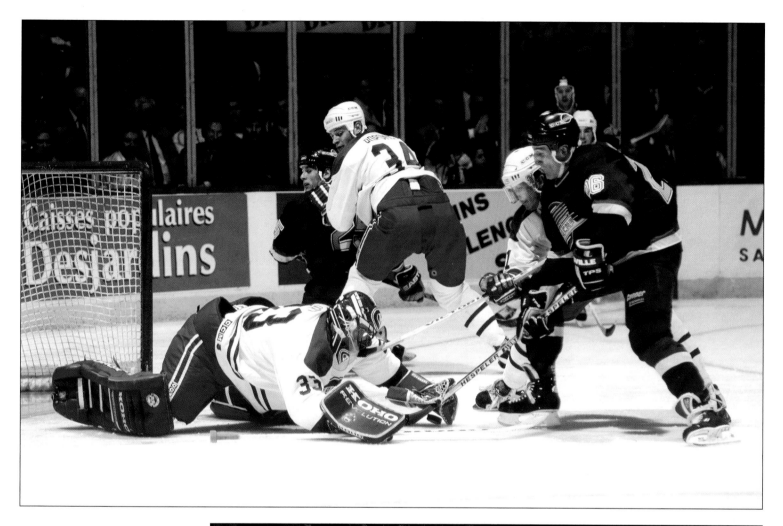

Patrick Roy saisit la rondelle sous les yeux de Tim Hunter des Canucks de Vancouver, contré par Guy Carbonneau.

Henri Richard prend un petit moment de répit... pendu au cou de Noël Picard des Blues, tout près du filet du gardien Glenn Hall. Picard a joué durant sept saisons dans la Ligue nationale, avec Atlanta, Montréal et St. Louis.

Gerry Cheevers des Bruins effectue un arrêt spectaculaire avec la jambière devant Steve Shutt des
Canadiens. Membre du Temple de la Renommée,
Cheevers a gagné la coupe Stanley avec les Bruins
en 1970 et en 1972.

Doug Risebrough et Bob Gainey des Canadiens
contournent le filet pour tenter de reprendre possession de la rondelle, alors que le joueur de centre Guy Chouinard des Flames surveille le jeu qui
se déroule à l'avant du filet.

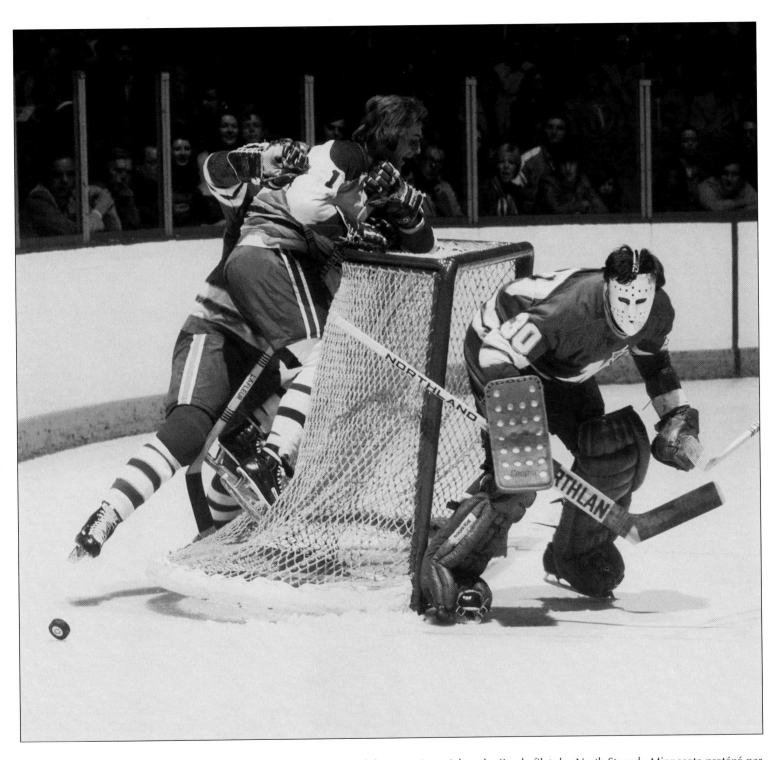

Même s'il n'est plus en possession de la rondelle, Guy Lafleur est solidement mis en échec derrière le filet des North Stars du Minnesota protégé par le gardien Cesare Maniago.

Circulation dense et moment dramatique autour du filet de Patrick Roy, alors que le capitaine des Maple Leafs de Toronto, Wendel Clark, est sur le point de saisir la rondelle. Clark a connu la meilleure saison de sa carrière en 1993-1994, réussissant 46 buts et 30 passes.

Besoin d'une petite poussée pour repartir? C'est peut-être ce qu'avait envie de dire Patrick Roy à l'ailier gauche Gilbert Dionne.

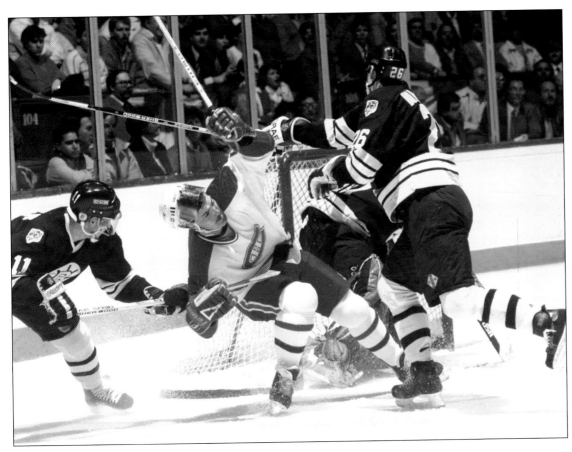

Stéphane Richer est bousculé si rudement par le défenseur Glen Wesley des Bruins qu'il en perd l'équilibre et son casque!

Trop peu, trop tard, le gardien des Stars vient d'être déjoué par Gilbert Dionne, sous le regard impuissant du défenseur Craig Ludwig.

Même s'il est retenu par un défenseur, Larry Robinson ne ménage pas ses efforts pour essayer de revenir devant le filet des Kings avec la rondelle.

Le gardien Ron Hextall des Flyers ne se soucie pas du tout de son défenseur Doug Crossman qui semble vouloir river les épaules de l'attaquant Bobby Smith pour le compte de trois!

Sur cette séquence, Bob Gainey a constaté qu'il n'était pas facile de déplacer Randy Moller des Nordiques.

Bob Gainey tente le tout pour le tout: il va essayer de glisser la rondelle sous les jambières du gardien des Black Hawks de Chicago.

Le gardien André Racicot est sur le point de neutraliser une attaque des Black Hawks en s'emparant de la rondelle, sous les yeux du capitaine Dirk Graham.

Deux défenseurs des Canadiens, Mathieu Schneider et Lyle Odelein, menacent le gardien des Capitals de Washington, qui réussit à faire l'arrêt avec son bâton.

Mine de rien, Mats Naslund se fraie un chemin derrière le gardien des North Stars du Minnesota, à la poursuite de la rondelle.

Mike McPhee, un spécialiste de la lévitation? C'est ce que cette photographie peut laisser croire, alors que l'attaquant des Canadiens menace le gardien des Flames de Calgary.

Le style papillon utilisé par Patrick Roy des Canadiens est souvent bien efficace lorsqu'un joueur adverse, tel Randy Burridge des Bruins, vous cache la vue alors que la rondelle est lancée en direction du filet...

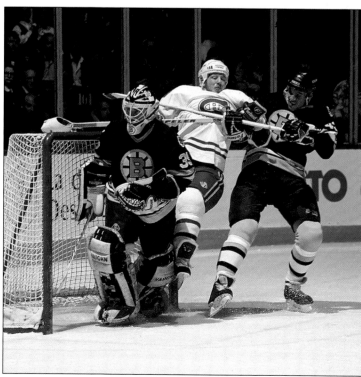

Tandis que Ken Dryden surveille attentivement le jeu qui se déroule plus loin, Doug Risebrough est accroché par un joueur des Bruins.

Désolé, on ne va pas plus loin, Monsieur Keane...

Même accroché par un joueur des Whalers, Claude Lemieux parvient à diriger la rondelle en direction du filet adverse. Lemieux a été l'un des meilleurs des siens au cours des éliminatoires de 1986, alors que les Canadiens remportaient la coupe Stanley pour la 23e fois de leur histoire.

Pour Chris Nilan, qui a joué 13 ans dans la Ligue nationale, tous les moyens étaient bons pour nuire à ses adversaires.

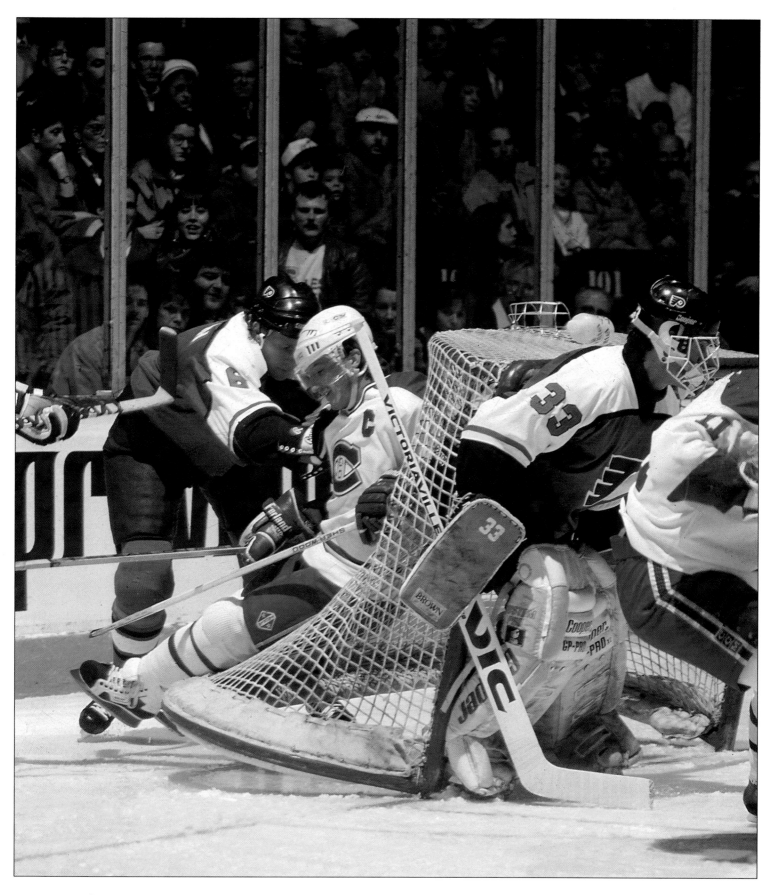

Guy Carbonneau n'a pas eu le choix: le défenseur des Flyers tenait mordicus à ce qu'il prenne un temps d'arrêt sur le filet du gardien...

Patrick Roy, renversant et...
renversé!

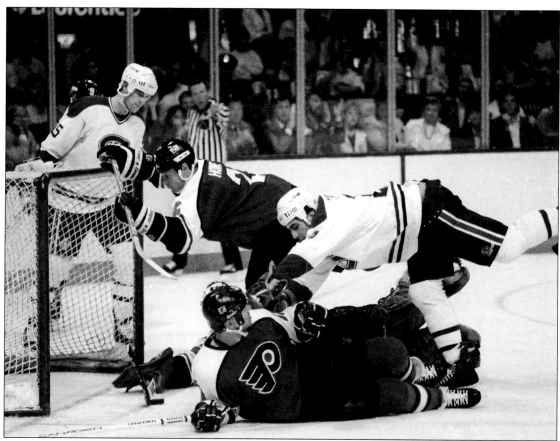

On se bouscule à qui mieux mieux devant le filet des Flyers de Philadelphie, alors que Chris Chelios est sur le point de chuter sur le gardien, tandis que Bobby Smith semble bien se demander où est passée la rondelle.

Embarque, on n'ira pas vite... Kelly Miller des Capitals a-t-il tenu le coup?

Mike Keane a le don de déconcentrer les gardiens des autres équipes. Sur ce jeu, il a bousculé Mike Vernon des Flames de Calgary.

Lors d'une partie disputée pendant sa première année avec les Canadiens, Guy Lafleur tente de déjouer le gardien des Kings de Los Angeles.

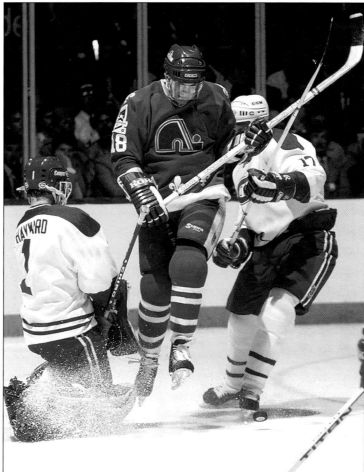

Malgré les efforts de Mathieu Schneider et de Lyle Odelein, Stephen Heinze des Bruins est parvenu à lancer pour tenter de déjouer Patrick Roy. C'est Oleg Petrov qui sauvera la situation.

Le gardien Brian Hayward et le défenseur Craig Ludwig freinent l'élan de l'ailier gauche Mike Hough des Nordiques de Québec.

KIRK MULLER: le 21e capitaine des Canadiens

Le nouveau capitaine des Canadiens, Kirk Muller, entouré de l'entraîneur-chef des Canadiens, Jacques Demers, et du directeur-gérant de l'équipe, ex-capitaine des Canadiens, Serge Savard.

Le 30 août 1994, lors d'une conférence de presse tenue au Forum de Montréal par la direction des Canadiens de Montréal, l'ailier gauche Kirk Muller devenait le 21e capitaine de l'histoire de l'équipe, succédant à Guy Carbonneau, échangé aux Blues de St. Louis quelques semaines plus tôt. Muller, qui a entrepris en 1994-1995 sa quatrième saison dans l'uniforme des Canadiens, a déjà été capitaine des Devils du New Jersey durant quatre ans avant d'être échangé aux Canadiens en retour de Stéphane Richer le 20 septembre 1991. Guy Carbonneau (1989 à 1994), Chris Chelios (1989-1990), Bob Gainey (1981 à 1989), Serge Savard

À l'âge de 21 ans, Kirk Muller devenait capitaine des Devils du New Jersey, un poste qu'il a occupé jusqu'à ce qu'il soit échangé aux Canadiens. Un leader naturel, Muller se dit très fier et flatté de l'honneur qui lui est fait.

(1979 à 1981), Yvan Cournoyer (1975 à 1979), Henri Richard (1971 à 1975), Jean Béliveau (1961 à 1971), Doug Harvey (1960-1961) Maurice Richard (1956 à 1960), Émile Bouchard (1948 à 1956), Bill Durnan (1948), Hector Toe Blake (1940 à 1948), Walter Buswell (1939-1940), Babe Siebert (1936-1939), Sylvio Mantha (1933 à 1936), George Hainsworth (1932-1933), Sylvio Mantha (1926 à 1932), Bill Coutu (1925-1926), Spargue Cleghorn (1921 à 1925), Newsy Lalonde (1910 à 1921) et Jack Laviolette (1909-1910) ont tous porté fièrement le signe du Capitaine sur leur chandail au cours de leur carrière.

5 COUPES CONSÉCUTIVES, TOUT UN EXPLOIT!

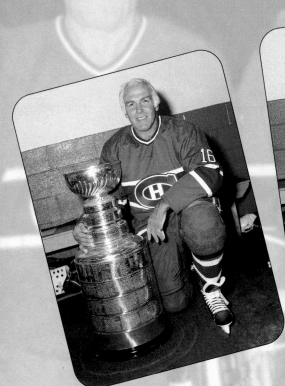

Jacques Plante

Maurice Richard

Henri Richard

Jean-Guy Talbot

Don Marshall

Bernard Geoffrion

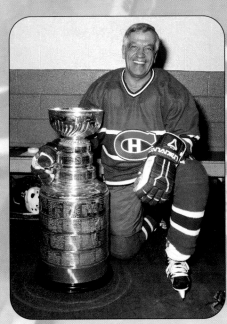

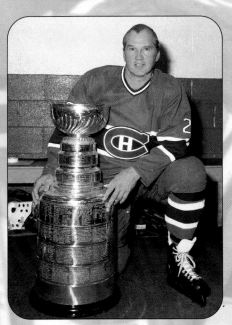

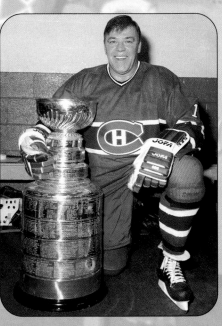

Le 17 décembre 1983, les joueurs des Canadiens qui ont participé aux cinq conquêtes de la coupe Stanley de 1956 à 1960 étaient réunis au Forum à l'occasion d'une cérémonie spéciale, aux côtés de l'entraîneur-chef Toe Blake. Un exploit qui n'a jamais été égalé.

Toe Blake

Jean Béliveau

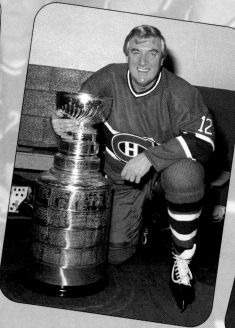

Dickie Moore

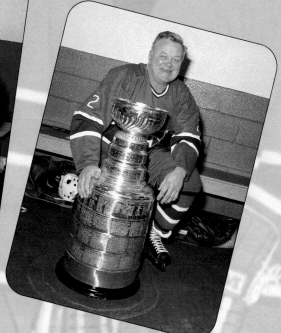

Doug Harvey

Bob Turner

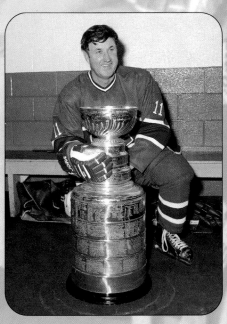

Tom Johnson

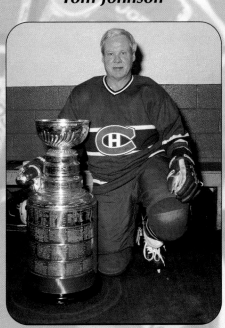

Claude Provost

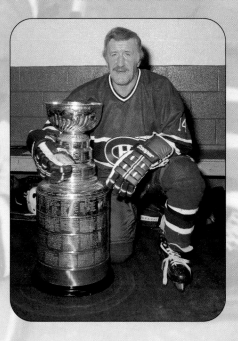

LE FORUM DE MONTRÉAL : une page d'histoire est tournée

«Depuis le 2 novembre 1968, alors qu'était inauguré ce qu'il était convenu d'appeler le "nouveau" Forum de Montréal, j'ai vécu de grandes sensations à titre de photographe. À trois reprises, la coupe Stanley a été remportée sur la glace du Forum (1968, 1979 et 1993), j'ai été témoin de nombreux exploits, j'ai eu l'occasion de voir évoluer et de photographier de grands joueurs tels Jean Béliveau, Guy Lafleur, Bobby Orr, Bobby Hull, Gordie Howe, Wayne Gretzky, Mario Lemieux, pour ne nommer que ceux-là.

Une page d'histoire sera tournée au terme de la saison 1995-1996, alors que les Canadiens de Montréal emménageront dans le nouveau Forum. Je compte bien y être et avoir l'occasion de photographier durant encore plusieurs années les performances des joueurs des Canadiens et des grandes vedettes de la Ligue nationale.»

Denis Brodeur

INDEX

TABLE DES MATIÈRES